인천 아파트
콕 찍어 드립니다

초보자도 바로 이해하는 인천 아파트 핵심 가이드

인천 아파트 콕 찍어 드립니다

장병준(스티그) 지음

인천의 복잡한 부동산을
가장 쉽고 정확하게
정리해 주는 현장 기반
실전 입지 안내서

좋은땅

왜 지금, 인천의 미래를 말하는가

한때 인천은 이유 없는 낙인과 왜곡된 이미지에 시달리던 시기가 있었다. 몇몇 자극적인 표현들이 도시를 '망한 곳'처럼 규정했고, 수도권의 다른 지역보다 한참 뒤처진 공간으로 조롱하는 분위기가 퍼졌다. 범죄율이 높다는 언론 보도 역시 이러한 인식을 강화하며, 사람들은 인천을 부정적인 단어들로 쉽게 연결하곤 했다.

그러나 현실은 달랐다. 역설적이게도 인천은 지금도 꾸준히 인구가 증가하는 몇 안되는 도시다. 많은 지방 도시가 인구 소멸 위기에 직면해 있는 지금, 인천은 여전히 사람들이 모여들어 삶의 터전을 일구는 도시다. 자녀의 교육을 위해, 직장을 위해, 더 나은 주거 환경을 위해 수많은 가정이 인천을 선택하고 있다. 도시의 진짜 가치는 외부에서 덧씌운 부정적 프레임이 아니라, 실제로 이곳에 모여드는 사람들의 선택으로 증명되는 법이다.

부동산은 단순한 재테크의 도구가 아니다

우리가 부동산을 이야기할 때 흔히 가격, 시세, 전세가율, 거래량 같은 숫자를 먼저 떠올린다. 그러나 부동산은 결코 숫자로만 환원될 수 없다. 집은 사람이 살아가는 터전이며, 가정이 머무르고, 꿈이 자라나는 그릇이다.

아파트의 평면도는 단순한 선의 배열이 아니다. 그것은 거실에서 흘러나오는 웃음소리, 방 안에서 울려 퍼지는 아이의 피아노 소리, 퇴근 후 문을 열며 마주하는 안도감, 그리고 부모의 노후와 청춘의 설렘이 켜켜이 새겨지는 삶의 지도다. 교통망의 확장은 단순히 시세 곡선을 움직이는 것이 아니라, 사람들의 관계망과 도시의 흐름을 바꾼다. 철도가 개통되면 출퇴근의 거리가 달라지고, 고속도로가 연결되면 생활 반경이 넓어진다. 결국 부동산의 가치는 '사람의 삶을 어떻게 바꾸느냐'에 달려 있다.

인천, 경계에서 중심으로

인천은 늘 경계에 서 있던 도시였다. 바다와 육지의 경계, 수도 서울과 지방의 경계, 산업과 주거의 경계. 오랫동안 인천은 중심이 아니라 변방으로 여겨졌다. 그러나 이제 인천은 더 이상 변방이 아니다.

GTX-B, 서부권 광역급행철도, 인천발 KTX, 인천2호선 고양 연장, 제2경인선, 경인고속도로 지하화, 대장홍대선 청라 연장, 서울 7호선 청라 연장, 서울 5호선 김포 연장, 서울 9호선 인천공항철도 직결… 수많은 교통 혁명이 인천을 '서울의 그림자'에서 '수도권 서부의 중심'으로 이끌고 있다. 이 거대한 변화를 앞두고 우리가 인천의 미래를 지금 이야기해야 하는 이유는 분명하다. 미래는 기다려 주는 것이 아니라, 준비하는 자의 몫이기 때문이다.

인무원려 난향만복(人無遠慮 難享晚福)

공자는 말했다. "사람이 멀리 생각하지 않으면, 가까운 시일에 반드시 근심하게 된다(人無遠慮 必有近憂)." 눈앞의 작은 문제조차 헤쳐 나가지 못하는 사람은, 결국 먼 미래의 복도 누릴 수 없다. 이 말은 곧 "사람이 멀리 내다보는 안목이 없으면, 말년에 복을 누리기 어렵다(人無遠慮 難享晚福)"는 가르침으로 이어진다. 은퇴 이후의 삶, 도시의 미래, 가정의 안정 모두 멀리 내다보는 시선에서 비롯된다.

우리가 부동산을 말하는 이유도 결국은 삶의 복을 지키고 누리기 위함이다. 인천의 아파트 한 채는 단순한 가격표가 아니다. 그 안에는 아이들의 성장, 가족의 일상, 부모의 노후가 고스란히 담겨 있다. 부동산을 단순히 이익의 도구로만 바라볼 때, 우리는 정작 중요한 것을 놓칠 수 있다.

인천, 거대한 변곡점에 서다

지금 인천은 거대한 변곡점에 서 있다. 교통 인프라, 산업 클러스터, 국제적 위상, 재개발·재건축과 신도시 개발이 동시에 맞물리는 전환의 시기다. 우리가 그 미래를 이야기하는 것은 단순히 투자 기회를 잡기 위함이 아니다. 그것은 우리가 발 딛고 사는 삶의 터전을 이해하고, 나와 가족의 내일을 준비하며, 도시와 함께 성숙해지기 위함이다.

멀리 내다보는 자만이 미래를 품을 수 있다. 그리고 그 미래 속에서 인천은, 우리의 삶을 품는 가장 넓고 깊은 그릇이 될 것이다.

의로운 투자란 무엇인가

좋은 투자란 단순히 수익률이 높은 투자가 아니다. 그것은 내 삶의 품격을 지켜 주는 투자다. 공자는 "군자는 의(義)를 따르고, 소인은 이익을 따른다(君子喩於義 小人喩於利)"고 했다.

군자의 길을 걷는 투자자는 욕망이 아니라 지속성과 균형을 바라본다. 단기적인 차익에 흔들리지 않고, 삶과 도시의 변화를 함께 읽어 내며, 나와 가족의 안정된 삶을 지켜 주는 자산을 선택한다. 인천의 미래를 이야기하는 것도 결국 돈이 아니라 사람을 보기 위함이다.

도시는 사람들이 모여 사는 이야기의 무대다. 그 무대 위에서 어떤 연극을 펼칠지는 우리에게 달려 있다. 그렇기에 부동산은 무대 장치가 아니라, 삶을 담아내는 철학의 그릇이다.

이 책을 권하며

이 책은 우리가 살아가는 도시의 흐름을 깊이 이해하고 싶은 이들을 위해 마련되었다. 교통망과 인프라 변화를 바탕으로 내 집 마련 전략을 고민하는 청년 세대, 수익률보다 지속성과 균형을 중시하는 철학적 투자자, 은퇴를 준비하는 이들 그리고 단순히 '내가 사는 도시'의 내일이 궁금한 모든 시민에게 이 책을 권한다.

끝으로 하늘나라에 계신 어머니, 그리고 제 곁의 아내. 두 분의 사랑이 나를 여기까지 이끌었다. 이 책을 두 분께 감사의 마음으로 드립니다.

2026년 2월

"인천에 사시는 것이 투자입니다."

장병준(스티그) 지음

범례

1. 이 책에서는 인천형 행정체계 개편에 따라 2026년 7월 1일부터 사용될 검단구, 영종구, 제물포구, 서해구의 명칭을 선제적으로 사용하였습니다.

2. 서울 7호선 청라 연장선 역사 명칭도 가칭을 사용했습니다.

3. 인천2호선 고양 연장, 인천순환3호선, 용현서창선, 제2경인선, 대장홍대선 청라 연장 등의 자료는 인천시청에서 추진하고 있는 자료들을 참고했습니다.

4. 서울 2호선과 대장홍대선 청라 연장은 동일 사업이지만, 내용에 따라 명칭을 달리 사용했습니다.

인천시 행정구역 개편안

*( )안은 인구수, 단위: 명

2군 8구
▼
2군 9구

강화군

서구(57만) ┬→ 검단(19만)
         └→ 서구(38만)

계양

부평   경기

미추홀

영종(10만)

제물포(10만)

연수

남동구
개편 검토

중구(14만) + 동구(6만)

옹진군

〈자료: 인천시〉

(출처: 서울신문)

목차

1부 교통 혁명이 바꾸는 판

2부 인천 자치구별 부동산 로드맵

3부 인천 아파트 콕 찍어 드립니다

4부 스티그가 추천하는 아파트

5부 스티그의 부동산 투자와 철학

교통 혁명이
바꾸는 판

1장

GTX-B, 시간을 단축하는
교통 혁명

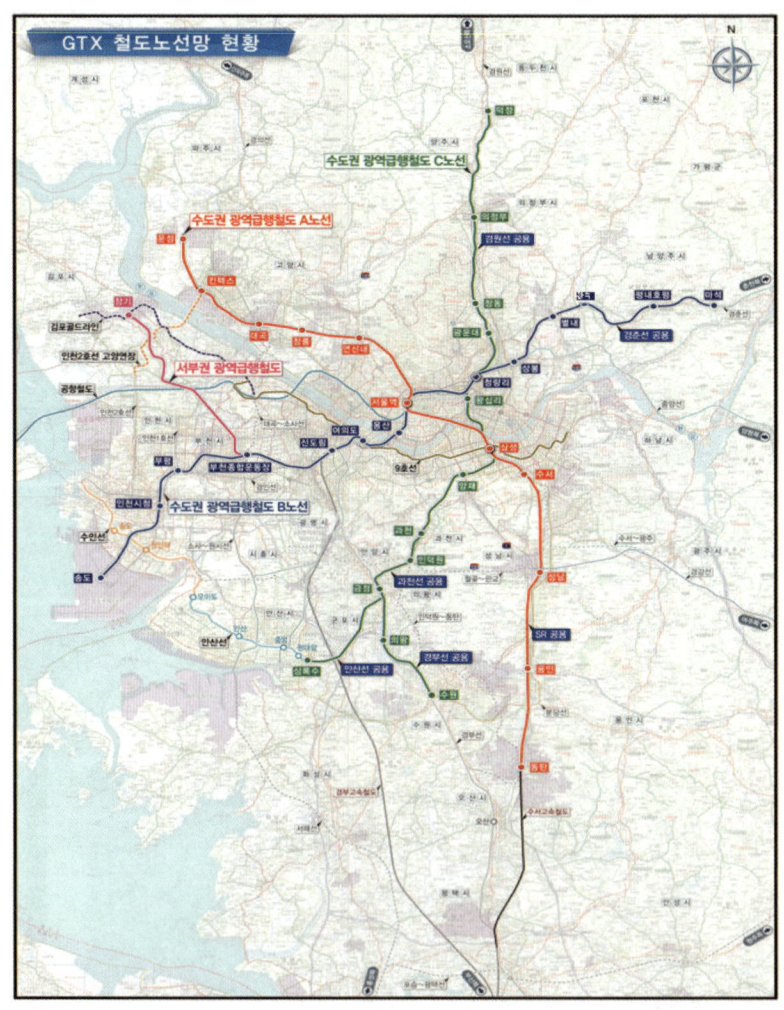

(출처: 인천광역시청)

송도~서울역 30분 시대

GTX-B 노선이 개통되면 송도에서 서울역까지의 이동 시간이 약 30분 대로 단축된다. 기존 송도에서 서울역까지 대중교통을 이용하면 보통 70분 이상이 걸린다. 출퇴근 시간이 하루 2시간 이상 줄어든다는 것은 단순한 편리함을 넘어 삶의 질과 부동산 가치를 동시에 바꾸는 결정적인 요소가 된다.

시간은 곧 비용이다. 출퇴근 1시간 단축은 연간 250시간 이상을 절약하는 효과를 낸다. 이 시간 절약은 곧바로 주거지 선택의 기준을 바꾼다. '서울에서 일하고, 인천 송도에 거주하는 것'이 현실적 대안이 되는 것이다.

시간 단축이 곧 부동산 프리미엄이 되는 구조

교통 인프라는 부동산 가격을 결정짓는 핵심 변수 중 하나다. 특히 '서울 접근성'은 수도권 아파트의 가격을 좌우하는 가장 중요한 기준이다.

GTX-A 노선이 먼저 개통된 동탄, 파주 운정, 일산 등은 착공 전과 개통 이후를 비교할 때, 인근 아파트 가격이 전국 평균 대비 뚜렷한 상승세를 보였다. GTX-C 노선 예정지인 의왕, 과천, 수원 권역 역시 착공발표 직후 거래량이 늘었고, 프리미엄도 붙었다.

GTX-B 정차역 주변 아파트

□ 인천대입구역(송도국제도시)

　인천대입구역은 송도국제도시의 핵심 거점으로, GTX-B 노선의 서쪽 종착이다. 현재도 인천지하철 1호선이 지나며, GTX-B 개통 시 송도에서 서울역까지 약 30분대에 도달할 수 있어 직주근접 프리미엄이 극대화된다.

　송도는 이미 글로벌 비즈니스 센터, 국제학교, 바이오, IT 산업단지 등이 집적된 도시로, 외국인과 전문직 종사자들의 주거 수요가 꾸준하다. 인천대입구역은 이 모든 송도의 인프라와 교통망을 연결하는 중심축 역할을 한다.

　다만 송도의 아파트 단지는 대부분 신축 위주로 공급되어 가격 수준이 높아 초기 진입장벽이 존재한다. 그러나 GTX-B 개통으로 서울 직결성이 강화되면, 송도 아파트는 단순한 신도시를 넘어 수도권 핵심 주거지로 자리매김할 가능성이 크다.

▷ 주목할 단지

1. 3공구 더샵파크애비뉴, 송도더샵퍼스트파크13, 14, 15BL, 송도더샵 센트럴파크3차
2. 4공구 송도 웰카운티 3, 4단지
3. 1, 2, 5공구 아파트 단지들

□ 청학역(가칭)

제2경인선의 출발지로 예정된 곳인 청학역(가칭)은 인천시가 GTX-B의 추가 정차역으로 강력히 추진하고 있는 지역이다. 현재 GTX-B 노선 기본안에는 포함되지 않았으나, 인천시는 송도와 구도심(연수, 동춘, 청학)을 연결하는 균형 발전의 거점으로 청학역의 필요성을 지속적으로 강조하고 있다.

청학역은 송도국제도시와 인천 구도심을 연결하는 가교이며 제2경인선 출발역과 GTX-B를 연계할 경우 남동권과 연수구 주민의 서울 접근성이 크게 개선된다.

또한 노후 아파트(시대, 삼용, 서해, 성호 등)와 구축 단지가 다수이지만, GTX-B 정차가 확정될 경우 재건축 수요가 폭발적으로 늘어날 가능성이 있다. 청학역은 송도, 청라, 영종 3대 신도시와 달리, 구도심 발전이 더디다는 지적을 보완하기 위한 균형 발전 카드이다.

▷ 주목할 단지 또는 재건축 단지

1. 삼용, 성호, 서해 통합 재건축 단지
2. 시대, 용담마을, 하나1차 통합 재건축 단지
3. 효정, 성일, 동남, 우주, 인향, 태경 통합 재건축 단지

□ 인천시청역(남동구)

인천시청역은 인천지하철 1호선과 2호선이 교차하는 환승역으로, 향후 GTX-B 정차가 확정되면 트리플 환승역이 된다. 행정, 상업, 문화 기능이 집중된 구월동의 중심에 위치해 있으며, 인천시청, 백화점, 터미널 등 주요 시설과 인접해 있어 직장인, 청년, 가족 수요가 두텁다.

GTX-B 개통 시 인천시청역에서 서울역까지 약 25분대로 연결될 예정이며, 이는 인천의 행정 중심지와 서울 도심을 직접 잇는 효과를 낸다. 서울과의 접근성이 강화되면서, 구월동 일대는 인천 내 대표적인 업무와 상업, 주거 복합 거점으로 위상이 한층 높아질 전망이다.

다만 구월동 일대는 노후 아파트와 중소형 단지가 많아, 정차역 확정 이후에는 재개발·재건축 추진 속도가 빨라질 가능성이 크다. 동시에 대형 상권과 교통 혼잡 문제는 단기적 부담 요인이 될 수 있다.

▷ 주목할 단지 또는 재개발 구역, 재건축 단지

1. 포레나더샵 인천시청역, 힐스테이트인천시청역, 인천시청역한신더휴
2. 한화포레나인천구월, 금호아파트(재건축), 극동아파트(재건축)

□ 부평역(부평구)

부평역은 GTX-B 노선의 핵심 정차역 중 하나로, 기존에 국철 1호선과 인천지하철 1호선이 교차하는 교통 요충지다. 향후 GTX-B까지 정차하

게 되면 수도권 서부 지역의 대표적인 트리플 환승역으로 도약한다. 서울역까지 약 20분대 접근이 가능해져 서울 직주근접 수요를 흡수할 것으로 기대된다.

부평은 인천 내에서도 가장 활발한 상권과 유동 인구를 보유한 지역으로, 백화점, 시장, 문화시설이 밀집해 생활 인프라가 매우 풍부하다. 그러나 동시에 노후 아파트와 저층 주거지가 다수 분포해 재개발, 재건축 수요가 꾸준히 제기되어 왔다. GTX-B 정차 확정은 이러한 정비사업에 불을 지피는 촉매제가 될 가능성이 높다.

부평역은 송도, 청라, 영종 같은 신도시와 달리, 이미 자리 잡은 전통 도심이자 생활 중심지라는 점에서 투자 성격이 다르다. '신축 아파트 프리미엄'보다는 '재개발, 재건축 추진 단지의 미래 가치'에 더 주목할 필요가 있다.

▷ 주목할 단지 또는 재개발 구역, 재건축 단지

1. e편한세상 부평역 센트럴파크, 부평역해링턴플레이스, 화성파크드림
2. 부평SK뷰해모로, 부평역한라비발디트레비앙
3. 신촌구역 재개발, 부평동아1, 2단지 재건축

GTX-B 노선은 단순한 교통망 확충이 아니다. 송도국제도시의 글로벌 비즈니스 수요, 청학동 일대의 재건축 잠재력, 구월동 인천시청역의 상업, 행정 중심성, 그리고 부평역의 전통 도심 역동성까지, 인천의 다양한 얼굴을 서울과 직결시키는 도시 재편의 촉매제다.

서울 도심까지 20~30분대에 도달하는 시간 혁명은, 주거지 선택의 기준을 송도, 연수, 구월, 부평까지 확장시킨다. 이 과정에서 서울과 인천의 시세 격차는 점차 좁혀지고, 정차역 인근 아파트는 생활권 재편의 중심에 서게 된다.

결국 GTX-B 개통은 인천을 단순한 '서울의 변방 도시'에서 '수도권 핵심 생활권'으로 끌어올리는 분수령이 될 것이다. 앞으로의 과제는 단순한 가격 상승을 넘어, 교통 혁신을 바탕으로 지속 가능한 주거와 도시 균형 발전을 어떻게 이끌어 갈 것인가에 있다.

GTX-B 정차역 인근 추천 아파트에 대한 구체적인 내용은 각 자치구별 투자 전략 파트에서 다룰 예정이다.

인천 검단, 계양에서 서울역까지 20분대로 획기적 단축, 서부권 광역급행철도

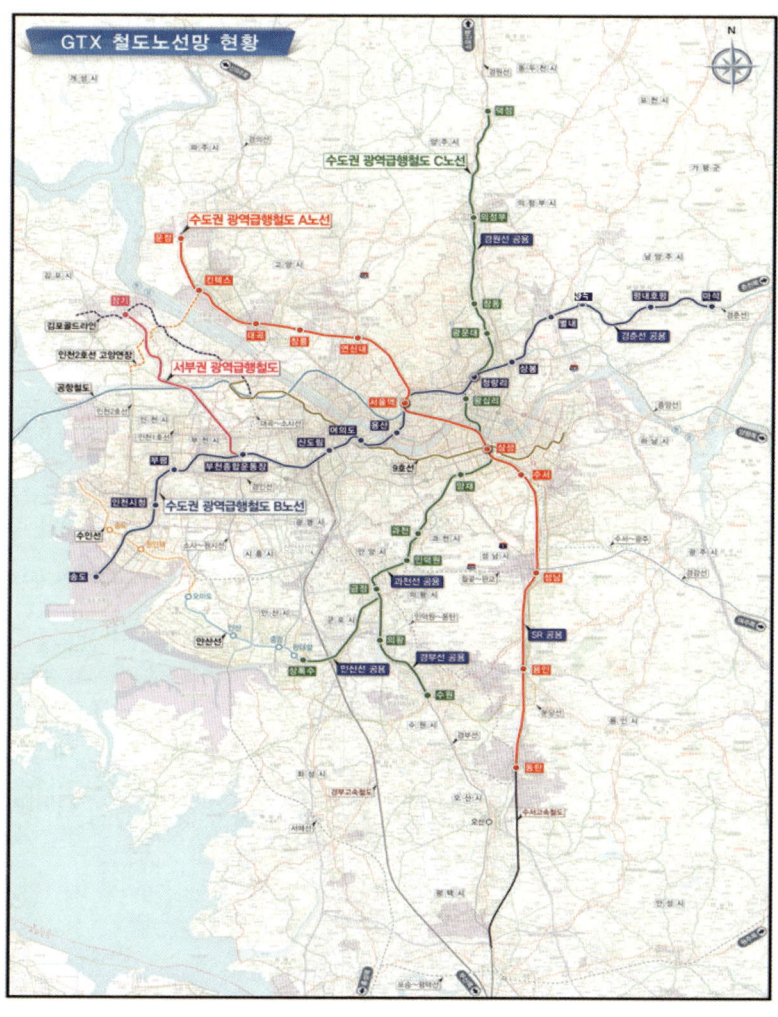

(출처: 인천광역시청)

김포~서울역 20분대 시대

2025년 7월 10일, 기획재정부 재정사업평가위원회를 통과하면서 서부권 광역급행철도 사업이 본격적인 궤도에 올랐다. 김포 장기에서 출발해 검단과 계양을 거쳐 부천종합운동장에 닿는 21km 구간이 신설되고, 여기서 GTX-B 선로를 공용해 서울 도심까지 직결된다. 이제 김포 장기에서 서울역까지 20분대에 도착할 수 있는 시대가 열리는 것이다.

그동안 장기에서 서울역까지 1시간 넘게 걸렸던 출퇴근 시간을 절반 이하로 줄이는 변화는 단순한 교통 편익을 넘어, 서부 수도권 생활권 전체를 뒤흔드는 혁명에 가깝다.

출퇴근 시간이 줄어드는 만큼, 아파트값은 오른다

교통망은 언제나 집값 지도를 새롭게 그려 왔다. GTX-A 개통으로 동탄의 위상이 달라졌고, GTX-C 예정지인 의왕과 과천 역시 착공 소식만으로도 시세가 요동쳤다. 서울과의 접근성이 확 달라지는 순간, 그 주변 아파트의 수요와 가격은 곧바로 반응한다.

서부권 광역급행철도도 다르지 않다. 김포 장기, 검단신도시, 계양테크노밸리 같은 성장 거점은 '시간 단축 → 수요 증가 → 가격 수렴'이라는 공식이 그대로 작동할 것이다.

서부권 광역급행철도 정차역 주변 아파트

□ 신검단중앙역(예정) - 신축 프리미엄과 교통 호재가 만나는 곳

검단 신도시는 2기 신도시 중 마지막으로 개발이 본격화된 지역이다. 가장 큰 약점으로 지적되던 교통망 부족이 이번 노선으로 해소되면서 서울 접근성이 획기적으로 개선된다.

▷ 주목할 단지

1. '제우스' 라인 - 신검단중앙역 풍경채 어바니티 1차, 신검단중앙역 우미린 클래스, 힐스테이트 검단 웰카운티
2. '호우금' 라인 - 호반써밋 1차, 우미린 더 시그니처, 검단 금호어울림 센트럴
3. 기타 - 신검단중앙역 풍경채 어바니티 2차, 금강펜테리움 센트럴파크, 검단신도시 푸르지오 더 베뉴

□ 계양역(예정) - 산업, 주거, 교통 삼각 시너지

계양은 공항철도와 인천지하철 1호선이 지나는 교통 요충지다. 여기에 서부권 광역급행철도가 더해지면 계양테크노밸리 개발과 맞물려 산업·주거·교통이 동시에 힘을 받는 '삼각 시너지'가 기대된다.

▷ 주목할 단지

1. 임학역 서측구역, 계산역 북측구역 재개발 후보지
2. 인천계양신도시 신축 단지

  서부권 광역급행철도는 김포, 검단, 계양, 부천을 관통하며, GTX-B와 연결해 서울 도심까지 환승 없이 달려간다. 이는 단순한 노선 하나의 신설이 아니라, 서부 수도권의 주거 가치와 생활 지도를 새로 쓰는 사건이다. 김포와 인천, 부천은 더 이상 서울의 변방이 아니라 서울 생활권의 핵심 축으로 자리매김하게 될 것이다.

  물론 교통망 개선이 곧 가격 상승으로 이어질 가능성은 높지만, 더 중요한 것은 도시 균형 발전과 지속 가능한 주거 환경을 만들어 가는 일이다. 이 노선이 단순한 투기 도구가 아니라 시민들의 삶을 개선하는 인프라로 뿌리내릴 때, 진정한 가치가 드러날 것이다.

  서부권 광역급행철도 정차역 인근 추천 아파트의 보다 구체적인 분석은 자치구별 투자 전략 파트에서 다룰 예정이다.

3장

7호선 청라 연장,
청라의 날개를 달다

(출처: 인천광역시청)

청라~강남 직결 시대

7호선 청라 연장은 독골사거리역(가칭) → 가현역(가칭) → 심곡천역
(가칭) → 커널웨이역(가칭) → 청라시티타워역(예정) → 청라국제업무
단지역(가칭) → 청라돔구장역(가칭) → 청라국제도시역(공항철도 환
승·종착)으로 이어지는 약 10.77km, 8개 역 신설 사업이다.

2019년 착공 이후 2029년 완전 개통을 목표로 하고 있으나, 일부 구간
은 단계적 개통이 추진된다. 개통이 완료되면 청라에서 서울 강남권까
지 환승 없는 직결 노선이 열리며, 청라국제도시는 수도권 서부 교통의
새로운 허브로 도약한다.

시간 단축이 곧 부동산 프리미엄이 되는 구조

교통 인프라는 언제나 집값 지도를 새로 그려 왔다. GTX-A 개통으로
동탄의 가치가 재편되었다. GTX의 핵심은 서울과의 직결성이다. 이동
시간이 단축되는 순간, 수요는 확대되고 환금성은 개선되며, 시세는 재
평가된다.

7호선 청라 연장은 청라, 루원시티, 석남역 주변을 직접 강남과 잇는
통로로, 같은 상승 메커니즘을 재현할 가능성이 높다. 단순한 '한 줄짜
리 연장선'이 아니라, 인천 서북부와 서울 핵심 업무지구를 연결하는 삶
의 혁명이 되는 것이다.

7호선 청라 연장 7개 역 주변 아파트 또는 재개발 후보지

□ 독골사거리역(가칭)

가정동과 신현동 사이에 위치하며, 기존 구축 주거지와 루원시티 배후를 아우른다. 재개발 수요가 높은 지역이다. 다만 재개발 후보지 단계이기 때문에 속도와 현실성부터 따져야 하고, 주민 갈등, 사업성, 임대 리스크를 반드시 확인해야 한다.

▷ 주목할 재개발 후보지

1. 신현동 287-58번지 일원 재개발 후보지
2. 가정동 520-25번지 일원 재개발 후보지

□ 가현역(가칭)

루원시티 중심부에 자리해 생활 인프라가 우수하다. 신축 브랜드 대단지가 몰려 있어 실거주 선호도가 높고, 7호선 청라 연장선 수혜가 기대된다. 다만 교통 호재가 이미 상당 부분 가격에 반영되었고, 공급 물량이 많이 있었기 때문에 단기적으로 전세, 매매가격 변동성이 클 수 있다는 점을 유념해야 한다.

▷ 주목할 단지

1. 루원시티 SK리더스뷰(2022년, 2,378세대) 루원시티 루에블리(2018년, 686세대), 루원시티 프라디움(2018년, 1,598세대)
2. 루원 e편한세상 하늘채(2009년, 3,331세대), 루원시티 센트럴타운(2017년, 743세대), 루원시티 대성베르힐(2017년, 1,147세대)
3. 루원린스트라우스(2023년, 1,412세대), 루원시티대성베르힐2차 더센트로(2023년, 1,059세대), 루원시티2차SK리더스뷰(2023년, 1,789세대)

□ 심곡천역(가칭)

원래 계획에는 없었으나 추가된 역으로, 청라국제도시와 가정2지구 사이에 위치해 역세권 혜택이 서청라 주민들에게까지 확장될 수 있다. 다만 역세권임에도 불구하고 역 주변 상업시설은 부족해 생활 편의성 확보에는 시간이 필요하다.

▷ 주목할 단지

1. 루원더퍼스트(2019년, 616세대), 루원시티어울림(2015년, 1,243세대), 루원제일풍경채(2018년, 900세대)
2. 루원호반베르디움더센트럴(2018년, 980세대)

□ 커넬웨이역(가칭)

청라 커넬웨이 수변 상권과 맞닿아 있으며, 주거, 상업, 문화가 어우러진 복합지로 성장성이 크다. 커넬웨이는 청라국제도시를 대표하는 수변 공간으로, 카페거리, 문화공간이 밀집해 있어 생활 여가 인프라가 우수하다. 역이 개통되면 청라의 상징적 공간과 직접 연결되는 교통 거점이 되며, 향후 청라의 '랜드마크형 상업, 주거 중심지'로 자리매김할 가능성이 높다. 다만 유동인구에 비해 상권 안정성이 아직 완전히 검증되지 않았고, 일부 노후 주상복합 단지는 리모델링이나 환경 개선이 필요하다.

▷ 주목할 단지

1. 청라센트럴에일린의뜰(2018년, 1,163세대), 청라린스트라우스(2013년, 590세대)
2. 청라롯데캐슬(2013년, 828세대), 청라엑슬루타워(2011년, 616세대)

□ 청라시티타워역(가칭)

청라국제도시 중심부에 신설되는 역이다. 다만 역세권 아파트 밀집도가 다른 구간에 비해 낮아, 상권과 주거 수요의 직접적인 연결성은 상대적으로 떨어지는 편이다. 승강장이 지하 61m, 지하 10층에 설치될 예정이라 접근성에서도 불편함이 존재한다. 이는 역세권 간섭을 최소화하고, 청라대로 및 향후 수도권제2순환고속도로와의 중첩 구간을 피하기 위해 불가피한 설계라는 점이 특징이다.

　주변 지역은 상업지구·업무지구 중심이라 반경 500m 내 주거 단지가 많지 않다. 따라서 일반적인 역세권 아파트 프리미엄보다는 청라시티타워, 업무·상업시설과 연계된 가치가 더 크게 작용할 것으로 보인다.

▷ 주목할 단지

1. 청라한양수자인레이크블루(2019년, 1,534세대)
2. 청라더샵레이크파크(2013년, 766세대), 청라푸르지오(2013년, 751세대)

□ 청라국제업무단지역(가칭)

　청라국제도시 내 핵심 업무지구와 맞닿은 역으로, 향후 국제업무, 비즈니스 기능을 집약하는 교통 거점이다. 청라의 금융타운, 스타필드 청라(예정), 국제업무복합단지와 직접 연결되며, 자족기능 확립의 중심축 역할을 할 것으로 기대된다. 다만 주거보다는 업무·상업시설 비중이 높은 입지 특성상, 일반적인 주거 수요보다는 임대 수요, 직주근접 수요 중심의 프리미엄이 형성될 가능성이 크다.

1. 청라국제도시대광로제비앙(2018년, 674세대)
2. 인천청라국제도시호반베르디움6차(2022년, 210세대)

□ 청라돔구장역(가칭)

  돔구장 건립과 국제금융단지 개발이 예정된 지역으로, 향후 청라의 '제2 상업 중심지'로 부상할 가능성이 높다. 이 일대는 이미 청라국제금융단지와 연계된 초고층 오피스, 상업시설 개발이 예정되어 있고, 돔구장이 들어서면 스포츠, 문화, 전시 기능까지 더해져 복합 문화 비즈니스 지구로의 성장이 기대된다.

  특히 청라국제도시의 기존 중심지와는 차별적으로, 대규모 업무 인구와 외부 방문객을 흡수하는 신규 상업, 문화 거점으로 자리 잡을 가능성이 크다. 교통 측면에서도 7호선 연장과 공항철도와의 연계성이 강화되면서, 향후 청라 전체 자족 기능을 완성하는 핵심 인프라가 될 전망이다.

▷ 주목할 단지

코스트코 주변 단독 주택

□ 청라국제도시역(가칭)

공항철도와 연결되는 청라국제도시역은 7호선 연장선과 환승을 통해 서울 강남과 인천공항을 동시에 직결하는 청라의 핵심 허브가 된다. 기존 공항철도가 가지는 글로벌 접근성과, 7호선이 제공하는 강남 직결성을 동시에 누릴 수 있는 유일한 지점으로, 청라 전체 교통망의 중심축 역할을 할 것으로 기대된다.

▷ 주목할 단지

공항철도 이용 가능한 청라국제도시 아파트

7호선 인천 구간 기존에 개통된 역 주변 아파트 또는 재개발 후보지

□ 석남역(7호선)

7호선 청라 연장선의 시작점으로, 인천2호선과 환승이 가능하다. 인천 서북부와 서울 강남을 직접 연결하는 첫 관문이자, 향후 청라 연장 구간의 거점 역할을 한다. 역세권 일대는 기존 구축 주거지와 상권이 공존하며, 환승 수혜로 상권 활성화 가능성이 크다.

다만 역세권 주거지는 노후 단지가 많아 가로주택정비사업과 소규모 재건축이 활발히 거론되는 지역이다. 아직 사업 속도가 빠르지 않고, 주민 동의율, 사업성 등의 변수로 인해 추진 과정이 지연될 수 있다는 점을 주의해야 한다.

▷ 주목할 단지

1. 브라운스톤더프라임(2024년, 511세대)
2. 석남역남측 재개발 후보지

□ **산곡역(7호선, 신 부평구의 중심지)**

산곡동 일대는 최근 재개발, 재건축 사업이 활발히 추진되며 '신(新) 부평의 중심축'으로 주목받고 있다. 노후 저층 주거지 정비사업이 빠르게 진행되어, 향후 신축 대단지 아파트와 새로운 상권이 형성될 것으로 기대된다. 역세권 프리미엄이 장기적으로 크게 작용할 가능성이 크다.

특히 주변에는 공병단과 보급단 부지 개발 사업이 예정되어 있어, 대규모 택지 및 상업·업무 기능이 더해질 전망이다. 또한 인천식물원 조성, 인천 제2의료원 건립 계획까지 겹치면서, 산곡역 일대는 단순한 주거 중심지를 넘어 주거·업무·문화·의료 인프라가 결합된 미래형 생활 거점으로 성장할 가능성이 높다.

▷ 주목할 단지

1. 해링턴스퀘어산곡역(2028년, 2,475세대), 산곡6구역자이힐스하늘채
   (2026년 분양 예정, 2,706세대)
2. 부평신일해피트리더루츠(2022년, 1,116세대), 쌍용더플래티넘부평
   (2021년, 811세대)
3. e편한세상부평그랑힐스(2023년 5,050세대), 부평캐슬앤더샵퍼스트
   (2023년, 1,623세대)
4. 부평두산위브더파크(2022년, 799세대)
5. 한양아파트2단지 재건축

□ 부평구청역(7호선, 인천1호선 환승)

7호선과 인천1호선 환승역으로, 부평구 전체에서 교통 허브 기능을 담당한다. 부평구청, 행정타운, 상권이 밀집된 중심 입지라 유동 인구와 상업 수요가 가장 크다. 환승 편의성과 직주근접성이 동시에 확보되는 만큼, 거주 및 상업 가치 모두 높다.

▷ 주목할 단지 또는 재개발 후보지

1. 래미안부평(2014년, 1,145세대)
2. 신트리공원남측 재개발후보지
3. 갈산지구 도후계획도시개발사업

□ 굴포천역(7호선)

부평구 동북쪽에 위치한 역으로, 인근에 굴포천 주변 상가, 다세대 주택 밀집지가 있다. 기존에는 개발이 다소 더뎠던 지역이지만, 7호선 개통으로 교통 편의성이 크게 개선되었다. 역세권을 중심으로 신규 아파트 공급과 정비사업이 예정되어 있어, 구도심과 신축 주거지가 공존하는 과도기적 입지로 볼 수 있다

▷ 주목할 단지

1. 삼산타운7단지주공(2004년, 1,314세대), 삼산타운1단지(2005년, 1,873세대)
2. 두산위브 수자인 부평더퍼스트(2030년, 1,299세대)

□ 삼산체육관역(7호선)

삼산주공아파트 단지와 삼산체육관에 인접한 역으로, 이미 인구 밀집도가 높은 주거지와 맞닿아 있다. 역세권 일대는 2000년대부터 조성된 대단지 아파트들이 밀집해 있어 배후 수요가 매우 탄탄하며, 상권 또한 안정적으로 발달해 있다. 특히 생활 편의시설, 학군, 문화·체육시설이 균형을 이루고 있어 실거주 선호도가 높다.

또한 행정구역상 인천 부평구에 속하지만, 바로 인접한 부천 상동 생활권과 연접해 있다는 점이 특징이다. 이로 인해 인천, 부천 양쪽 생활

인프라를 모두 누릴 수 있으며, 7호선 개통으로 강남 접근성이 강화되면서 주거 가치와 투자 매력이 동시에 높아진 곳이다. 다만 교통 요충지라는 특성상 차량 정체와 주차난 문제는 향후 개선 과제로 남는다.

▷ 주목할 단지

1. 삼산타운6단지주공(2004년, 784세대)
2. 행복한마을서해그랑블(2004년, 822세대), 삼산타운2단지두산(2005년, 1,622세대)

7호선 청라 연장은 단순한 교통 호재를 넘어, 인천 서북부의 생활권, 경제권, 부동산 가치 지형을 근본적으로 뒤흔드는 메가프로젝트다. 청라, 루원시티는 신축 브랜드 대단지와 국제업무지구 개발, 돔구장 건립 등 굵직한 호재와 결합해 '제2 송도'를 넘어서는 자족형 신도시로 도약할 준비를 하고 있다.

석남, 산곡, 부평권은 재개발·재건축과 정비사업을 기반으로, 낙후 이미지를 벗고 새 아파트 타운과 행정·문화 인프라를 품은 신(新)부평으로 변모하고 있다.

굴포천, 삼산체육관은 기존 대단지 주거지와 신규 공급이 공존하며, 안정된 수요와 미래 가치가 동시에 자리 잡는 과도기적 입지로 재편되고 있다.

무엇보다 중요한 것은 시간 단축이 곧 부동산 프리미엄이 되는 구조다. 청라에서 강남까지 환승 없는 직결 노선이 열리면, 출퇴근과 생활 반경이 서울과 한 몸처럼 이어지고, 이는 곧 수요 확대·환금성 개선, 시세 재평가로 연결된다.

따라서 7호선 청라 연장은 단순한 '단일 축에 기반한 연장선'이 아니라, 인천 서북부의 주거와 상업, 업무와 문화의 지도를 새로 그리는 시작점이며, 향후 10년간 인천 부동산 시장의 판도를 가를 핵심 변수라 할 수 있다.

4장

인천발 KTX,
수도권의 끝에서 대한민국의 시작으로

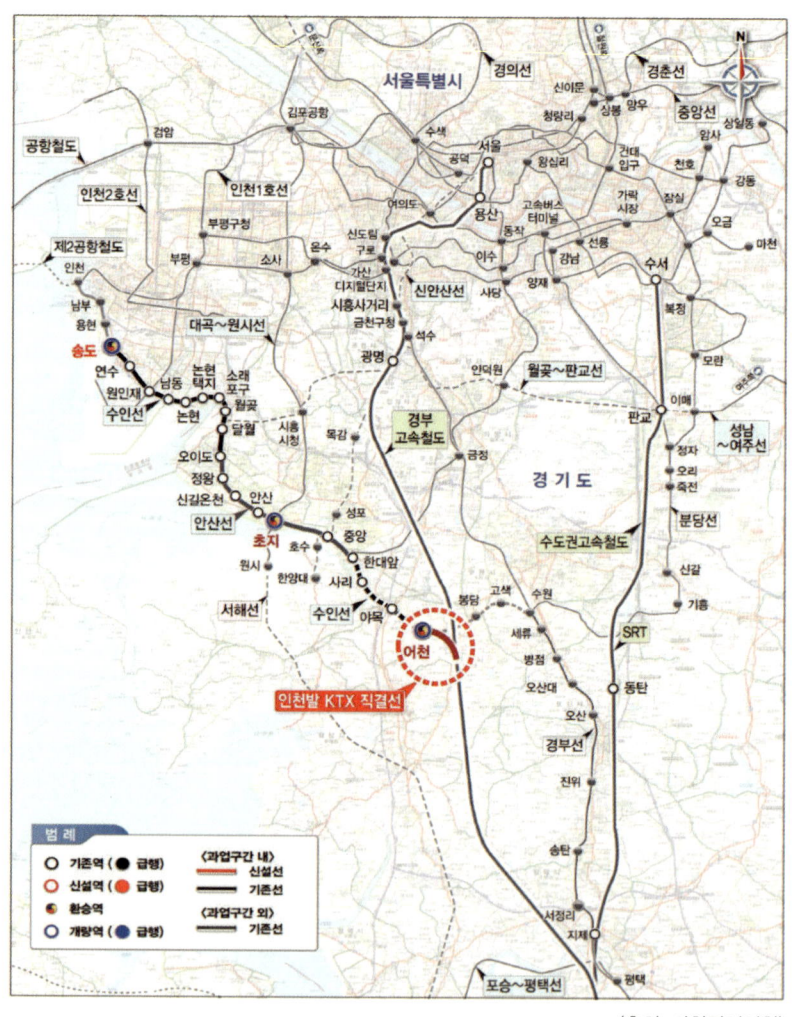

(출처: 인천광역시청)

인천~부산 2시간 30분대
인천~목포 2시간대
인천~강릉 1시간 30분대

인천이라는 도시는 오랫동안 '수도권의 끝자락'이라는 인식을 안고 살아왔다. 서울로 가기 위해서는 늘 버스와 지하철을 타고, 때로는 한 시간 넘게 이동해야 했다. KTX를 타려면 광명역이나 용산역까지 발걸음을 옮겨야 했던 것이 현실이었다. 그러나 인천발 KTX가 개통되면 상황은 완전히 달라진다. 송도역에서 곧바로 부산, 목포, 강릉을 향해 직행할 수 있는 시대가 열린다. 인천은 더 이상 변방이 아니라 전국 철도망의 출발점으로 자리매김하게 되는 것이다.

인천공항이 하늘길을, 인천항이 바닷길을 열었다면, KTX는 땅 위의 길을 완성한다. 항공·해운·철도가 삼박자를 이루며 세계와 전국을 잇는 '트리플 허브'가 된다. 이 거대한 연결망 속에서 송도 국제도시는 글로벌 무대와의 시너지를 극대화한다.

무엇보다 시간의 축소가 곧 공간의 확장이다. 인천에서 부산까지 약 2시간 30분, 목포까지 약 2시간, 강릉까지는 1시간 30분이면 닿는다. 전국 주요 도시가 하루 생활권으로 묶이며, 출장과 여행, 산업 교류가 훨씬 가벼워진다. 물리적 거리는 줄어들고, 사람과 자본, 정보는 더욱 빠르게 흐른다.

이 변화는 단지 인천만의 이익에 그치지 않는다. 호남과 영남, 강원을 하나로 묶으며 서해·남해·동해의 축이 교차한다. 수도권 중심의 일극 구조가 완화되고, 지역 간 균형 발전을 촉진하는 발판이 된다. 인천에서 시작된 한 줄기의 철도가 결국 대한민국 전역의 성장과 교류를 견인하는 셈이다.

부동산 시장도 새로운 국면을 맞이한다. 송도역을 중심으로 래미안 송도역 센트리폴, 시티오씨엘, 청학동, 동춘동, 미추홀구 구도심 일대는 단순한 역세권을 넘어 전국을 연결하는 관문으로 재평가된다. 서울로의 출퇴근 편의와 전국 직결망이라는 이중 프리미엄은 지역 부동산에 장기적 상승 동력을 제공한다.

하지만 이 거대한 변화는 아직 현실이 되지 않았다. 애초 2021년 개통을 목표로 했던 계획은 2025년 6월로, 다시 2026년 12월로 연기되었다. 현재 공정률은 절반을 조금 넘긴 수준이며, 송도역과 초지역, 어천역의 플랫폼 공사 지연, 평택-오송 구간의 병목 현상 등 변수도 남아 있다. 종합시험 운행 일정에 따라 개통은 2027년으로 넘어갈 가능성도 배제할 수 없다.

그러나 기다림은 헛되지 않는다. 인천발 KTX가 열리면 인천은 더 이상 '서울까지 올라가야 하는 도시'가 아니다. 송도에서 곧장 부산, 목포, 강릉으로 향하는 도시, 공항과 항만, 철도가 삼위일체로 연결되는 도시, 대한민국의 새로운 출발점이 된다.

결국 인천발 KTX는 단순한 교통 사업이 아니라, 도시의 미래를 새롭게 쓰는 선언이다. 인천은 수도권의 끝이 아니라 대한민국의 시작으로, 그리고 세계로 향하는 관문으로 다시 태어나고 있다.

▷ 주목할 단지

1. 래미안송도역센트리폴 3단지(2027년, 1024세대), 래미안송도역센트리폴 2단지(2028년, 819세대), 래미안송도역센트리폴 1단지(2028년, 706세대)

2. 시티오씨엘 6단지(2028년, 1,734세대), 시티오씨엘 7단지(2028년, 1,453세대), 시티오씨엘 8단지(2028년, 1,349세대), 시티오씨엘 9단지(분양 예정, 1,921세대), 시티오씨엘 2단지(분양 예정, 717세대)

3. 시티오씨엘 3단지(2024년, 977세대), 시티오씨엘 1단지(2024년, 1,131세대), 시티오씨엘 4단지(2025년, 428세대), 힐스테이트 학익(2021년, 616세대)

4. 송도역 한신더휴 프레스턴(2028년, 652세대), 송도역 경남아너스빌(2025년, 218세대), 송도역서해그랑블더파크(2025년, 348세대), KTX송도역서해그랑블(2024년, 215세대)

5. 삼용, 성호, 서해 통합재건축

6. 시대, 용담마을, 하나1차 통합재건축

5장

인천대로 일반화, 구도심의 재탄생

(출처: 인천광역시청)

재개발의 시계가 빨라진다

반세기 동안 경인고속도로는 산업과 물류의 동맥이었다. 그러나 그것은 동시에 구도심을 가로막은 커다란 벽이기도 했다. 시끄러운 소음과 매연, 그리고 도로 양옆의 단절은 가정동, 석남동, 가좌동, 주안동, 도화동, 용현동 같은 지역을 쇠퇴하게 만들었다. 사람들은 그곳을 거쳐 갔을 뿐, 머물려 하지 않았다.

이제 그 벽이 허물어지고 있다. 인천대로를 지하화하고 지상은 일반도로와 공원으로 재탄생시키는 '인천대로 일반화' 사업이 추진되면서, 구도심은 새로운 얼굴을 맞이할 준비를 하고 있다. 단절되었던 길은 이어지고, 도로 위에는 나무와 산책로가 들어선다. 아이들이 도로를 건너지 못해 우회하던 풍경은 사라지고, 동네와 동네가 손을 맞잡는 모습이 펼쳐질 것이다.

환경이 바뀌면 주거 선호도도 달라진다. 소음과 분진의 불편이 줄어들고, 생활 인프라 접근성이 좋아지면 '살기 좋은 동네'라는 인식이 돌아온다. 동시에 재개발의 동력도 커진다. 이미 용현4구역, 도화1구역 등 여러 구역이 정비계획을 갖추고 있어, 도로 지하화 완료 시점과 맞물려 재개발 속도가 붙을 가능성이 크다.

이 변화는 구도심 내부에만 머물지 않는다. 송도와 시티오씨엘, 주안과 도화, 부평까지 이어지는 생활권이 하나의 축으로 묶인다. 과거에는 '송도=신도심, 주안=낡은 구도심'으로 이분화되었지만, 이제는 서로 연결되어 교류하는 상생의 구조로 변모한다.

부동산 시장도 반응할 수밖에 없다. 이미 자리 잡은 신축 단지인 용현자이크레스트, 루원시티린스트라우스, 루원시티2차SK리더스뷰 아파트는 생활환경 개선의 직접 수혜를 입는다. 인천 SK스카이뷰 같은 대단지는 용현학익지구 도시개발사업, 용현동 재개발과 함께 미래 가치가 더욱 커질 전망이다. 여기에 시티오씨엘 1, 3, 4단지는 구도심과 신도심의 연결 축에 서면서 장기적으로 가장 큰 상승 동력을 얻을 수 있다.

   인천대로 일반화는 단순한 도로 공사가 아니다. 그것은 도시의 상처를 치유하는 일이자, 삶의 무대를 새롭게 짜는 일이다. 구도심은 더 이상 낡은 곳이 아니다. 이제는 연결과 회복, 그리고 도약의 무대가 될 것이다.

▷ 주목할 단지 또는 재개발 후보지

1. 용현자이크레스트(2023년, 2,277세대), 인천SK스카이뷰(2016년, 3,971세대)
2. 브라운스톤더프라임(2024년, 511세대)
3. 용현4구역(분양 예정, 952세대), 도화1구역(뉴스테이, 2,331세대)
4. 기계공고 남측구역 재개발 후보지, 도화역 남측구역 재개발 후보지
5. 도화역 북측구역 재개발 후보지, 주안북초 북측구역 재개발 후보지
6. 서부여성회관역 가좌동 일원 재개발 후보지, 석남5구역 재개발 후보지
7. 석남역 남측구역 재개발 후보지, 가정동 520-25번지 일원 재개발 후보지
8. 가정동 497번지 일원 재개발 후보지

6장

청라하늘대교 개통,
영종과 청라의 동행

(출처: 인천광역시청)

바다를 잇는 다리, 섬을 바꾸는 힘

인천 영종도는 국제공항을 품은 도시임에도 불구하고, 생활권 확장과 교통망 측면에서는 늘 제약이 있었다. 영종·청라 간 이동은 기존 영종대교, 인천대교에 의존해야 했고, 통행료 부담과 장거리 우회는 주민들의 생활 편의와 부동산 가치 모두에 그림자를 드리웠다.

이 한계를 근본적으로 바꿔 줄 인프라가 바로 '청라하늘대교'이다. 총 연장 4.67km, 폭 30m 왕복 6차로 규모로 건설되며, 180m 높이 주탑에는 전망대가 설치된다. 2025년 12월 말 개통을 목표로 하며, 완공 시 영종국제도시와 청라국제도시가 단일 생활권으로 묶이게 된다.

청라하늘대교의 가장 큰 의미는 '섬이 더 이상 섬이 아닌' 환경을 만드는 것이다. 지금까지 영종도의 부동산 가치는 공항신도시라는 독립적 특성과 파라다이스시티, 씨사이드파크 등 관광 인프라에 주로 의존해 왔다. 하지만 다리 개통은 영종과 청라를 직결하여 인천 서북부와 서울 서부권으로의 접근성을 획기적으로 개선한다.

실제 아파트 시세는 이미 변화의 조짐을 보이고 있다. 영종도 대표 단지인 영종자이(운남동)의 경우 2025년 8월 기준 전용 84㎡가 약 3억 2,500만 원에 거래되며, 1년 전 대비 0~3% 소폭 하락세를 보였으나, 매수 심리는 다리 개통 시점을 앞두고 강화되는 추세다. 이는 청라와 동일 생활권 편입에 대한 기대감이 반영된 결과다.

청라하늘대교는 단순히 교통망 개선이 아니라, 영종도 아파트 가격의 기준점을 새롭게 세우는 분기점이 될 가능성이 높다.

▷ 주목할 단지

1. e편한세상영종국제도시센텀베뉴(2023년, 1,409세대), 영종하늘도시 화성파크드림(2019년, 657세대), 영종하늘도시KCC스위첸(2019년, 752세대), e편한세상영종국제도시오션하임(2019년, 1,520세대)

2. 인천영종하늘도시호반써밋스카이센트럴Ⅱ(2024년, 583세대), 영종 센트럴푸르지오자이 (2019년, 1,604세대)

3. 운서역반도유보라퍼스티지(2022년, 450세대), 운서SK뷰스카이시티 (2022년, 1,153세대)

7장

경인고속도로 지하화,
원도심을 가르는 벽을 허물다

(출처: 인천광역시청)

단절에서 연결로, 도시의 얼굴이 달라지다

경인고속도로는 지난 반세기 동안 수도권 서부 물류를 책임져 온 핵심 축이었다. 하지만 그 이면에는 생활환경 파괴라는 그림자가 드리워졌다. 옹벽과 방음벽은 도시를 갈라놓았고, 끝없는 교통량은 부평, 계양 주민을 고립시켰다. 인근 아파트는 주거 가치가 떨어졌으며, 도로 하나를 건너는 일이 주민들에게는 불편과 위험을 동반했다.

이제 그 벽을 허무는 일이 본궤도에 올랐다. 정부가 경인고속도로 지하화 타당성 평가비를 예산에 반영하면서, 오랜 숙원이었던 사업이 현실로 다가온 것이다. 인천 서구 청라동에서 서울 양천구 신월동까지 15.3km 구간을 지하로 넣고, 지상에는 공원과 녹지, 생활공간을 조성한다는 계획이다. 착공은 2028년 말에서 2029년 초, 그리 멀지 않은 미래다.

도시의 길이 바뀌면 사람의 삶도 달라진다. 소음과 매연은 줄고, 대신 산책로와 나무가 들어선다. 아이들이 뛰어놀 수 있는 공원, 이웃이 오가며 마주치는 생활도로가 만들어진다. 단절이 해소되면 동네는 다시 연결되고, 쇠퇴하던 곳은 회복의 기회를 얻는다.

부동산 시장도 발 빠르게 반응할 것이다. 산곡역 일대는 7호선과 경인고속도로 지하화 효과가 겹쳐 '수도권 서부의 교통 허브'로 거듭나게 될 것이다. 이곳의 신축 단지, e편한세상 부평그랑힐스와 부평캐슬앤더샵은 새로운 랜드마크로 자리매김할 가능성이 크다. 효성동 일대의 제일풍경채계양위너스카이, 계양효성해링턴플레이스 같은 단지 또한 쾌적성을 더해 재평가될 것이다.

▷ 주목할 단지

1. e편한세상부평그랑힐스(2023년, 5,050세대), 부평캐슬앤더샵퍼스트(2023년, 1,623세대)

2. 제일풍경채계양위너스카이A블록(2025년, 777세대), 제일풍경채계양위너스카이B블록(2025년, 566세대)

3. 갈산1구역(분양 예정, 1,150세대), 부평삼산엠코타운(2007년, 708세대)

4. 삼산주공미래타운1차(2000년, 608세대), 삼산주공미래타운3차(2000년, 946세대)

5. 계양효성해링턴플레이스(2021년, 1,669세대), 인천작전두산위브(2026년, 1,370세대)

6. 작전동 870번지 일원 재개발 후보지

8장

인천2호선 고양 연장,
서해 축을 관통하는 대동맥

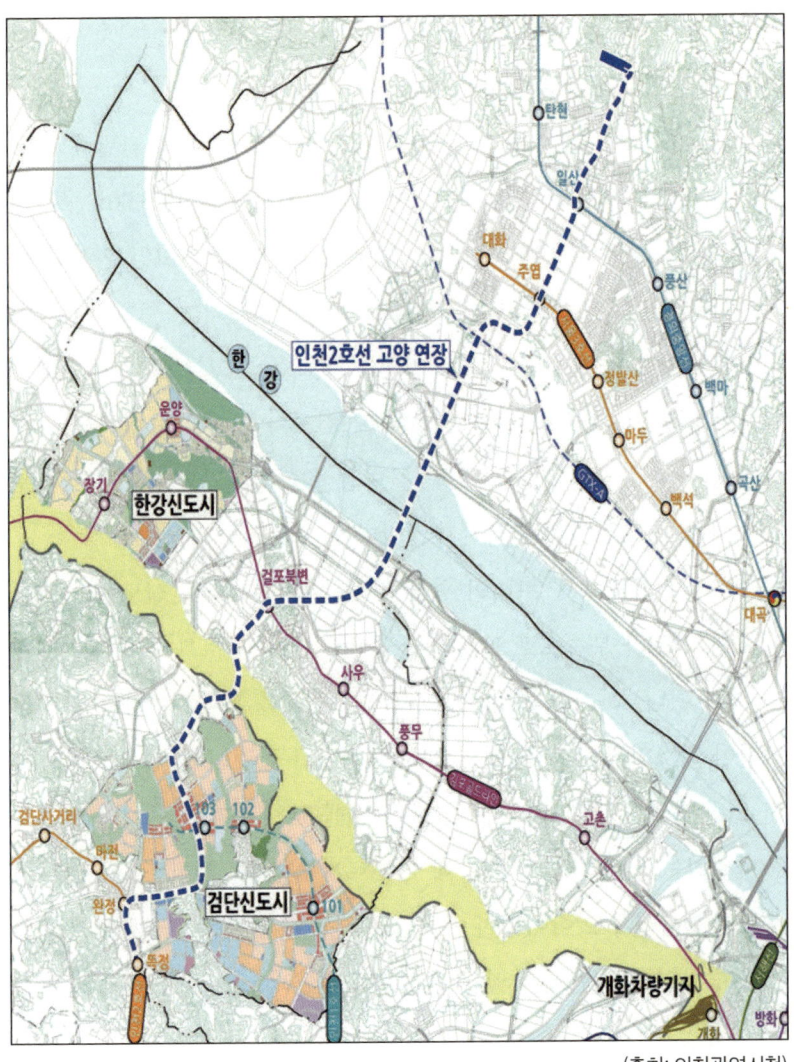

(출처: 인천광역시청)

서해 축을 연결하는 철도의 꿈

인천2호선은 2016년 개통 이후 인천 서구와 남동구를 잇는 생활철도로 자리 잡았다. 그러나 노선의 한계는 분명했다. 검단과 서구 주민들의 서울 접근성은 여전히 부족했고, 노선이 인천 내부에 머무르다 보니 광역 교통수단으로서의 위상은 약했다. 이러한 아쉬움을 해소할 대안으로 제시된 것이 바로 인천2호선 고양 연장이다.

인천2호선 고양 연장은 인천 서구 검단·불로지구에서 출발해 김포 한강신도시를 거쳐 고양 일산신도시까지 이어지는 약 19.63km 구간의 광역 철도 계획이다. 이 노선이 완성되면, 인천, 김포, 고양을 서해 축하나의 생활권으로 통합하는 광역 철도망이 구축된다.

인천 서북부, 특히 검단과 불로 일대는 늘 교통의 그늘에 놓여 있었다. 서울로 가려면 여러 번 갈아타야 했고, 김포나 일산으로 향하는 길도 불편했다. 신도시는 커지고 입주 물량은 쏟아졌지만, '서울 접근성 부족'이라는 낙인은 쉽게 지워지지 않았다.

교통망의 변화는 곧 도시의 위상 변화를 뜻한다. 검단신도시는 그동안 교통 인프라 부족으로 인해 대규모 입주 물량을 소화하는 데 어려움을 겪어 왔다. 하지만 고양 연장이 열리면 서울 접근성이라는 치명적 약점이 해소되며, 신축 단지의 가치는 재평가될 것이다. 불로, 왕길, 마전 같은 역세권 개발지 역시 새로운 기회를 맞게 된다.

이 변화는 단순히 인천 내부에 머무르지 않는다. 인천, 김포, 고양이 하나의 생활권으로 이어지며, 직주, 교육, 문화가 공유되는 광역 네트워크가 형성된다. 검단에서 일산 킨텍스로, 김포에서 청라로, 생활의 반경은 훨씬 넓어지고 풍성해질 것이다. 인천 서구 주민들에게는 김포공항, 킨텍스, 테크노밸리와 같은 일자리와 문화 인프라가 더 가까워진다.

더 나아가, 인천의 얼굴도 달라진다. 한동안 인천은 '서울로 가려면 멀다, 도시 내부 이동도 답답하다'는 이미지에 갇혀 있었다. 그러나 공항과 항만에 이어 철도가 서해 축을 따라 뻗어 나가면, 인천은 더 이상 주변부가 아니다. 하늘길, 바닷길, 땅길이 삼위일체를 이루며, 인천은 서해권의 관문 도시로 격상된다.

따라서 인천2호선 고양 연장은 단순한 선로 확장이 아니다. 검단과 불로의 숨통을 틔우고, 김포와 고양을 이어 주며, 인천을 수도권 서북부의 새로운 축으로 끌어올리는 대전환이다. 철길 하나가 도시의 동선을 넘어 미래의 지도를 새로 그리는 순간, 인천은 더 이상 끝자락이 아니라 시작점이자 교차로로 자리매김하게 될 것이다.

▷ 주목할 단지 또는 재개발 구역, 재건축 단지

1. 검단중흥S클래스에듀파크(2027년, 1,448세대), 제일풍경채3차(2026년, 610세대)
2. 검단호수공원역호반써밋(2026년, 856세대), 검단호수공원역중흥S클래스(2028년, 1,010세대)

9장

인천순환 3호선,
도시를 하나로 묶는 원형 철도망

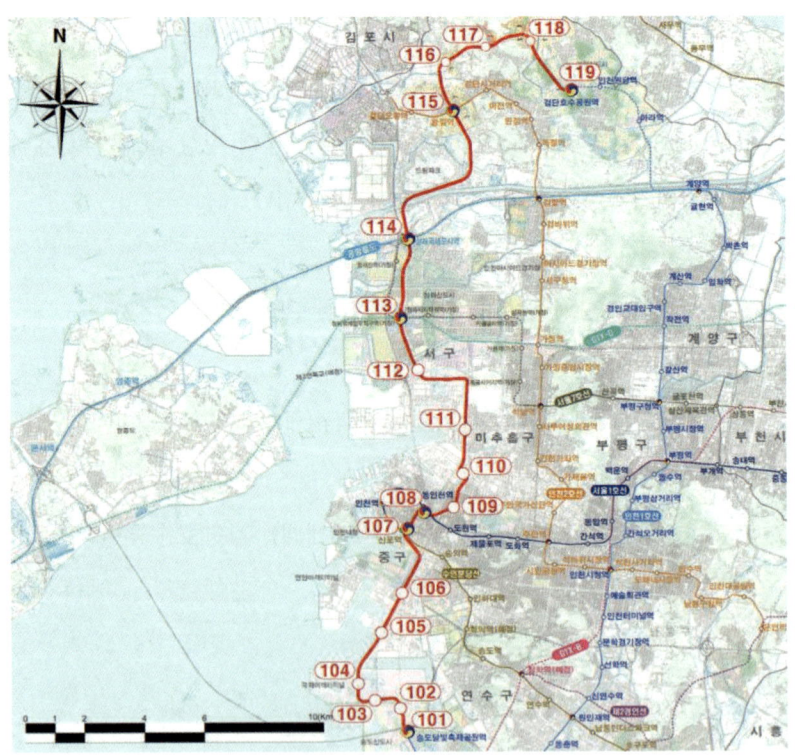

(출처: 인천광역시청)

송도에서 검단까지, 원형 고리로 잇다

 인천의 철도 교통망은 지금까지 방사형으로 뻗어 있었다. 송도에서 서울로, 청라에서 서울로, 검단에서 서울로 가는 길은 열렸지만, 정작 인천 내부를 잇는 순환망은 부족했다. 이 한계를 해소하기 위해 제안된 노선이 바로 인천순환 3호선이다.

 노선은 송도의 달빛축제공원역에서 시작한다. 국제도시로 성장한 송도의 관문과 인천의 첫 도시철도가 만나는 지점이다. 이어 수인분당선과 만나는 신포역, 경인선과 연결되는 동인천역을 거치며, 인천의 원도심과 신도심을 연결하는 핵심 축으로 뻗어 나간다.

 이후 철도는 서쪽으로 향해 청라국제도시역에 닿는다. 청라는 인천국제공항과 직결된 국제업무도시로, 공항철도와의 환승은 인천을 세계와 이어 주는 연결망을 한층 강화한다. 다시 북쪽으로 달려 왕길역에서 환승하고, 마지막으로 검단호수공원역까지 이어지며 순환선을 완성한다.

 이 노선의 가치는 환승망에서 드러난다. 인천순환3호선은 인천1호선, 인천2호선, 수인분당선, 경인선, 공항철도까지, 인천을 지나는 거의 모든 주요 철도를 한데 묶는다. 단순히 도시철도 한 줄이 더해지는 것이 아니라, 인천 전역을 하나의 생활권으로 묶는 원형 네트워크가 구축되는 것이다.

 그동안 인천의 아쉬움은 '서울 가기는 쉬운데, 인천 내부 이동은 불편하다'는 점이었다. 송도에서 동인천으로, 청라에서 검단으로, 구도심에서 신도심으로 이동하는 데 긴 시간이 걸렸다. 그러나 인천순환 3호선이 완성되면, 송도-구도심-청라-검단이 하나의 고리로 이어져, 인천 어디서든 30분 내 이동이 가능해질 전망이다.

결국 인천순환 3호선은 단순한 철도가 아니라 도시 구조를 바꾸는 축이다. 송도, 청라, 검단 같은 신도시와 동인천, 신포동 같은 원도심이 촘촘히 연결되면서, 인천은 수도권의 끝이 아니라 하나의 거대한 자족 도시로 도약하게 될 것이다.

▷ 주목할 단지 또는 재개발 구역, 재건축 단지

1. 송도SK뷰(2019년, 2,100세대), 디에트르송도시그니처뷰(2023년, 578세대)
2. 호반써밋송도(2023년, 1,820세대), 랜드마크시티센트럴더샵(2020년, 2,230세대)
3. 더샵송도마리나베이(2020년, 3,100세대), 송도오션파크베르디움(2020, 1,530세대)
4. e편한세상동인천베이프런트(2028년, 579세대), 동인천역파크푸르지오(2022년, 2,562세대)
5. 송림1, 2동 재개발 구역
6. 청라국제금융단지한양수자인레이크블루(2019년, 1,534세대)
7. 왕길역로열파크씨티푸르지오(2024, 1,500세대)
8. 검단중흥S클래스에듀파크(2027년, 1,448세대), 제일풍경채3차(2026년, 610세대)
9. 검단호수공원역호반써밋(2026년, 856세대), 검단호수공원역중흥S클래스(2028년, 1,010세대)

10장

용현서창선,
미추홀구와 남동구의 새로운 숨결

(출처: 인천광역시청)

인천 남동 축, 새로운 도시의 길

인천의 동남권, 특히 미추홀구와 남동구는 오랫동안 철도 교통의 사각지대였다. 버스에 의존한 생활은 늘 불편을 동반했고, 서창지구 주민들은 '서울보다 인천 도심이 더 멀다'는 자조 섞인 말을 할 정도였다.

이 고질적인 문제를 풀어 줄 열쇠가 바로 용현서창선이다. 옹진군청에서 출발해 수인분당선 인하대역과 인천1호선 인천터미널역을 거쳐 구월2지구, 만수지구, 서창1·2지구까지 이어지는 11.46km의 경전철 노선이다. 개통 시점은 2036년으로 잡혀 있으며, 지금은 60분이 걸리던 학익~서창 구간을 13분 만에 주파할 수 있다는 전망은 단순한 교통 편의가 아니라 주민들의 삶의 시간을 되돌려주는 약속과도 같다.

최근 인천시는 이 노선에 신기시장역(미추홀구)과 연안부두역(중구)을 추가하는 방안을 검토하고 있다. 제2차 인천도시철도망 구축계획 승인이 연말로 예정돼 있고, 국토부와 협의 과정에서 '승인 완료' 구두확약도 받은 상황이다. 승인이 확정되면 사전타당성 조사를 거쳐 기획재정부 예비타당성 조사로 이어질 예정이다. 경제성 확보가 관건이지만, 인천시는 "사업비 절감과 편익 증대를 통해 예타 통과를 준비하겠다"고 밝혔다.

용현서창선은 단순한 이동 수단이 아니다. 용현·학익지구라는 대규모 도시개발 사업과 맞물려 인천의 새로운 중심축을 만들어 낸다. 인하대역에서 수인분당선, 인천터미널역에서 인천1호선, 그리고 장래 제2경인선과도 연결되면서 서울·수도권 주요 도시로의 접근성이 획기적으로 개선된다.

이 축의 동쪽 끝에는 구월2지구가 기다리고 있다. 220만㎡ 규모의 신도시급 개발로, 노후 주거지를 대체하는 신축 아파트와 상업·업무·문화시설이 어우러진 자족형 도시다. 철도망까지 더해지면 구월2지구는 송도, 청라에 이어 인천의 제3 신도시로 자리매김할 것이다.

또한 바로 인접한 만수3지구는 기존 만수택지와 결합해 생활권을 확장한다. 인천2호선 만수역과 가까운 입지에 리모델링·재건축 수요가 높아, 구월2지구와의 연계 효과가 크다. 행정, 상업의 중심인 구월과 주거 안정성을 갖춘 만수가 서로 보완하며 인천 동남권을 이끌어 가는 든든한 한 축이 된다.

마지막으로 서창1·2지구도 주목해야 한다. 쾌적한 환경과 녹지가 장점이지만 그동안 교통 불편으로 성장에 제약이 있었다. 경전철이 개통되면 구월·만수와 단번에 이어지고, 제2경인선까지 연결되면 서울 접근성마저 크게 개선된다. '쾌적성과 교통망'이라는 이중 호재가 서창의 미래 가치를 끌어올릴 것이다.

결국 용현학익지구-구월1·2지구-만수3지구-서창지구, 여기에 신기시장·연안부두까지 잇는 이 동남 축은, 미추홀과 남동, 그리고 중구의 구도심을 다시 '살고 싶은 도시'로 재탄생시킬 것이다.

▷ 주목할 단지 또는 재개발 구역, 재건축 단지

1. 구월2지구 공공택지지구 내 1만 5천여 세대 계획(공공 60%, 민영 40% 계획)
2. 호반베르디움(2017년, 600세대), 서창센트럴푸르지오(2018년, 1,160

세대), e편한세상서창(2017년, 835세대), 서창자이(2008년, 500세대)

3. 구월아시아드선수촌센트럴자이(2015년, 850세대), 구월유승한내들
   퍼스티지(2017년, 860세대)

4. 학익SK뷰(2024년, 1,581세대), 포레나인천학익(2026년, 562세대),
   인하대역푸르지오에듀포레(2028년, 1,500세대)

5. 인천SK스카이뷰(2015년, 3,971세대), 용현자이크레스트(2023년,
   2,277세대)

6. 학익5구역 재개발 후보지

11장

제2경인선,
남동에서 서울로 잇는 새로운 철도 축

(출처: 국회의원 맹성규 의원실, 인천투데이)

남동과 서울을 직선으로 잇는 꿈

인천 남동에서 서울 서남권으로 향하는 길은 언제나 멀고 막혔다. 도로는 상습 정체 구간이 되었고, 출퇴근길은 늘 고단했다. 버스에 의존해야 하는 불편, 멀리 돌아가는 전철 노선은 지역 주민들의 숙원 과제였다. 그래서 인천 남동과 시흥, 그리고 서울 구로, 관악을 잇는 직선 철도망은 오랫동안 '꿈의 노선'으로 불려 왔다.

제2경인선은 바로 이 갈증을 해소할 새로운 축으로 등장했다. 원안은 수인분당선 청학역에서 출발해 신연수-인천논현-도림-서창-신천-은계-옥길을 거쳐 구로까지 이어지는 노선이었다. 광역버스가 수십 대 달려도 해결되지 않던 수요를 철도가 한 번에 흡수할 수 있다는 점에서 지역민들의 기대가 컸다.

그러나 사업은 순탄치 않았다. 2025년 1월, 민자적격성 조사에서 경제성이 부족하다는 이유로 한 차례 좌절을 겪은 것이다. 이로써 제2경인선은 '좋지만 실현 불투명한 노선'으로 밀려나는 듯 보였다. 하지만 주민들의 요구는 꺼지지 않았다. 통행 혼잡의 심각성이 반복 제기되면서 정부와 지자체는 노선을 수정해 다시 추진하기로 했다.

결국 제2경인선은 '신천-신림' 지선을 포함하는 '신민자 노선안'으로 재추진되었다. 새로운 안은 수인분당선 청학역 신설을 비롯해 신연수-인천논현-도림-서창-운연-신천-옥길-온수-고척-목동을 잇는 본선에, 신천에서 신림(서울 2호선)까지 이어지는 지선을 포함한다. 이로써 수인분당선, 서해선, 2호선을 연결하는 새로운 환승 네트워크의 가능성이 열리게 되었다.

특히 신천-신림 지선은 경제성 확보가 가능한 대안으로 평가되었다. 기존 광명시흥지구 남북철도(광명시흥선) 대신 신천-신림 지선을 넣을 경우 사업 타당성이 개선된다는 분석이 제시된 것이다. 이에 따라 오는 9월 '신민자 노선안'으로 민자적격성 조사가 재신청될 예정이며, 빠르면 내년 상반기에 결과가 나올 가능성도 있다.

제2경인선이 현실화된다면 인천 남동에서 신림까지 30분대 접근이 가능해지고, 신림에서 2호선을 통해 강남·여의도까지 단숨에 연결된다. 단순히 출퇴근 시간을 줄이는 차원을 넘어, 남동·시흥 산업단지와 서울 서남권의 일자리, 대학, 상권이 긴밀히 이어지는 효과를 낳는다.

교통망은 곧 경제지도를 바꾼다. 지금까지 수도권 동남권에 비해 상대적으로 저평가되었던 인천 남동과 시흥은 제2경인선 개통과 함께 '서울 생활권의 확장지대'로 재편될 수 있다. 청학-신연수-인천논현-도림-서창-운연 생활권이 직접 수혜를 받게 되며, 특히 서창, 논현, 운연의 신축 브랜드 단지들은 '서울 접근성 개선'이라는 희소 프리미엄을 확보할 가능성이 크다.

결국 제2경인선은 인천 남동과 서울 서남권을 곧은 선으로 이어 주는 새로운 생활 축이자 성장의 동맥이다. 오랜 세월 기다려 온 주민들의 염원이 실현되는 순간, 이 노선은 수도권 교통 지도의 공백을 채우고, 지역 균형 발전을 완성하는 핵심 축으로 자리매김할 것이다.

▷ 주목할 단지 또는 재건축 단지

1. 삼용, 성호, 서해 통합 재건축 단지

2. 시대, 용담마을, 하나1차 통합 재건축 단지

3. 효정, 성일, 동남, 우주, 인향, 태경 통합 재건축 단지

4. 호반베르디움(2017년, 600세대), 서창센트럴푸르지오(2018년, 1,160
   세대), e편한세상서창(2017년, 835세대), 서창자이(2008년, 500세대)

12장

대장홍대선(서울2호선) 청라 연장,
서울로 향하는 직선, 인천 가치의 재편

(출처: 인천광역시청)

서울과 인천을 직선으로 잇는 새로운 축

인천에서 서울로 향하는 길은 언제나 '가깝지만 먼 거리'였다. 출퇴근 길은 늘 막혔고, 시간은 자산이 아닌 손실로 흘러갔다. 버스는 도로 정체에 갇혔고, 전철은 멀리 우회했다. 이 구조적인 한계가 인천 부동산의 가치 상한선을 만들어 온 셈이다.

교통은 곧 입지의 본질이다. 아무리 좋은 브랜드 아파트라도 서울 접근성이 떨어지면 시장의 평가에서 한계가 있다. 반대로, 서울로 곧게 이어지는 노선이 생기면 도시의 시간 가치와 부동산의 체급이 동시에 상승한다.

그런 점에서 인천 시민들이 꿈꿔 온 '서울로 가는 직선 철도망'은 단순한 교통의 문제가 아니다. 그것은 도시의 가치 구조를 다시 쓰는 변수, 즉 '입지 프리미엄의 재편'을 의미한다. 이제 그 꿈이 구체화되고 있다. 대장홍대선 청라 연장이 바로 그 시작점이다.

2025년 9월, 국토교통부가 대장홍대선 광역철도 민자사업 실시계획을 승인했다. 부천 대장신도시에서 홍대입구역까지 이어지는 이 노선은 서울 2호선의 서쪽 확장선으로, 마포 · 양천 · 강서 · 부천을 직선으로 잇는다. 2031년 개통이 목표다.

이제 인천의 시선은 그 끝을 넘어선다. 인천시는 이 노선을 계양테크노밸리-작전역-효성역-루원시티-청라국제도시까지 잇는 '청라 연장안(서울2호선 청라 연장선)'을 추진하고 있다. 이 노선이 현실화되면 인천 서북부는 서울 2호선과 직접 맞닿는다. 계양, 루원, 청라가 하나의 생활권으로 묶이는 순간이다.

물론 순탄한 길만은 아니었다. 초기에 계양구는 노선을 박촌역으로 직결해야 한다며 반대 입장을 보였다. 하지만 인천시는 "계양테크노밸리를 거쳐 계양역으로 가야 한다"는 원안을 고수했다. 갈등은 길어졌지만, 지난 2025년 10월 계양구청장이 "청라·계양 연장이 성공적으로 추진될 수 있도록 행정적 노력을 다하겠다"고 공식적으로 입장을 바꾸면서 국면이 완전히 달라졌다.

청라 연장은 단순한 교통의 문제가 아니다. 서울 2호선의 영향권이 인천까지 확장되면, 계양테크노밸리의 일자리, 루원시티의 상업시설, 청라의 금융·레저 기능이 하나로 이어진다. 7호선, 청라하늘대교, 공항철도와 연결되는 입체 교통망 속에서 청라는 수도권 서부의 진정한 교통 허브로 거듭날 것이다.

결국 대장홍대선 청라 연장은 서울과 인천을 하나의 직선으로 묶는 길이다. 교통이 도시의 운명을 바꾸듯, 이 노선은 인천의 경제 지도를 다시 그릴 것이다. '서울로 향하는 가장 곧은 길', 그 길 위에 인천의 내일이 달리고 있다.

▷ 주목할 단지 또는 재건축 단지

1. 계양신도시 신축 아파트
2. 작전역 일대 재개발 단지
3. 효성역(가칭) 주변 아파트 잔지
4. 루원시티 주변 아파트 단지
5. 청라국제도시 아파트

2부

인천 자치구별
부동산 로드맵

1장

연수구 — 기승전 송도,
결국 답은 송도에 있다

(송도국제도시 송도센트럴파크)

글로벌 신도시의 영광과 그림자

도시는 늘 시대의 요구를 반영하며 성장한다. 산업화 시기에는 공장과 항만이 곧 도시의 경쟁력이었다. 그러나 21세기의 도시는 단순히 생산 거점을 넘어서, 지식, 문화, 교육, 환경이 어우러진 자족형 구조를 갖추어야 한다. 그런 흐름 속에서 인천 송도국제도시는 대한민국이 내놓은 대표적인 신도시 모델이다.

'세계 3대 바이오 클러스터', '국제업무 중심지', '교육과 문화의 허브'라는 화려한 수식어는 송도의 성취를 잘 보여 준다. 인천을 넘어 수도권 서부 전체의 위상을 끌어올린 주역이기도 하다. 그러나 빛이 강한 만큼 그림자도 짙다. 여전히 진행 중인 개발 구역, 생활 교통의 불편, 그리고 지나치게 높은 집값은 '완성된 도시'라는 평가를 머뭇거리게 만든다.

그렇다면 송도는 어떤 강점을 바탕으로 오늘의 명성을 얻었고, 또 어떤 한계가 발목을 잡고 있을까?

■ 송도의 강점 ─ 완벽에 가까운 신도시 조건

① 글로벌 일자리의 중심지

송도는 단순히 아파트 단지가 늘어선 베드타운이 아니다. 이곳은 대한민국에서 가장 성공적인 경제자유구역(IFEZ)의 심장부다.

- 바이오 클러스터

삼성바이오로직스는 세계 최대 규모의 위탁생산(CMO) 기업으로, 송도에 1~4공장을 두고 있다. 최근 제5공장 건설까지 본격화되며, 단일 도시 기준 세계 바이오 생산능력 1위를 굳히는 중이다.

셀트리온 역시 송도의 자부심이다. 바이오시밀러를 세계 시장에 수출하며 글로벌 제약 강자로 자리 잡았다. 삼성바이오에피스, SK바이오사이언스 글로벌 R&PD 센터, 롯데바이오 캠퍼스 등이 속속 들어서면서 송도는 바이오 클러스터로서 명실상부 세계 3대 거점 중 하나로 불린다.

- 국제업무와 금융

송도 국제업무단지에는 다국적 기업과 공공기관이 몰려 있다. 재외동포청, 해양경찰청, 한국생산기술연구원, 한국해양과학기술원 극지연구소, 공공기관과 UN 산하기구인 녹색기후기금(GCF) 본부가 자리한 곳도 송도다. 이는 단순히 기업 집적지를 넘어, 국제적 위상을 확보했다는 점에서 의미가 크다.

- 연구·교육 기반 일자리

인천 글로벌 캠퍼스에는 뉴욕주립대, 조지메이슨대, 겐트대, 유타대 아시아 캠퍼스가 입주해 있다. 이 대학들의 교수진·연구진·행정 인력이 송도의 고급 일자리로 이어지고 있다. 또한 R&D 센터, 바이오 벤처

기업, 스타트업들이 대학과 협력하며 새로운 일자리를 만들어 낸다.

곧 송도의 일자리는 제조업 중심이 아니라 전문직, 연구직, 국제 비즈니스로 무게 중심이 옮겨져 있다. 이는 곧 높은 평균 임금 수준과 우수 인재 유입 효과로 이어진다.

② 명문 학군과 국제 교육 환경

신도시의 성공을 가르는 가장 중요한 요인 중 하나가 학군이다. 송도는 이 부분에서도 압도적이다.

- 채드윅국제학교

미국 로스앤젤레스 본교를 둔 채드윅의 분교로, 유치원부터 12학년까지 IB(국제 바칼로레아) 과정을 운영한다. 국내 국제학교 중에서도 입학 경쟁률과 학업 성취도가 최상위권이다. 송도의 글로벌 이미지를 상징하는 교육 기관이자, 해외 교민과 다국적 기업 임직원 가족에게는 핵심 정착 요인으로 작용한다.

- 특목 · 자사고

인천과학예술영재학교, 인천포스코고등학교는 자체 선발 과정을 통해 우수 학생들을 끌어모으고 있다. 과학 · 수학 · 예술 분야의 특화 교육은 송도의 브랜드 가치를 높이는 핵심 요소다. 이들 학교는 전국 단위 경쟁력으로, 송도가 단순한 '주거 도시'가 아니라 교육 중심 도시임을 보여 준다.

- 글로벌 캠퍼스

앞서 언급한 해외 명문대 분교 집적은 학부모들에게 '해외 유학을 가지 않고도 글로벌 교육을 받을 수 있다'는 확신을 준다. 초·중·고를 송도에서 보내고, 대학까지 송도 글로벌 캠퍼스로 진학하는 경로가 이미 현실화되었다. 이는 국내 신도시 중에서도 유례없는 완결형 교육 인프라다.

이처럼 송도의 학군은 국제학교-특목고-해외대 분교로 이어지는 끊김이 없는 교육 사다리를 제공한다. 이는 강남·분당과 어깨를 나란히 하는 학군 경쟁력으로, 송도의 부동산 가치를 떠받치는 든든한 기반이다.

더 나아가 송도의 교육 인프라는 국제 비즈니스와 주거 선호를 동시에 견인하는 동력이다. 글로벌 기업 임직원 유치, 연구 인력 정주, 고소득 전문직의 유입은 모두 자녀 교육 환경과 직결된다. 결국 송도의 학군은 단순한 '입시 경쟁력'이 아니라, 도시 경쟁력 그 자체라 할 수 있다.

③ 전국·세계로 연결되는 교통망

송도의 또 다른 강점은 전국·세계로 연결되는 교통 인프라다.

- 철도망

인천1호선이 송도 내부를 지나며 부평, 계양, 검단, 서울 지하철과 연결된다. GTX-B가 개통되면 송도에서 여의도까지 20분대, 서울역까지 30분대 진입이 가능해진다. 송도에서 가까운 인천발 KTX는 구 송도역에서 출발해 부산, 목포, 강릉까지 이어질 예정이다.

- 도로망

제3경인고속도로, 수도권제2순환고속도로가 송도와 직결되어 수도권 남부와 서부로의 이동이 수월하다. 특히 제2순환로는 인천대교와 연결되며 공항, 항만 접근성을 동시에 높여 준다. 송도 내부에서는 신항대로, 송도IC, 송도국제도시IC를 통해 경인고속도로와 바로 이어지며, 송도~연수, 남동을 연결하는 도시고속화도로 확장도 진행 중이다. 이처럼 송도의 도로망은 서울보다는 전국과 세계를 잇는 관문 기능에 최적화되어 있다는 점이 특징이다.

- 항공, 항만 접근성

인천국제공항까지 30분대, 인천항과도 바로 연결된다. 국제 비즈니스 출장과 해상 물류까지 고려하면, 송도는 사실상 전국과 세계를 잇는 관문 도시로 기능한다.

④ 풍부한 상권과 문화 인프라

송도의 생활 인프라는 단순한 쇼핑을 넘어 문화와 여가까지 아우르는 구조다. 트리플스트리트, 현대프리미엄아울렛 같은 대형 복합 쇼핑몰, 아트센터 인천, 국제회의장, 전시, 컨벤션 시설 등 또한 8공구 개발과 랜드마크시티가 완성되면, 송도는 수도권 서부 문화·상업의 중심으로 부상할 것이다.

⑤ 도시 설계와 공원 환경

송도는 도시 설계 자체가 차별화된다. 센트럴파크, 해돋이공원, 워터 프론트 호수, 6·8공구 수변 공간은 단순한 조경을 넘어 도시 아이덴티티를 형성한다. 주거지와 공원이 맞닿아 있고, 자전거 도로와 산책로가 촘촘히 연결되어 있어 '살기 좋은 도시'라는 평판을 얻고 있다.

■ 송도의 아쉬움 — 완성되지 못한 퍼즐

그러나 송도가 완벽한 도시는 아니다. 그 화려한 수식어 뒤에는 여전히 해결되지 못한 과제가 있다.

① 높은 집값, 부담스러운 진입 장벽

송도의 아파트 시세는 인천 평균을 크게 웃돈다. 글로벌 인프라와 학군 프리미엄이 반영된 결과지만, 실수요자 입장에서는 '너무 비싸다'는 장벽으로 작용한다. 특히 젊은 신혼부부나 중산층 가구에게는 송도 진입이 갈수록 어려워지고 있다. 이는 송도가 특정 계층 중심의 도시가 될 수 있다는 위험을 내포한다.

또한 높은 집값은 주거 양극화를 심화시키는 요인으로 작용한다. 인천 내 다른 지역과의 격차가 커질수록 상대적 박탈감이 확산되고, 이는 장기적으로 송도의 사회적 다양성을 약화시킬 수 있다. 지역 내 자영업과 생활 서비스업도 수요층이 제한되면 활력을 잃기 쉽다.

더 큰 문제는 지속 가능성이다. 지나치게 높아진 집값은 외부 수요가 줄어들 때 급격한 가격 조정으로 이어질 수 있다. 결국, 송도의 집값은 도시의 매력을 보여 주는 지표인 동시에, 도시 발전의 한계를 드러내는 이중적 성격을 갖고 있다. 특히 서울 및 수도권에서의 신규 유입은 가능하지만, 정작 인천 내부에서 송도로의 이동은 집값 장벽 때문에 쉽지 않다. 이는 인천 도시 구조 내 불균형을 심화시키고, 송도의 성장이 지역 전체와 함께 호흡하기보다는 섬처럼 고립되는 결과를 낳을 수 있다.

② 미완의 개발 구역

송도는 여전히 진행형 도시다. 랜드마크시티, 8공구 개발, 워터프론트 프로젝트는 오랜 기간 표류하다 이제서야 속도를 내고 있다. 청라의 시티타워처럼 송도의 미완성 구역들이 장기 지연될 경우, 도시 경쟁력에 타격을 줄 수 있다.

특히 송도는 '국제도시'라는 브랜드 가치가 핵심인데, 대표 거점 사업들이 늦어지면 도시 이미지가 흔들릴 수 있다. 랜드마크시티는 글로벌 비즈니스 중심지로 설계되었지만, 장기간 지연되면서 송도의 상징성이 약화되고 있다. 워터프론트 역시 수변 친화 도시라는 콘셉트를 완성할 필수 프로젝트인데, 착공 지연과 재원 문제로 주민 기대가 반복적으로 꺾였다.

또한 투자 심리 위축도 문제다. 미완의 개발 구역이 장기간 방치될 경우, 신규 유입 수요는 줄고 기존 거주민들의 신뢰도 떨어질 수 있다. 송도의 매력 포인트가 '계획적이고 완성된 도시'라는 점임을 고려하면, 공구별 빈 땅과 지연된 사업은 곧 도시 가치의 공백으로 이어진다.

따라서 미완성 구역을 얼마나 신속하고 안정적으로 마무리하느냐가 송도의 향후 성장성과 직결된다.

③ 생활 교통 리스크와 대안

광역 교통망은 잘 준비되고 있지만, 생활 교통은 여전히 불편하다. 도시 규모가 크다 보니 대중교통으로 단지 간 이동이 쉽지 않고, 내부 순환 버스망은 아직 촘촘하지 않다. 주차난, 출퇴근 시간 정체도 반복된다. 이는 '국제도시'라는 이름에 걸맞지 않은 생활 불편 요소다.

이러한 한계를 보완하기 위해 송도 내부를 잇는 트램 도입이 추진되고 있다. 트램은 송도 국제도시 내 주요 주거지, 업무지구, 상업지구, 연세대, 글로벌캠퍼스 등 교육 시설을 연결하며, 버스나 승용차에 의존했던 단거리 이동 문제를 크게 완화할 것으로 기대된다. 친환경 교통수단이라는 점에서도 도시 이미지와 부합한다. 트램이 개통되면 단지 간 생활 이동성이 개선되고, 국제도시라는 위상에 걸맞은 교통 인프라가 완성될 것이다.

④ 상권의 양극화

트리플스트리트 같은 대형 상권은 화려하게 운영되지만, 일부 생활권 상가들은 공실에 시달린다. 특히 중소 자영업자 중심의 근린상가는 송도의 대형 쇼핑몰과 경쟁하며 활력을 잃기도 한다. '화려한 메인 스트리트와 비어 있는 이면도로'라는 양극화가 송도의 상권 과제다.

송도의 상권 구조는 대규모 복합몰, 국제업무지구 중심으로 짜여 있다 보니, 지역민들이 굳이 골목 상권을 찾을 필요가 적다. 쇼핑, 외식, 문화, 교육까지 한 공간에서 해결 가능한 대형 상권이 생활 편의를 높여 주지만, 그만큼 소규모 상권은 설 자리를 잃는다. 이는 임대료 하락, 공실 장기화로 이어져 지역 경제의 균형을 무너뜨린다.

또한, 유동인구 편중 현상도 두드러진다. 주말, 휴일에는 대형몰과 국제업무지구에 인파가 몰리지만, 평일 저녁이나 골목길 상권은 한산하다. 이런 불균형은 도시 활력의 지속성을 저해하며, 주민 입장에서는 생활 밀착형 상권 부족이라는 불편으로 이어진다.

장기적으로 보면 이는 도시 경쟁력의 다양성 부족으로 연결된다. 글로벌 도시라면 화려한 메인 상권과 함께 지역민 중심의 일상적 상권도 조화를 이뤄야 하는데, 송도는 아직 그 균형을 찾지 못하고 있다.

송도를 이해하지 못하면 인천을 알 수 없다

송도는 인천을 넘어 대한민국 신도시 개발사의 상징적 모델이다. 바이오, 국제업무, 교육, 문화가 집약된 도시라는 점에서 송도의 성취는 분명 위대하다. 그러나 여전히 높은 집값, 미완의 개발, 생활 교통의 불편이라는 그림자가 남아 있다. 결국 송도의 이야기는 '성공한 신도시의 현재'이자, '완성되지 않은 미래'다. 송도를 제대로 이해하지 못하면 인천의 현재를 알 수 없고, 송도의 그림자를 읽지 못하면 인천의 미래를 예측할 수 없다.

나아가 송도는 인천 발전의 바로미터다. 글로벌 투자가 몰리고, 외국기업과 대학이 자리 잡으면서 '세계 속의 인천'을 대표하는 얼굴이 되었지만, 동시에 내부 생활 기반은 여전히 미완이다. 화려한 스카이라인 뒤편에 존재하는 교통·상권·주거의 불균형은 인천 전체 도시정책의 숙제를 압축적으로 보여 준다.

곧 송도는 찬란한 비전과 현실적 제약이 공존하는 도시다. 이 두 얼굴을 동시에 직시할 때, 우리는 인천의 내일을 더욱 선명하게 읽어 낼 수 있다. 송도는 인천의 자부심이자 시험대이며, 성공과 한계가 교차하는 현장이다.

▣ 스티그 인사이트

■ 송도신도시 성공 방정식: 교통, 교육, 의료, 일자리

- 교통: GTX-B, 수도권 남부 연결의 핵심

인천1호선이 송도를 통과해 부평, 계양, 검단과 연결된다. 제2경인고속도로, 영동고속도로 진입이 용이해 차량 이동도 편리하다. GTX-B 노선 확정으로 서울 접근성이 대폭 개선될 예정이다. GTX-B 개통은 송도의 '국제도시' 위상에 걸맞은 교통혁신 카드다. 현재도 교통 인프라는 준수하지만, GTX-B가 열리면 송도는 서울 중심권과 직결되는 국제업무 중심지로 도약한다.

- 교육: 국제학교와 특목고의 집적지

송도는 채드윅국제학교와 칼빈메니토바국제학교를 중심으로 글로벌 교육 환경을 갖추었고, 인천과학예술영재학교, 인천포스코고등학교 같은 특목고, 자사고까지 함께 자리 잡고 있다. 국내외 학부모들에게 송도를 매력적으로 만든 핵심 요인이 바로 교육이다. 송도는 '아이 키우기 좋은 도시'라는 확실한 브랜드를 확보했고, 이는 아파트 가치 상승으로 직결되었다.

- 의료: 미완의 과제

　송도의 도시 발전 과정에서 가장 큰 숙제 중 하나는 의료 인프라다. 교육과 일자리 부문에서는 이미 전국 최고 수준의 경쟁력을 확보했지만, 의료 분야는 상대적으로 뒤처져 있다는 평가를 받는다. 일부 종합병원이 입지해 있긴 하나, 국제도시의 위상에 걸맞은 상급종합병원은 아직 부재하다. 이는 송도의 생활 완결성에서 뚜렷하게 드러나는 약점이다.

　이러한 한계를 보완하기 위해 추진 중인 핵심 시설이 세브란스병원 송도 국제병원이다. 현재 공사가 진행 중인 이 병원은 완공 시 대학병원급 의료 서비스를 제공하며, 외국인 주재원은 물론 송도 및 인근 지역 주민들에게도 수준 높은 의료 인프라를 제공할 것으로 기대된다. 결국 세브란스병원의 개원은 송도의 국제도시 완성도를 한 단계 끌어올릴 결정적 요소가 될 전망이다.

- 일자리: 글로벌 기업과 캠퍼스

　송도는 단순 주거지가 아니라 국제업무단지, 바이오 클러스터, 글로벌 대학 캠퍼스가 집적된 자족형 신도시다. 셀트리온, 삼성바이오로직스 등 대형 바이오 기업이 송도에 자리 잡으며 '일자리 창출-인구 유입-주택 수요 증가'의 선순환 구조를 만들고 있다.

　송도는 '베드타운'이 아니라 '직주근접형 국제업무도시'로 자리매김했다. 다만, 아직은 서울 출퇴근 수요도 적지 않으므로 GTX-B 개통이 핵심 보완책이 될 전망이다.

■ 송도국제도시 단지 내 수영장을 보유한 아파트 단지

1. (1공구)더샵 송도 아크베이, 775세대, 2025.03. 입주

2. (1공구)디에트르 송도 시그니처뷰, 578세대, 2023.09. 입주

3. (5공구)송도글로벌파크베르디움, 1,153세대, 2017.11. 입주

4. (5공구)베르디움더퍼스트, 1,834세대, 2017.03. 입주

5. (5공구)송도더샵센트럴시티(6라인), 2,610세대, 2018.09. 입주

6. (8공구)송도오션파크베르디움, 1,530세대, 2020.02. 입주

7. (8공구)호반써밋송도, 1,820세대, 2023.02. 입주

■ 송도 84㎡ 아파트 최고가 Top10(2025.01.~2025.09.) 자료: 아실

순위	단지명	공구	세대수	입주연도	실거래가
1	송도더샵파크애비뉴	3	668	2018.12.	15억 5천만 원
2	송도센트럴파크푸르지오	1	551	2015.07.	12억 4천만 원
3	디에트르송도시그니처뷰(수영장)	1	578	2023.09.	11억 8천만 원
4	송도더샵퍼스트파크(F15BL)	3	872	2017.11.	11억 5천만 원
5	송도더샵퍼스트파크(F14BL)	3	869	2017.11.	10억 8천만 원
6	송도더샵프라임뷰20블록	3	662	2022.08.	10억 4천만 원
7	송도자이더스타	6	1,533	2024.12.	10억 2,724만 원
8	송도더샵퍼스트파크(F13-1BL)	3	856	2017.11.	10억 1천만 원
9	송도럭스오션SK뷰	6	1,114	2025.02.	9억 5,519만 원
10	송도글로벌파크베르디움	5	1,153	2017.11.	9억 5천만 원

1. 송도 5공구, '송도글로벌파크베르디움', 실거래가 9억 원 초반(2025.08.)

준신축, 학세권, 역세권, 슬세권, 대단지의 프리미엄을 갖춘 선택지

① 준신축: 2017년 11월 사용승인, 9개 동, 지상 최고 33층, 총 1,153세대로 관리 안정성과 커뮤니티 경쟁력 확보, 주차 1,530대(세대당 1.32대)

② 학세권: 인천송명초등학교, 능허대중학교, 2027년 3월 고등학교 개교 예정인 첨단1고등학교(가칭) 도보 생활권

③ 역세권: 인천1호선 테크노파크역 직선 600m, 도보 약 14분

④ 슬세권: 단지 바로 앞에 트리플스트리트, 현대프리미엄아울렛이 있어 장보기, 외식, 문화생활이 모두 가능하다. 멀리 나가지 않아도 도보 5~10분 이내에서 쇼핑, 외식, 여가를 해결할 수 있다는 점에서 전형적인 슬세권

2. 송도 2공구, '송도한진해모로', 실거래가 약 7억 원 초반(2025.08.)

송도 원조 입지에 자리한 착한 가격의 실속 단지

① 입지 안정성: 2006년 입주, 6개 동·총 820세대 규모. 초기 송도 생활권을 대표하는 단지 중 하나로 관리 체계가 안정적

② 학세권: 신송초등학교, 신송중학교, 신송고등학교 도보 생활권

③ 역세권: 인천1호선 캠퍼스타운역 약 50m, 도보 5분 전후

④ 가성비: 송도 2공구 입지 치고 상대적으로 낮은 매매가 형성, 입주 연차 대비 가격 메리트 있음.

3. 송도 4공구, 송도웰카운티1단지, 실거래가 약 7억 원 중반(2025.08.)

송도의 시작점이자 여전히 합리적인 학세권 대단지

① 입주 연차: 2008년 입주, 송도 주거지의 시작을 알린 4공구 대표 단지, 총 980세대

② 학세권: 인천해송초등학교, 인천해송중학교, 인천해송고등학교 도보 생활권

③ 역세권: 인천1호선 지식정보단지역 도보 7~8분 전후

④ 가성비: 연식은 있으나, 송도 생활권의 저평가 단지 중 하나. 전용 84㎡ 기준 송도 평균보다 가격 부담이 적다.

4. 송도 1공구, '더샵그린워크1차', 실거래가 약 8억 원 초반(2025.08.)

명문 학군을 품은 센트럴파크 도보권 대단지

① 입주 연차: 2014년 입주, 총 6개 동 · 736세대

② 학세권: 인천연송초등학교, 인천신정중학교, 인천포스코고등학교, 채드윅국제학교, 칼빈매니토바국제학교 등 특목고, 국제학교 접근

성 우수, 학원가 인접

③ 슬세권: 커널워크 등 복합 상업·문화시설 도보권

④ 가성비: 센트럴파크 인근 단지 중 비교적 합리적 시세 형성. 학군, 상
권, 교통 3박자 갖춘 단지

5. 송도 6공구, '힐스테이트레이크송도4차', 실거래가 약 9억 원 초반 (2025.08.)

신축, 조망, 쾌적성을 모두 갖춘 균형 잡힌 단지

① 신축: 2025년 입주, 12개 동·총 1,319세대, 힐스테이트 준하이앤드
브랜드급

② 학세권: 인천현송초등학교, 인천현송중학교 도보 생활권

③ 가성비: 신축 프리미엄과 바다·호수·공원 조망을 갖추면서도 6공
구 신축 대비 가격 부담이 낮아 실수요자에게 매력적

2장

연수구 — 래미안 송도역 센트리폴, 교통과 생활의 결절점

(출처: 래미안 송도역 센트리폴 홈페이지)

시티오씨엘과 맞닿은 주거 중심

　래미안 송도역 센트리폴은 삼성물산 래미안 브랜드로 공급된 약 2,500세대 규모의 초대형 단지로, 연수구 옥련동에 자리 잡고 있다. 이름만 보면 송도의 연장선처럼 보이지만, 실제 행정구역은 송도동이 아닌 옥련동이며 생활권 역시 송도보다는 미추홀구 시티오씨엘과 훨씬 가깝다.

　입주민들이 일상에서 가장 자주 이용할 상업, 교육, 문화 인프라는 송도국제도시보다는 시티오씨엘과 직접 맞닿아 있다. 대형마트, 학교, 공원, 공공청사 등 신도시 특유의 계획적 생활 기반 시설이 가까이에 들어서기 때문에, 거주자들은 시티오씨엘의 생활 편의를 자연스럽게 공유하게 된다. 이런 이유로 래미안 송도역 센트리폴은 송도의 프리미엄 이미지를 누리면서도, 시티오씨엘의 생활 편의성까지 동시에 확보할 수 있는 드문 단지로 평가된다.

　특히 주목할 점은 이 단지가 단순히 옆 동네에 붙어 있는 것이 아니라, 두 생활권을 이어 주는 교차 지점이라는 성격이다. 송도역을 끼고 있어 광역 교통망을 누릴 수 있고, 동시에 시티오씨엘과 맞닿아 실질적인 생활 인프라를 활용할 수 있다. 다시 말해, 송도역 래미안 센트리폴은 '송도의 교통 프리미엄'과 '시티오씨엘의 생활 편의성'을 한 번에 체감할 수 있는 위치적 장점을 가진다.

　이러한 이중 생활권 구조는 향후 송도역세권, 시티오씨엘 권역의 주거 수요를 선도하는 동력이 될 수 있다. 송도와 시티오씨엘을 동시에 아우르는 입지적 특성이 단지의 가치를 차별화시키며, 장기적으로는 지역 내 시세 리더로 자리매김할 가능성이 크다.

■ 래미안 송도역 센트리폴의 강점

① 트리플 교통 호재

래미안 송도역 센트리폴이 주목받는 가장 큰 이유는 교통이다. 단지 가까이에 KTX 송도역이 들어서고, GTX-B 청학역(예정)과 경강선 연장선(판교 직결)이 이어질 예정이기 때문이다.

KTX 송도역은 인천 남부권에서 처음으로 개통되는 고속철 정차역으로, 부산, 목포, 강릉 등 전국 주요 도시로 바로 연결된다. 그동안 광명이나 용산까지 이동해야 했던 불편함이 크게 줄어들면서 연수구와 시티오씨엘을 비롯한 인근 거주자들의 이동 효율은 눈에 띄게 높아질 것이다.

경강선 연장도 기대가 크다. 송도에서 판교까지 바로 이어지면, 수도권 동남부의 핵심 산업지대인 판교 테크노밸리와 직통으로 연결된다. 이는 단순한 출퇴근 편리성을 넘어, 송도역 생활권이 강남, 판교의 경제권과 맞닿는다는 의미다.

여기에 GTX-B 청학역(예정)까지 개통되면 서울 도심 접근성은 획기적으로 달라진다. 여의도와 서울역, 청량리까지 직결되는 노선이어서 연수구와 시티오씨엘 주민들도 서울 주요 업무지구로 빠르게 닿을 수 있다.

결국 래미안 송도역 센트리폴은 여의도, 강남, 판교라는 수도권의 핵심 축과, 전국 주요 도시까지 동시에 연결되는 교통 결절점에 자리하는 셈이다. 단순히 '편리한 교통' 수준이 아니라, 수도권과 전국을 동시에 아우르는 멀티 허브 역할이 이 단지의 가치를 뒷받침하는 가장 강력한 요인이다.

② 시티오씨엘과 맞닿은 생활권

행정구역은 연수구 옥련동이지만, 생활권은 송도보다는 시티오씨엘과 더 가깝다. 실제로 입주민들이 일상적으로 이용하게 될 편의시설이나 교육, 문화 인프라는 시티오씨엘과 연결된다.

시티오씨엘은 인천이 새롭게 키우고 있는 주거, 행정 복합지로, 신축 아파트 단지와 함께 공공청사, 학교, 공원 같은 생활 기반 시설이 속속 들어서고 있다. 아직 대형 상업시설은 부족하지만, 도시가 계획적으로 조성되면서 쾌적한 환경과 편리한 생활 여건이 빠르게 갖춰지고 있다.

이 덕분에 래미안 송도역 센트리폴은 송도의 프리미엄 이미지를 공유하면서도, 시티오씨엘의 신도시적 장점을 동시에 누릴 수 있는 드문 단지다. 단순히 인접한 것이 아니라, 두 생활권을 오가는 교차 지점에 서 있다는 점에서 연수구와 시티오씨엘 일대의 주거 수요를 선도할 가능성이 크다.

③ 브랜드와 대단지 프리미엄

삼성물산의 래미안은 국내 아파트 브랜드 가운데서도 가장 강력한 이름이다. 인천에서는 래미안 단지가 손에 꼽히기 때문에 희소성도 크다. 입주민에게는 '믿을 만한 품질'이라는 안정감을 주고, 시장에서는 브랜드 프리미엄이 곧 가격 방어력으로 이어진다.

또한 약 2,500세대 규모라는 점도 빼놓을 수 없다. 이 정도 규모라면 단순한 주거 단지를 넘어, 자체적으로 생활권 커뮤니티가 형성된다. 단지 안에 들어설 피트니스, 독서실, 실내 체육시설 같은 커뮤니티 공간은 거주 만족도를 높이고, 단지 내 예정된 초등학교는 '초품아'라는 확실한 교육 프리미엄을 만든다.

결국 브랜드와 대규모 커뮤니티, 교육 인프라가 맞물리면서 래미안 송도역 센트리폴은 단순히 새 아파트가 아니라, 지역 시세를 주도하는 랜드마크로 자리 잡을 가능성이 높다. 입주민에게는 안정감과 생활 편의를, 투자자에게는 프리미엄과 시세 리더십을 동시에 제공할 수 있는 단지라고 할 수 있다.

■ 래미안 송도역 센트리폴의 아쉬운 점

① 생활권 정체성의 애매함

래미안 송도역 센트리폴은 이름만 보면 송도 생활권의 한 축으로 보이지만, 실제 행정구역은 연수구 옥련동이다. 따라서 외부에서는 송도의 프리미엄 이미지를 자연스럽게 연상하지만, 정작 거주자들의 생활 반경은 송도 국제도시보다는 옆에 새로 개발 중인 시티오씨엘과 훨씬 더 가깝다.

이처럼 '이름과 실제 생활권의 괴리'는 입주 후에도 일정한 논란이 될 수 있다. 일부 입주민은 송도 프리미엄을 강조하고 싶어 할 것이고, 또 다른 일부는 시티오씨엘 생활 인프라와 맞닿아 있는 현실을 더 중요하게 느낄 수 있다. 결과적으로 단지가 속한 생활권 정체성이 모호해지면서, 장기적으로는 브랜드 이미지와 주거 인식에서 혼란이 생길 여지가 있다.

② 교통 호재의 불확실성

래미안 송도역 센트리폴을 둘러싼 최대 장점은 '트리플 교통 호재'다. GTX-B 청학역(예정), 경강선 연장(판교 직결), 그리고 KTX 송도역이 그것이다. 하지만 이 노선들의 진행 상황을 세밀하게 들여다보면 차이가 크다.

GTX-B 청학역은 아직 계획 단계로, 착공에 들어가기 전까지는 행정 절차와 재원 확보 등 넘어야 할 산이 남아 있다. 경강선 연장선은 실제 공사가 진행 중이라 상대적으로 실현 가능성이 높지만, 완공 시기와 세부 구간에 대한 변동 가능성은 여전히 존재한다. KTX 송도역 역시 착공은 시작되었지만, 향후 운영 주체 협의나 정차 패턴, 개통 속도에서 변수가 발생할 수 있다.

즉, 세 가지 호재 모두 장기적으로 긍정적일 수는 있으나, 실현 속도와 범위는 제각각 다르다. 투자자 입장에서는 이 점이 불확실성으로 작용할 수 있으며, 특히 GTX-B와 KTX의 구체적인 진행 과정이 지연될 경우 기대했던 교통 프리미엄이 시점에 맞춰 반영되지 않을 가능성도 배제할 수 없다.

③ 높은 초기 가격 부담

송도역 래미안 센트리폴은 아직 입주가 시작되지 않았지만, 분양가 대비 상당한 프리미엄이 형성될 것으로 전망된다. 전용 84㎡ 기준 분양가는 약 7억 원 초·중반대였으며, 입주는 2027년 12월 예정이다. 문제는 입주까지 시간이 2년 이상 남아 있음에도 불구하고 이미 미래 가치가 상당 부분 가격에 반영되고 있다는 점이다.

이러한 흐름은 실수요자에게 적지 않은 부담으로 다가올 수 있다. 입주 시점에서 교통 호재가 실제로 완공되지 않았다면, 현재의 프리미엄이 오히려 과도한 평가로 보일 위험도 있다. 또한 같은 시기에 분양된 송도 및 시티오씨엘 내 다른 신축 단지들과 비교했을 때, 상대적인 가성비 측면에서도 고민이 따를 수밖에 없다. 특히 송도의 브랜드 파워를 중시하는 수요자와 시티오씨엘의 생활 편의를 우선시하는 수요자가 엇갈릴 경우, 단지 가치에 대한 평가는 더욱 복잡해질 수 있다.

■ **래미안 송도역 센트리폴 아파트 84㎡ 분양가**

순위	단지명	세대수	입주연도	분양가
1	래미안송도역센트리폴3BL아파트	1,024	2027.12.	7억 2,500만 원
2	래미안송도역센트리폴2BL아파트	819	2028.01.	7억 2,500만 원
3	래미안송도역센트리폴1BL아파트	706	2028.01.	7억 1천만 원

3장

연수구 —
송도에 가려진 또 하나의 성장 축

(연수현대1차아파트)

연수구 원도심의 위상과 배경

연수구는 송도국제도시 개발 이전부터 이미 인천 남부권의 생활 중심지로 기능해 왔다. 동춘동, 선학동, 연수동 일대는 1990년대 초·중반에 택지개발지구로 계획적으로 조성된 지역으로, 도시 구조 자체가 비교적 체계적으로 설계되었다. 인천 1호선 선학역, 신연수역, 원인재역, 동춘역, 동막역을 비롯한 철도망과 주요 간선도로가 이 지역을 관통하며, 학교, 병원, 상가, 체육시설 등 생활 인프라가 밀도 있게 자리 잡고 있다.

이러한 기반 덕분에 송도가 개발되기 전까지 연수구 원도심은 인천 남부의 중산층 주거지로 자리 잡았고, 지금도 생활 편의성 측면에서는 인천 내 다른 구도심과 차별화되는 강점을 유지하고 있다. 그러나 30년 가까운 시간이 흐르며 주거 시설 노후화, 인프라의 낙후, 도시 이미지의 퇴색이라는 과제를 동시에 안게 되었다.

■ 원도심의 강점

① 생활 인프라의 완결성

연수구 원도심은 '삶의 편리함'이라는 측면에서 경쟁력을 지닌다. 단지 밀집도에 비해 학교와 상업시설이 균형 있게 배치되어 있어 학군과 생활편의시설 접근성이 뛰어나다. 선학동 일대에는 대규모 체육시설인 선학국제빙상경기장, 선학경기장, 축구장, 선학파크골프장 등을 끼고 있어 주민 여가 생활의 질을 높여 왔으며, 동춘동은 교육 환경과 학원가가 조성되어 있어 안정적인 학부모 수요를 유지해 왔다. 이처럼 원도심은 이미 생활 인프라가 완비된 상태이므로, 신도시에서 흔히 지적되는 초기 기반시설 부족 문제와는 거리가 멀다.

② 정비사업을 통한 재도약 가능성

현재 이 지역의 아파트는 대부분 25~30년 차에 들어서 있다. 「노후계획도시 정비 및 지원에 관한 특별법」은 용적률 상향, 기반시설 확충, 절차 간소화라는 세 가지 유인을 제공하는데, 연수구 원도심은 이에 해당하는 전형적인 대상지다. 최근 연수구청이 개최한 '노후계획도시정비 주민설명회'는 이러한 가능성을 보여 주는 상징적 장면이다. 주민 200여 명이 참석한 가운데, 1기 신도시 정비 경험과 통합 재건축의 쟁점이 공유되었다는 점은 원도심 주민들의 관심과 기대감을 반영한다. 만약 행정적 지원과 주민 합의가 맞물린다면, 연수구 원도심은 단기간에 '낡은 중소 단지 → 대규모 신축 단지'로 탈바꿈하며 가치 재평가를 받을 수 있다.

③ 입지적 안정성과 송도 연계성

연수구 원도심의 또 다른 장점은 송도와의 인접성이다. 송도의 국제도시 브랜드와 교통 확충 호재는 원도심에 직·간접적 수혜를 가져온다. 예컨대, 송도 생활권과 가까운 옥련동은 이미 송도역의 개발 효과를 선반영하면서 주거 대체지로 자리 잡고 있다. 결국 원도심은 '송도의 그림자'가 아니라 '송도의 확장 축'으로 기능할 수 있는 입지적 강점을 갖고 있다.

■ 원도심의 아쉬운 점

① 노후화된 주거 환경

아파트 단지의 노후화는 가장 큰 약점이다. 주차 공간 부족, 엘리베이터나 커뮤니티 시설 부족은 이미 젊은 세대에게 외면받는 요인이 되고 있다. 송도, 청라 같은 신도시의 최신 설계, 고급 커뮤니티, 브랜드 아파트와 비교하면 경쟁력이 떨어질 수밖에 없다.

② 정비사업 추진의 불확실성

특별법이 적용된다 해도, 실제 사업 추진은 순탄치 않다. 주민 동의율 확보, 조합 운영의 투명성, 추가분담금 문제 등은 1기 신도시 재건축 과정에서도 가장 큰 난관으로 지적된 바 있다. 사업이 장기화되거나 좌초될 경우, 원도심은 '노후화만 진행되는' 악순환에 빠질 수 있다.

③ 송도와의 비교 열위

송도가 글로벌 신도시로서 화려한 브랜드 이미지를 쌓아 가는 동안,

원도심은 '낡은 주거지'라는 인식이 고착화되었다. 이는 단순한 주거 시설의 문제가 아니라, 도시 이미지와 브랜드의 문제이기도 하다. 따라서 정비사업이 가시화되지 않는다면 송도와의 격차는 더 커지고, 원도심은 상대적으로 소외될 수 있다.

■ 정책과 주민 참여의 의미

연수구청이 주도하는 정비사업 추진은 단순한 재건축 문제가 아니라, 연수구의 미래 경쟁력과 직결된 과제다. 주민설명회에서 제시된 산본 등 1기 신도시 사례는 연수구 원도심이 직면할 수 있는 갈등과 기회를 동시에 보여 준다.

구청장이 밝힌 것처럼, 행정의 적극적 지원과 주민과의 소통이 병행되어야만 정비사업이 현실화될 수 있다. 특히 연수구는 인천시 노후계획도시정비 기본계획에서 전체 대상 면적의 절반 이상을 차지하는 핵심 지역이므로, 향후 시 차원의 정책 자원도 집중될 가능성이 높다.

■ 스티그 인사이트

연수구 원도심은 탄탄한 생활 인프라와 입지적 장점이라는 강력한 무기를 가지고 있으나, 동시에 주거 환경의 노후화와 사업 추진 불확실성이라는 구조적 한계를 안고 있다. 이는 위기이자 기회다.

만약 특별법을 활용한 통합 재건축이 성공적으로 추진된다면, 연수구는 송도에 가려졌던 '숨은 성장축'에서 벗어나, '원도심 재편, 신흥 주거지 성장'이라는 이중 성장 구조를 구축할 수 있다. 반대로, 정비가 지연된다면 송도와의 격차는 더욱 심화될 것이다.

따라서 연수구 원도심은 지금이 바로 전환점이다. 주민 참여, 행정적 리더십, 그리고 정책적 지원이 유기적으로 맞물릴 때, 연수구 원도심은 송도를 보완하는 새로운 성장 거점으로 자리매김할 수 있을 것이다.

연수구와 노후계획도시특별법 Q&A

(자료 출처: 인천광역시)

Q1. 노후계획도시특별법에 따른 정비사업 절차는 어떻게 되나요?

A. 정비사업은 일반 재건축·재개발보다 간소화된 절차를 따릅니다.

- 노후계획도시정비기본계획 수립(인천시 주도, 2026년 3월까지 수립 예정)
- 특별정비계획(구역) 수립 ― 인천시장이 직권 지정하거나, 주민 제안으로 추진 가능
- 조합 설립 ― 토지 등 소유자 동의 확보
- 사업시행계획 인가 ― 건축계획 및 기반시설 계획 확정
- 관리처분계획 인가 ― 분양, 이주, 보상 계획 확정
- 착공 및 준공 ― 신축 단지 조성과 기반시설 정비

연수구는 현재 기본계획 수립 전 단계에 있으며, 실제 정비사업 착수까지는 기본계획 → 구역 지정 → 조합 설립 과정이 선행되어야 합니다.

Q2. 특별정비예정구역과 특별정비구역의 차이는 무엇인가요?

A. 특별정비예정구역: 행정적으로 '재정비 필요성이 있다'고 사전에 지정한 지역, 바로 사업 착수가 불가능하며, 이후 주민제안 또는 시장 직권으로 특별정비구역으로 확정되어야 사업 추진 가능

특별정비구역: 법적으로 정비계획이 확정된 구역으로, 대규모 블록 단위 통합정비 · 역세권 고밀개발 · 광역교통시설 확충 · 이주단지 조성 등 본격적인 정비사업이 가능

즉, 예정구역은 행정적 검토 단계, 구역은 실제 사업 착수 단계입니다.

Q3. 특별정비예정구역의 설정 기준은 무엇이며, 연수구에서는 어디가 해당되나요?

A. 특별법 제11조에 따라 다음 기준을 충족해야 합니다.

- 25m 이상 도로로 구획된 단지 단위 토지를 통합 정비할 필요가 있는 지역
- 역세권 및 상업 · 업무지구로서 복합 · 고밀 개발이 필요한 지역
- 광역교통시설 확충 및 도시 자족기능 향상이 필요한 지역
- 이주단지 조성 등 순환용 주택 공급이 필요한 지역

인천시가 검토 중인 특별정비예정구역은 연수지구 · 구월지구 · 계산지구 · 만수지구 · 갈산 · 부평 · 부개지구 등이며, 이 중 연수구가 전체 면적의 절반 이상을 차지합니다. 특히 동춘 · 선학 · 연수동은 택지개발지구 조성 30년 차에 접어들어 대표적 대상지로 꼽힙니다.

Q4. 특별정비예정구역과 특별정비구역 지정 절차는 어떻게 다른가요?

A.
- 특별정비예정구역: 인천시장이 기본계획안을 작성 → 국토교통부 장관 협의 → 노후계획도시정비위원회 심의 → 국토부 승인 → 최종 지정
- 특별정비구역: 인천시장이 직권 지정하거나 주민 제안 가능 → 정비계획(안) 작성 → 지방의회 의견청취 → 국토부 협의 → 지방위원회 심의 → 구역 지정

예정구역은 '상위 계획 반영 단계', 구역은 '실질 사업 실행 단계'입니다.

Q5. 단독주택이나 연립주택 지역도 특별정비구역으로 지정될 수 있나요?

A. 가능합니다. 특별법은 '25m 이상 도로로 구획된 일단의 토지 내 단독·공동주택 단지'를 대상으로 명시하고 있습니다. 다만, 인근 단지와의 통합 여건, 기반시설 확충 가능성, 주민 합의 여부 등이 충족되어야 지정될 수 있습니다.

스티그 팁 ─ 연수구 옥련동의 일부 단독주택 밀집 지역도 향후 특별정비예정구역 후보로 검토될 가능성이 있습니다.

Q6. 선도지구란 무엇인가요?

A. 선도지구는 특별법 정비사업을 가장 먼저 추진하는 시범 지역입니다.

국토부 장관 및 지정권자가 재정적·행정적 지원을 집중할 수 있으며, 기반시설을 우선 설치할 수 있습니다. 인천시는 선도지구 평가 기준을 마련해 국토부 협의, 주민공람, 지방의회 의견청취, 지방위원회 심의 절차를 거쳐 선도지구를 확정할 계획입니다. 연수구 원도심(연수·동춘·선학)은 규모와 노후도, 주민 관심도를 고려할 때 인천 내 선도지구 지정 가능성이 높은 지역 중 하나입니다.

연수구 원도심은 현재 특별법 적용 가능성이 가장 높은 지역이며, 특별정비예정구역 → 특별정비구역 → 정비사업 착수라는 3단계 구조 속에서 움직이게 됩니다. 2026년 3월 인천시의 「노후계획도시정비기본계획」 수립 이후 구체적인 지역 지정이 시작될 것이며, 연수구가 전체 검토 면적의 절반 이상을 차지하는 만큼, 선도지구 지정 가능성도 크다고 볼 수 있습니다.

■ 동춘동 주요 아파트 대지 지분

구분	세대수	전용(m²)	전용(평)	공급(m²)	공급(평)	대지지분(평)	총층	준공
건영	970	73.66	22	85.95	26	22.04	5	1994.04.
		84.94	26	99.17	30	25.42	5	
연수 현대1차	1,040	84.97	26	108.56	32	26.44	8	1993.01.
현대 대림2차	700	96.23	29.26	113	34	28.34	15	1993.08.
		101.88	30.76	123	37	29.79		
		133.8	40.47	158	48	39.27		
동아금호 연수타운	1,056	94.77	28.66	115	34	22.70	16	1993.04.
		101.98	30.84	124	37	24.51		
		134.63	40.82	163	49	32.36		
한양1차	1,020	85.26	26	105.79	32	13.22	24	1994.12.
		88.86	27	109.09	33	13.51		
		90.2	27	112.40	34	16.87		
		101.9	31	125.62	38	15.36		
		119.25	36	142.15	43	17.90		
		134.44	40	161.98	49	20.03		
한양2차	1,440	68.36	21	79.33	24	20.73	5	1994.06.
		84.97	26	99.17	30	25.83		
동남	1,350	52.14	16	69.42	21	16.28	15	1994.12.
동춘마을	930	59.36	18	79.33	24	20.73	5	1994.07.
무지개 마을	1,068	59.76	18	79.33	24	15.52	11	1995.08.
		84.96	26	105.78	32	22.07	11	
삼성럭키	1,080	95.76	29	114.08	35	16.08	15	1993.08.
		119.4	36	138.84	42	19.58	15	
연수 대우삼환	1,776	90.18	27	115.7	35	15.02	19	1994.05.
		102	31	128.92	39	16.98	19	
		120.72	36	148.76	45	20.10	19	
연수2차 풍림	1,200	45.36	14	59.5	18	15.09	10	1993.06.
		84.22	25	102.47	31	25.56		

■ 통합재건축의 장점 ― 규모가 만드는 새로운 가치

연수지구 통합재건축의 가장 큰 장점은 규모에서 비롯된다. 단지별로는 700세대, 1,000세대 안팎이지만, 인접한 단지들이 손을 맞잡는 순간 그 숫자는 5천, 많게는 1만 세대에 달하는 거대 단지로 변모할 수 있다. 이는 단순히 숫자의 문제가 아니다. 초대형 단지가 가지는 브랜드 파워는 곧 주거 선호도를 높이고, 시세를 안정적으로 끌어올리는 힘이 된다.

또한 통합재건축은 기반시설 개선이라는 실질적 이익을 가져온다. 지금의 낡은 주차장과 협소한 도로, 단절된 녹지 공간은 대규모 정비를 통해 새롭게 설계될 수 있다. 커뮤니티 센터, 공원, 보행로 같은 생활 편의시설도 단지 단위가 아닌 지구 단위로 재배치되면서, 지금보다 훨씬 쾌적하고 편리한 주거환경을 만들 수 있다.

무엇보다 특별법의 혜택은 통합재건축에 유리하게 작용한다. 용적률 상향과 기반시설 확충 지원, 행정 절차 간소화는 개별 단지 재건축보다 훨씬 큰 사업성을 보장한다. 이는 곧 추가 분담금 부담을 줄이고 일반 분양 물량을 늘려, 주민과 사업자 모두에게 긍정적인 결과를 가져올 수 있다. 결국 통합재건축은 '노후 아파트의 재생'을 넘어, 연수지구 전체를 한 단계 끌어올리는 도시 재편의 기회가 되는 셈이다.

■ 갈등과 난관 ― 대지지분이 만들어 내는 균열

그러나 통합재건축은 결코 장밋빛 미래만을 약속하지 않는다. 가장 큰 걸림돌은 바로 대지지분의 차이다. 같은 연수지구 안에서도 아파트마다, 심지어 한 단지 안에서도 평형별로 대지지분 격차가 크게 나타난다. 예를 들어 현대 대림2차의 48평형은 39평이 넘는 대지지분을 갖고 있는 반면, 동아금호연수타운 49평형은 32평 남짓에 불과하다. 이런 차이는 재건축 시 분양가 산정과 추가분담금 규모에서 직접적으로 반영되며, 결국 주민 간 갈등의 불씨가 된다.

대지지분이 큰 세대는 상대적으로 추가분담금 부담이 적고, 신축 아파트를 더 유리한 조건에서 분양받을 수 있다. 반대로 지분이 작은 세대는 동일한 아파트를 얻기 위해 훨씬 많은 분담금을 부담해야 하는 상황에 직면한다. 이는 '같은 동네에서 함께 살아온 이웃'을 단숨에 이해관계의 상대로 바꿔 놓는다. 통합재건축 논의가 본격화될수록 '누구는 이익을 보고, 누구는 손해를 본다'는 인식이 확산되며, 합의 형성은 더욱 어려워진다.

더구나 단지 간 이해관계도 만만치 않다. 세대수가 많고 입지가 좋은 대단지는 통합보다는 독자적 재건축을 선호할 수 있다. 반대로 소규모 단지는 통합 없이는 사업성이 부족해 합류를 원하지만, 이 과정에서 주도권을 둘러싼 갈등이 불가피하다. 여기에 동의율 66.7% 이상이라는 법적 기준은 통합재건축의 장벽을 더욱 높게 세운다.

결국 연수지구 통합재건축은 '규모의 장점'과 '이익 배분의 불균형'이라는 상반된 요소가 맞부딪히는 장이다. 기회가 클수록 갈등의 그늘도 짙은 법이다.

■ 기회와 갈등의 교차로에 선 연수지구

연수지구 통합재건축은 단순한 아파트 신축 사업이 아니다. 그것은 한 세대를 살아온 도시가 다시 태어나는 과정이며, 주민들의 삶의 방식과 지역의 미래가 재편되는 중대한 사건이다. 장점만 본다면, 통합재건축은 송도에 가려져 있던 연수구를 다시금 빛나게 만들 수 있는 절호의 기회다. 수천 세대가 모여 초대형 단지로 변모하고, 새로운 기반시설과 쾌적한 환경을 갖춘 도시로 거듭날 수 있다.

그러나 그 길은 결코 평탄하지 않다. 대지지분의 격차는 주민 간 이해관계를 갈라놓고, 단지 간 입장 차이는 추진 동력을 약화시킨다. '누구는 더 큰 짐을 지고, 누구는 상대적으로 혜택을 누린다'는 현실 앞에서 합의를 도출하는 일은 쉽지 않다. 행정의 지원과 중재 없이는 주민 스스로 갈등을 해소하기 어렵다.

그럼에도 불구하고 연수지구가 걸어야 할 길은 분명하다. 갈등을 회피하기보다, 투명한 정보 공개와 합리적인 이익 조정 장치를 마련하며 한 걸음씩 나아가야 한다. 그렇게 할 때만이 통합재건축은 '불가능한 꿈'이 아니라 '함께 만드는 미래'가 될 수 있다. 연수지구는 지금, 기회와 갈등의 교차로에 서 있다. 선택과 결단은 주민과 행정 모두의 몫이다.

4장

서해구
― 청라, 자족도시를 향한 시험대

(청라국제도시 청라호수공원)

청라, 살기 좋은 신도시의 조건과 아쉬움

　도시는 끊임없이 변화한다. 한때 허허벌판이었던 곳이 수만 명이 사는 도시로 바뀌기도 하고, 계획만 요란했던 개발이 결국 흉물로 남기도 한다. 인천 청라국제도시는 '계획도시의 명암'을 동시에 보여 주는 사례다. 아름다운 호수공원, 편리한 생활 인프라, 잘 설계된 아파트 단지까지 살기 좋은 조건을 갖췄지만, 늘 송도보다 한 단계 낮게 평가받아 왔다. 심지어 최근에는 검단신도시가 청라를 추월할 수 있다는 전망까지 나온다. 그렇다면 청라가 가진 강점은 무엇이며, 또 어떤 한계 때문에 '송도 이후'라는 평가에 머무는 걸까?

■ 일자리 — 자족도시를 향한 시험대

　청라의 가장 큰 약점으로 꼽히는 것이 바로 일자리다. 국제업무단지라는 거창한 이름이 붙었지만, 실제 기업 유치는 지지부진했다. 수년째 공터로 남은 업무지구 부지는 주민들에게 '호재만 가득한 도시'라는 씁쓸한 인식을 심어 주었다. 덕분에 청라는 오랜 시간 동안 베드타운으로 기능하며, 많은 주민들이 서울이나 인천의 다른 지역으로 출퇴근해야 했다.

　하지만 최근 들어 기류가 바뀌고 있다. 하나금융타운의 완공이 눈앞으로 다가왔고, 2,800여 명의 금융권 종사자들이 청라로 근무지를 옮길 예정이다. 금융 데이터센터와 글로벌 연수원까지 갖춘 이 단지는 청라를 금융 도시로 끌어올릴 중요한 발판이다. 여기에 스타필드 청라가 들어서면 대규모 고용 창출과 소비 활성화가 동시에 일어날 것이다. 로봇 랜드와 예정된 서울아산병원 분원, 바이오 메디컬 클러스터 역시 자족 기능을 뒷받침할 산업 기반이다.

아직은 계획 단계인 사업들이 많아 불확실성이 크지만, 금융, 의료, 첨단 산업이 결합하는 그림은 분명 매력적이다. 이 프로젝트들이 차질 없이 완성된다면, 청라는 단순한 주거지가 아니라 진정한 자족도시로 진화할 수 있다.

■ 교통 ─ 공항과 서울을 동시에 품다

청라 교통의 첫 번째 강점은 공항 접근성이다. 청라하늘대교 개통으로 청라와 영종은 단숨에 이어지고, 청라 주민들은 인천국제공항을 무료로 오갈 수 있게 된다. '공항을 품은 도시'라는 상징성은 물류, 관광, 일자리 수요를 동시에 흡수하며 청라의 위상을 높일 것이다.

두 번째는 서울 접근성이다. 현재 청라국제도시역은 신도시 북단에 있어 접근성이 떨어지고, 환승 주차장도 협소하다. 그러나 곧 개통될 7호선 청라 연장은 국제업무단지와 호수공원까지 직접 들어와 접근성을 획기적으로 개선할 예정이다. 가산디지털단지와 여의도, 광화문 등 서울 주요 거점으로의 통행이 한결 수월해지는 것이다.

물론 한계도 존재한다. 강남까지는 여전히 시간이 오래 걸리고, 광역버스나 자가용 출퇴근은 출근 시간 정체로 인해 불편하다. 그러나 7호선 연장과 청라하늘대교가 더해지면, 청라는 '서울과 공항을 동시에 품은 도시'라는 장점을 확실히 갖추게 될 것이다.

■ 학군 — 신도시답지 않은 안정감

신도시의 가장 큰 불안 요인 중 하나는 학군이다. 학교가 부족하거나, 학교마다 학력 격차가 커서 교육 환경이 불안정한 경우가 많다. 그러나 청라는 예외다. 이미 조성 초기부터 학교가 계획적으로 배치되었고, 각급 학교의 교육 성취도 역시 전국 평균보다 높은 편이다. 특히 학교 간 편차가 크지 않아 '어느 학교를 가도 무난하다'는 평가가 많다.

이 점은 자녀 교육을 중시하는 40대 실수요층을 끌어들이는 중요한 요인이다. 검단처럼 어린 자녀를 둔 30대 중심의 '젊은 신도시'와 달리, 청라는 학령기 자녀를 둔 가구가 안정적으로 자리 잡으면서 시장을 떠받쳐 왔다. 송도가 국제학교를 앞세운 글로벌 학군 도시라면, 청라는 안정적인 일반 학군 도시라는 차별점을 지닌 셈이다.

다만 한계도 있다. 송도에는 과학예술영재학교와 인천포스코고등학교 같은 특목 · 자사고가 이미 자리 잡고 있어 우수 학생층을 빨아들이는 '자석 역할'을 하고 있다. 반면 청라는 아직까지 특목고가 없어, 교육열이 높은 일부 학부모들이 송도나 서울 강남권으로 눈을 돌리는 경우가 발생한다. 중장기적으로는 청라에도 과학고나 외고, 혹은 국제중 · 국제고 수준의 특성화 학교가 들어설 필요가 있다는 목소리가 꾸준히 제기된다.

결국 청라는 '안정적인 보통 학군 도시'라는 장점을 지녔지만, '엘리트 학군의 부재'라는 약점도 동시에 안고 있다. 이 균형이 향후 도시의 브랜드 가치를 어디까지 끌어올릴 수 있을지를 가늠하는 핵심 변수 중 하나가 될 것이다.

■ 편의시설 ─ 호수공원과 생활 인프라의 풍요

청라의 얼굴은 단연 호수공원이다. 드넓은 수변 산책로와 공원 시설은 단지별 입지 가치를 높이는 동시에, 주민들의 여가 문화를 풍요롭게 한다. 특히 호수공원 인근 아파트들은 탁 트인 조망권 덕분에 프리미엄이 형성되어 있다.

생활 인프라도 충실하다. 코스트코, 홈플러스 등의 대형마트, 병원, 카페거리, 쇼핑몰이 이미 자리 잡았고, 곧 들어설 스타필드까지 더해지면 생활 편의성은 더욱 완성도를 높일 것이다. 청라의 특징 중 하나는 단지별 시세가 큰 차이를 보이지 않는다는 점이다. 특정 단지의 투자 수요에 의존하기보다, 지난 10년간 꾸준히 몰린 실거주 수요가 청라 전체 시장을 지탱해 왔다.

■ 아쉬운 점 ─ 미완의 도시, 송도의 그늘

청라가 늘 송도에 비해 낮은 평가를 받는 이유는 명확하다. 송도는 이미 글로벌 기업과 국제기구, 연구소가 밀집하며 '국제도시'라는 브랜드를 완성했다. 반면 청라는 여전히 계획만 무성한 도시라는 인식에서 자유롭지 못하다. 청라시티타워는 10년 넘게 표류했고, 국제업무단지 부지는 여전히 공터로 남아 있다.

또한 공급 경쟁도 청라의 발목을 잡는다. 동쪽에는 확장되는 루원시티, 남쪽에는 송도가 버티고 있어 수요가 분산된다. 외부 사람들의 인식 속에서 청라는 송도의 대안 정도로 머무르고, '인천 최고의 입지'라는 자리를 차지하지 못한다.

청라는 이미 살기 좋은 신도시다. 호수공원과 편의시설, 안정적인 학군, 개선되는 교통망은 청라를 견고한 생활 도시로 만들었다. 그러나 도시의 위상은 여전히 미완이다. 송도의 그늘에서 벗어나려면, 기업 유치와 자족 기능 확보가 반드시 필요하다.

그럼에도 불구하고, 청라의 가치는 분명하다. 투자만을 좇는 이들에게는 다소 아쉬울 수 있지만, 가족과 함께 안정적으로 살 집을 찾는 이들에게 청라는 확실한 답이 된다. 결국 청라의 미래는 '투자의 도시'가 아니라 '삶의 도시'로서의 가치를 얼마나 잘 증명하느냐에 달려 있다.

▣ 스티그 인사이트

■ 청라신도시 성공 방정식: 교통, 교육, 의료, 일자리

- 교통: 7호선 직결, 서울 접근성의 게임체인저

청라는 현재 공항철도로 김포공항을 지나 서울역까지 연결되지만, 환승이 불가피해 출퇴근 피로도가 크다. 도로망은 경인고속도로·인천국제공항고속도로가 있으나 상습 정체 구간이 존재한다. 7호선 연장이 2029년 개통되면 청라~강남 직결 시대가 열린다. 여기에 청라하늘대교 개통까지 맞물리면, 청라는 서울·김포·영종을 잇는 교통 허브로 도약한다. 교통 인프라만 놓고 보면 송도·검단보다 앞서갈 가능성이 크다.

- 교육: 국제학교의 선점, 그러나 특목고 부재

청라달튼외국인학교가 있어 국제학교 수요를 선점했지만, 송도의 인천과학예술영재학교와 인천포스코고등학교 같은 특목·자사고는 부재하다. 글로벌 교육 이미지는 확보했으나 고급 학군 프리미엄은 상대적으로 약하다. 청라가 학부모들의 확실한 선택을 받으려면 특목고·영재학교 유치가 필수다.

- 의료: 종합병원 공백, 시급한 과제

청라는 인구 증가에 비해 의료 인프라가 턱없이 부족하다. 상급종합병원이나 대학병원급 의료기관이 전혀 없어 주민들은 부평이나 서울까지 이동해야 한다. 교육, 교통, 일자리 인프라가 어느 정도 채워진다 하더라도 의료 공백이 해소되지 않는 한 삶의 질은 완성될 수 없으며, 따라서 대학병원급 의료기관 유치는 청라의 장기 성장에서 가장 시급하고도 결정적인 과제로 꼽힌다.

이런 배경에서 추진된 서울아산청라병원은 청라국제도시 의료복합단지의 핵심 시설로, 지하 2층·지상 19층 규모에 약 800병상을 갖춘 대형 병원으로 계획되었다. 암센터와 심장센터, 소화기센터, 척추관절센터 등 중증 전문진료체계를 마련해 지역 환자는 물론 해외 환자에게까지 의료서비스를 제공한다는 청사진이 그려졌고, 당초 2029년 개원을 목표로 올 상반기 착공이 예정돼 있었다.

그러나 자재비 급등과 의정 갈등 장기화, 병원 경영상 부담이 겹치며 공사비 증액 협의가 지연되고 있다. 시행사인 청라메디폴리스 PFV 내부에서 이견이 해소되지 않아 착공 시점이 불투명해졌고, 개원 일정도 차질이 불가피하다는 전망이 제기된다. 만약 서울아산청라병원이 계획대로 들어선다면 청라의 의료 편의 개선을 넘어 국제업무, 금융, 레저 기능까지 뒷받침하는 도시 경쟁력을 갖추게 되겠지만, 현재로서는 그 성패가 향후 협상 결과에 달려 있다.

- 일자리: 금융·레저·관광 산업 중심

하나금융타운, 국제금융단지(IFC 인천) 등 행정·금융 중심 일자리 기반이 마련되고 있다. 또 청라돔구장, 스타필드 청라, 로봇랜드 등 레저·관광 인프라가 집중된다. 송도의 바이오·국제업무 클러스터와 달리, 청라는 금융, 레저, 서비스 중심 자족도시로 성장 중이다. 다만 제조업·R&D 대기업 기반은 약하다는 점이 한계다.

■ 청라국제도시 단지 내 수영장을 보유한 아파트 단지

1. 청라제일풍경채 에듀앤파크 2차, 1,581세대, 2017.12. 입주
2. 청라린스트라우스, 590세대, 2013.08. 입주

■ 청라 84㎡ 아파트 최고가 Top 10(2024.01.~2025.09.) 자료: 아실

순위	단지명	세대수	입주연도	실거래가
1	청라국제금융단지한양수자인레이크블루	1,534	2019.01.	9억 5천만 원
2	청라호수공원한신더휴	898	2020.06.	8억 5천만 원
3	청라호반베르디움(29블럭)	2,134	2012.07.	8억 3천만 원
4	청라센트럴에일린의뜰	1,163	2018.09.	8억 원
5	청라제일풍경채에듀앤파크2차(수영장)	1,581	2017.12.	7억 5천만 원
6	청라골드클래스커낼웨이	269	2016.11.	7억 5천만 원
7	인천청라시티프라디움	270	2021.07.	7억 3천만 원
8	호반베르디움(A14블럭)	745	2011.02.	7억 2천만 원
9	인천청라국제도시호반베르디움6차	210	2021.06.	6억 9천만 원
10	청라국제도시대광로제비앙	674	2018.12.	6억 7천만 원

■ 스티그가 추천하는 청라 84㎡ 가성비 아파트 3

청라는 노후화 구간에 진입한 단지가 많고, 1천 세대 이상 대단지가 상대적으로 부족하다. 이에 따라 최고가 순위 내 단지들 중에서도 '가격 대비 입지, 커뮤니티, 평면 효율'이 우수한 가성비 단지를 선별했다.

1. 청라국제금융단지 한양수자인 레이크블루

청라에선 보기 드문 1,534세대 신축급 대단지다. 라인·층에 따라 조망(호수/공원/도로)과 일조가 갈려 동일 84㎡라도 체감가가 달라진다. 7호선 청라 연장 수혜 가능성이 크고, 송도 동급 대비 진입장벽이 낮다.

2. 청라호반베르디움(29블럭)

2012년 준공, 2,134세대 초대형으로 호수공원 조망, 커널웨이 생활권이 강점이다. 다만 연식과 동·라인별 조망·일조 차로 만족도 편차가 존재한다. 7호선 연장으로 광역 접근성 개선이 기대되며, 송도 유사급보다 가격 메리트가 있다.

3. 청라제일풍경채 에듀앤파크 2차

1,581세대 준신축에 단지 내 수영장 보유, 이름 그대로 교육·공원 생활권이 돋보인다. 7호선 연장·청라하늘대교 등 교통 모멘텀의 간접 수혜가 예상된다.

5장

서해구
― 루원시티, 서북부 생활권의 관문

(루원시티 SK리더스뷰 1차)

생활 중심지로 거듭난 루원시티, 인천 서북부의 새로운 연결 고리

루원시티는 과거 가정오거리 일대를 재정비한 도시로, 도시재생과 개발이 결합된 뉴타운 사업이다. 총 90만 6천㎡ 면적에 약 9,440세대, 2만 3천 명 수용을 계획했으며, 2006년 인천시와 LH가 공동으로 착수해 현재 마무리 단계에 있다. 청라와 검단 신도시 사이에 자리해 서북부 생활 축의 '허리'를 담당하고, 인천2호선 가정역을 중심으로 주민들의 일상 동선이 촘촘히 형성되어 왔다.

여기에 서울지하철 7호선 청라 연장 가현역(가칭)과 심곡천역(가칭)이 더해지면 강남 축 직결성이 크게 개선되어 광역 통근·통학의 부담을 낮출 전망이다. 동시에 경인고속도로 지하화, 인천대로 일반화가 진행되면 노선 상부의 공원·대로가 생활권을 관통하는 보행 축으로 재편되어, 루원시티는 도로의 '경계'를 '연결'로 바꾸는 도시공간 업그레이드를 체감하게 된다. 결국 루원시티는 2호선의 생활 이동성, 7호선의 광역 접근성, 경인고속도로 지하화 및 인천대로 지하화의 보행·녹지 회복이 결합된, 인천 서북부의 새로운 생활 중심지로 자리매김하고 있다.

■ 루원시티의 강점 — '생활 인프라, 광역 접근성, 가격 메리트'

① 생활·상업 중심지의 회복

루원 중심상업지와 주상복합 블록이 결절점 역할을 하며, 서북부 주민의 쇼핑·교육·보육 수요를 흡수한다. 다만 상업·업무용지에 대규모 생활형숙박시설 검토가 이어지며 인구·교통·학군 영향에 대한 지역 우려도 존재한다.

② 교통 허브성: 2호선 현재, 7호선(예정) 미래

지금은 인천2호선 가정역과 가정중앙시장역이 루원 생활권을 묶어 주고, 서울7호선 청라연장선의 가현역이 루원 경계권에 예정되어 7호선 개통 시 강남 축 직결성이 크게 개선된다.

③ 청라·검단 인접 시너지

서측 청라의 하나금융타운·국제금융, 레저 개발, 북측 검단의 대규모 주거 수요와 맞물려, 루원은 생활 거점 역할을 강화한다는 분석이 다수다.

④ 가격 진입장벽: 송도 대비 낮고, 청라 대비 합리적

루원시티 프라디움 84~85㎡ 2025년 상반기 실거래 6.2~7.2억대 사례 다수, SK리더스뷰 1차는 루원 시그니처 주상복합으로 교통·학군·생활 접근성이 강점.

■ 루원시티의 아쉬움
— 대학병원 부재, 상업 용지의 질 관리, 대형 일자리 축

　루원시티는 인천 서북부의 핵심 생활 중심지로 자리매김하고 있지만, 몇 가지 구조적 한계도 동시에 안고 있다.

　우선 의료 인프라의 공백이 크다. 상급종합병원이나 대학병원급 의료기관까지는 일정한 거리 부담이 존재하며, 이로 인해 응급 상황이나 중증 진료 접근성에서 제약이 따른다. 이러한 의료 취약성은 루원뿐 아니라 청라, 검단 등 서북부 전역의 공통 과제로, 향후 광역 의료 축 구축이 절실한 분야다.

　둘째, 상업 용지의 질 관리 문제다. 루원 중심상업지 내 생활형숙박시설이 과도하게 집중될 경우, 상주 인구 구조의 불균형과 교통 혼잡, 학군 수요의 불안정이 발생할 수 있다. 이는 단순한 상권 활력의 문제가 아니라 도시의 지속 가능성과도 직결되는 사안으로, 지자체 차원에서 학생 배치 계획 및 도시 기능 간 균형을 고려한 관리 전략이 필요하다.

　셋째, 일자리 축의 성격에서도 아쉬움이 있다. 송도가 바이오·국제업무, 청라가 금융·레저 중심의 메가톱 다운스트림을 갖춘 것과 달리, 루원은 아직 뚜렷한 고용 중심축이 부재하다. 따라서 루원시티는 거대한 산업 허브보다는 생활, 행정, 상업 중심축의 내실화, 즉 '도심형 복합 생활거점'으로의 방향 설정이 현실적이다. 이러한 정체성 확립을 통해 루원시티는 인천 서북부의 균형 발전을 이끄는 핵심 생활권으로 자리 잡을 수 있을 것이다.

■ 루원시티 성공 방정식: 교통·교육·의료·일자리의 정교한 균형

루원시티의 성장 방정식은 단순한 신도시 개발의 성공 스토리가 아니라, '생활권 완성도'와 '광역 접근성'의 조화라는 점에서 주목할 만하다. 교통, 교육, 의료, 일자리라는 네 가지 축이 맞물릴 때, 루원시티는 인천 서북권의 중심 거점으로 자리매김할 수 있다.

- 교통: '현재 2호선, 미래 7호선'

현재 루원시티는 인천2호선 가정·가정중앙시장역을 생활 축으로 삼아, 일상적인 이동 편의성을 확보하고 있다. 경인고속도로 일반화 구간과의 접근성도 높아 자가 차량 이동이 수월하다.

미래에는 서울7호선 청라연장선의 가현역(가칭)과 심곡천역(가칭) 인접 수혜가 예상되며, 청라하늘대교 개통 효과까지 더해지면 청라-영종-서울로 이어지는 광역 출퇴근권의 중심에 설 전망이다.

즉, 생활권 이동성의 2호선과 광역 출퇴근 7호선이 결합되면서 루원시티의 주거 선호도는 한 단계 도약할 가능성이 높다.

- 교육: '생활권 학군 완성도, 특목고 프리미엄은 과제'

루원시티는 초·중학교와 보육 인프라가 주상·주거 블록 내부에 촘촘히 배치되어 있어, 도보 통학이 가능한 '생활권 학군 완성도'가 뛰어나다.

다만 송도나 청라와 달리 특목·국제학교 등 상징적인 교육기관은 아직 부재하다. 향후 7호선 개통으로 학부모 수요가 늘어날 경우, 중등 상급 학군의 질적 보강과 고교 선택지 확장이 핵심 과제로 떠오를 전망이다.

결국 루원시티 교육의 방향성은 '생활권 밀착형 학군 안정성'에 기반하되, 장기적으로 '명문고 프리미엄'을 확보하는 데 있다.

- 의료: '상급종합병원 공백, 청라 아산병원·국제성모병원 간접 수혜'

루원시티를 포함한 인천 서북권은 여전히 상급종합병원급 의료기관의 공백이 뚜렷하다. 중증 질환과 응급 의료는 가톨릭관동대학교 국제성모병원이나 미추홀구의 인하대병원과 남동구의 길병원에 의존하는 실정이다.

그러나 최근 청라국제도시 내 서울아산병원 분원 유치 논의가 본격화되면서, 서북권 전체의 의료 수준이 한 단계 상승할 가능성이 커지고 있다. 아산분원이 현실화될 경우, 국제성모병원과 함께 '청라-루원-검단 의료 축'이 형성되어 중증·전문 진료 접근성이 대폭 개선될 전망이다.

이에 따라 루원시티는 독자적인 대형병원을 유치하기보다는, 이 두 거점 병원이 이루는 광역 의료 네트워크의 간접 수혜권으로서의 위상을 강화해야 한다. 이는 향후 루원시티 주민의 의료 접근성과 도시 생활 품질을 동시에 끌어올릴 핵심 요인이 될 것이다.

- 일자리: '생활·행정·상업 거점, 인접 도시 시너지'

루원시티는 현재 루원복합청사를 중심으로 행정·상업 기능이 집적되어 있으며, 생활형 일자리가 풍부하다. 다만 대규모 R&D나 제조 기반은 약한 편이다.

이에 따라 루원시티는 자체적인 산업기반보다는 '생활 중심 거점'으로서의 전략이 적합하다. 즉, 행정·보육·교육·상업이 결절된 생활 허브로 실거주 만족도를 높이고, 청라의 금융·국제 업무, 검단의 산업·물류, 계양의 R&D 기능과의 연계를 통해 '분업형 일자리 네트워크'를 형성해야 한다.

이러한 구조는 루원시티를 단순한 베드타운이 아닌, 서북권 생활 중심 도시로 진화시키는 동력이 될 것이다.

■ 루원시티 단지 내 수영장을 보유한 아파트 단지

1. 루원제일풍경채(3개 레인), 900세대, 2018.02. 입주
2. 루원시티프라디움(4개 레인), 1,598세대, 2018.05. 입주
3. 루원시티린스트라우스(3개 레인), 1,412세대, 2023.06. 입주

순위	단지명	세대수	입주연도	실거래가
1	루원시티1차 SK리더스뷰	2,378	2022.01.	9억 4천만 원
2	루원시티프라디움(수영장)	1,598	2018.05.	7억 8천만 원
3	루원지웰시티푸르지오	778	2022.11.	7억 5천만 원
4	루원시티린스트라우스(수영장)	1,412	2013.06.	7억 4천만 원
5	루원시티2차SK리더스뷰	1,789	2023.01.	7억 4천만 원
6	포레나루원시티	1,128	2022.01.	6억 7천만 원
7	루원호반베르디움더센트럴	980	2018.01.	6억 4천만 원
8	루원제일풍경채(수영장)	900	2018.02.	6억 2천만 원
9	루원시티대성베르힐	1,147	2017.11.	6억 1천만 원
10	루원더퍼트스	616	2019.10.	5억 7천만 원

■ 스티그가 추천하는 루원시티 84㎡ 가성비 아파트 3

루원시티는 준신축과 주상복합의 비율이 높고, 인천2호선 가정역과 가정중앙시장역을 중심으로 형성된 더블 역세권 지역이다.

LH가 공동사업자로 참여한 루원시티 개발사업 내에서 여러 아파트 단지가 건설되었으며, 이 중 LH에서 시행한 루원더퍼스트, 루원시티어울림, 루원시티센트럴타운 가성비 단지이다.

1. 루원더퍼스트, 616세대, 2019.10. 입주

LH루원더퍼스트에서 루원더퍼스로 네이밍 변경, 제일건설과 남양건

설이 공동으로 시공, 향후 7호선 심곡천역(가칭) 초역세권 단지

2. 루원시티어울림, 1,243세대, 2015.08. 입주, 10년 공공임대 분양 전환 아파트(2025.12. 분양 전환)

LH웨스턴블루힐에서 루원시티어울림으로 네이밍 변경, 금호건설이 시공해 어울림이란 브랜드를 사용함. 향후 7호선 심곡천역(가칭) 역세권 대단지

3. 루원시티센트럴타운, 743세대, 2017.12. 입주

LH루원시티센트럴타운에서 루원시티센트럴타운 네이밍 변경, 남양건설이 시공하였다. 가현초등학교 초품아 아파트, 인근에 신현중학교, 신현여자중학교, 신현고등학교가 있다. 향후 7호선 가현역(가칭) 역세권 단지

6장

서해구 — 원도심의 재가동,
'석남·가좌·검암·경서' 축의 재편

(가재울역 트루엘에코시티 아파트)

서해구의 위상과 배경

서해구는 인천 서북권의 관문이며, 석남·가좌의 원도심 축과 검암·경서의 역세권 축이 공존하는 다핵 구조다. 부평·계양과 접한 배후성 덕분에 출퇴근 수요가 꾸준하고, 인천대로 일반화와 7호선 환승, 공항철도 등 광역 생활 교통의 결절이 겹치며 재도약의 기반을 갖추고 있다.

■ 서해구의 강점, 인천 서북권 재도약의 핵심 축

① 생활 인프라의 밀도와 교통의 편의성

서해구는 인천의 서북부 관문이자 서울과 공항을 잇는 교통의 핵심 축으로, 생활 인프라의 밀도와 교통 편의성이 동시에 강화되고 있다.

인천2호선이 서해구 북서부에서 석남까지 관통하며, 석남역에서는 서울지하철 7호선으로 환승이 가능해 강남·가산·대림 축 접근성이 크게 개선되었다. 특히 검암역은 공항철도의 주요 거점으로, 서울역과 인천공항을 양방향으로 빠르게 오갈 수 있어 '공항 생활권'과 '서울 출퇴근권'을 모두 확보하고 있다.

도로망 측면에서는 인천대로 일반화 사업이 서해구 원도심까지 이어지며, 보행·경관·대중교통 중심의 도시 구조로 전환되고 있다. 이는 단순한 교통 개선을 넘어 서북권 전반의 생활 동선 단축, 상권 재생, 환경 개선으로 이어지며 지역 경쟁력을 높이는 핵심 인프라로 작용할 것이다.

생활 인프라의 밀도 또한 높다. 석남·가좌 일대의 전통 상권과 근린 생활시설이 촘촘히 분포하고, 검암·경서권은 역세권 중심으로 상업, 교육, 공원 인프라가 확충되고 있다. 이처럼 원도심의 생활 편의성과 신도시급 역세권의 광역성이 결합된 구조는 서해구만의 독특한 생활 축을 만들어 내고 있다.

② 정비사업을 통한 재도약 가능성

석남·가좌 생활권은 노후 저층 주거 밀집 지역이지만, 7호선 환승역 인 석남역을 중심으로 역세권 고밀 주거·상업지로의 재편이 본격화되고 있다. 원적산 생활권과 연계된 공원 및 보행축 정비가 병행될 경우, '주거 회복, 생활 품질 향상'이라는 두 가지 목표를 동시에 달성할 수 있다. 소규모 가로주택 정비와 중규모 재개발을 블록 단위로 단계화하는 접근이 현실적이며, 향후 주거지의 체질을 안정적으로 바꾸는 토대가 될 것이다.

검암·경서 생활권은 공항철도 거점인 검암역을 중심으로 역세권 복합개발과 생활 시설 확충이 맞물리며 주거와 업무 수요를 함께 흡수할 잠재력이 크다. 공촌천과 근린공원을 잇는 수변 녹지 축을 활용하면 '조용한 역세권 주거지'라는 차별화된 정체성을 확보할 수 있다.

연희·심곡 생활권은 기존 저층 주거와 소규모 공업이 혼재한 지역으로, 생활도로 정비·주차공간 확충·학교 및 도서관 등 생활 SOC 선행 투자를 통해 '정비 체감'을 우선적으로 높여야 한다. 이 지역은 중저밀 주거와 생활형 상업이 결합된 안정적인 수요 기반을 유지할 가능성이 높다.

③ 도시재생 자원과 녹지 확충

서해구 원도심의 변화를 이끌 핵심 축은 인천대로 일반화와 수변·공원 네트워크 강화다. 인천대로 상부가 보행과 녹지 중심의 생활 축으로 재편되면, 석남·가좌 생활권은 기존의 '차량 중심 → 보행 중심' 구조로 탈바꿈한다. 또한 공촌천-승학산-원적산을 잇는 생활 녹지 동선은 단순한 환경 개선을 넘어, 주거 선호도와 지역 이미지 회복의 핵심 인프라로 작용할 것이다. 정비구역만으로 채울 수 없는 도시의 '정서적 품질'은 공원·문화·교육 공간이 담당해야 하며, 이는 서해구의 장기적 도시 경쟁력으로 이어질 것이다.

④ 입지적 안정성과 주변 연계성

서해구는 계양·부평·제물포·미추홀과 맞닿아 수도권 서부권과의 연계성이 뛰어나다. 검암(AREX)-석남(7호선 환승)-인천2호선의 삼중 교통축이 상호 보완하며, 공항·서울역·가산·여의도·주안으로 이어지는 다핵 출퇴근 벨트를 형성한다. 이 분산형 허브 구조는 특정 지역이나 산업의 경기 변동에도 기본 수요를 안정적으로 유지하게 하는 방파제 역할을 한다.

결국 서해구는 '원도심의 재생력'과 '신도시의 확장성'을 동시에 품은 지역으로, 생활 인프라의 밀도·교통의 편의성·정비사업의 성장성·광역 연계성이라는 네 가지 축이 서로 맞물리며 향후 인천 서북권의 새로운 성장 거점으로 재도약할 가능성이 높다.

■ 아쉬운 점, '노후 산업지와 주거지의 공존'

서해구 원도심은 생활 인프라의 밀도와 교통 편의성이라는 강점을 지니지만, 동시에 노후 산업지와 주거지가 공존하는 구조적 한계를 안고 있다.

석남·가좌·연희 일대의 저층 주거지는 주차난, 누수·단열 문제 등 물리적 피로도가 높다. 오래된 단독·다세대 주택은 커뮤니티 시설이나 수납, 평면 혁신이 부족해 신축 브랜드 단지와의 생활 격차가 점점 벌어지고 있다. 단순한 '부분 리모델링'만으로는 주거 만족도를 획기적으로 개선하기 어렵다는 점에서, 정비사업의 실질적 추진이 절실하다.

그러나 재개발·재건축의 추진 과정에서는 사업성, 추가분담금, 임대·분양 비율 등을 둘러싼 주민 간 의견 충돌이 빈번하다. 특히 공사비 상승과 금리 부담으로 인해 사업성이 흔들리면, 추진 동력이 약화되고 갈등이 장기화되는 악순환이 반복된다. 따라서 단계적 정비와 함께 생활 SOC 선행 구축, 임시 주차장 확충 등 '갈등 완화 패키지'를 병행해야만 실질적인 속도를 낼 수 있다.

산업과 주거의 혼재도 해결해야 할 과제다. 가좌·석남 일대의 소규모 제조·물류업은 지역 경제의 생계형 기반이지만, 동시에 소음·분진·야간 물류 차량 등으로 인한 생활 불편과 민원이 누적되고 있다. 산업 동선을 주거지와 분리하고, 클린 물류 체계 전환 및 완충녹지 확장을 통해 '공존형 산업지 모델'로 전환하는 전략이 필요하다.

또한 학군 경쟁력의 한계도 눈에 띈다. 생활권 내 초·중학교 밀도는 높지만, 특화 교육·국제 프로그램·예체능 캠퍼스 등 차별화된 인프라는 부족하다. 역세권 재편과 연계해 과학, 외국어, 예체능 중심의 소규모 특화 교육센터를 도입하면, 젊은 실수요 가구의 유입과 지역 이미지 제고에 긍정적인 효과를 낼 수 있을 것이다.

▣ 스티그 인사이트

서해구의 향후 승부처는 '환승·역세권·녹지'의 삼각 편집에 있다. 석남역 7호선 환승을 중심으로 한 역세권 고밀·혼합 개발, 검암역 AREX 거점을 기반으로 한 생활·업무 복합화 그리고 인천대로 일반화와 공촌천·승학산을 잇는 녹지 네트워크를 통해 생활 품질을 끌어올리는 일이다.

가격 재평가의 핵심 트리거는 네 가지다.

① 정비사업의 가시적 진전과 블록 단위 단계화
② 생활 SOC 선행 및 주차난 해소
③ 산업·물류 동선의 분리와 클린화
④ 환승 허브 중심 상업 활성화

이 네 가지 조건이 유기적으로 작동할 때, 서해구 원도심은 단순히 '노후지역의 개선'이 아니라 '올드타운의 생활 밀도 × 환승 허브의 광역성'을 겸비한 실수요 중심의 핵심 생활권으로 재평가받을 것이다.

즉, 서해구의 미래는 신도시의 확장선이 아니라, 오래된 도시의 새로운 편집력 속에서 완성될 가능성이 높다.

■ 서해구(청라, 루원시티 제외) 84㎡ 아파트 최고가 Top 10

(2025.01. ~2025.09.) 자료: 아실

순위	단지명	세대수	입주연도	실거래가
1	인천연희공원호반써밋파크에디션	1,370	2026.12.	6억 7,524만 원
2	검암지구서해그랑블	950	2003.09.	5억 8천만 원
3	가재울역트루엘에코시티	1,278	2023.08.	5억 7,800만 원
4	인천가좌두산위브트레지움	1,757	2018.02.	5억 3,800만 원
5	경서아시아드대광로제비앙	720	2017.12.	5억 1천만 원
6	한신휴플러스	2,276	2007.10.	4억 7,800만 원
7	검암풍림아이원2차	718	2004.05.	4억 5,700만 원
8	서인천월드메르디앙	778	2006.07.	4억 5,700만 원
9	검암신명스카이뷰1차	268	2003.07.	4억 4,500만 원
10	석남동금호어울림1단지	769	2007.11.	4억 3,500만 원

7장

검단구
― 미래를 준비하는 성장형 도시

(검단신도시 우미린더시그니처 아파트)

늦게 출발한 도시, 그러나 포기할 수 없는 이유

도시는 태생의 조건에 따라 평가가 갈린다. 송도가 '국제도시'라는 브랜드로 출발했고, 청라가 '호수와 금융'이라는 명확한 무기를 들고 나왔다면, 검단은 그에 비해 출발이 늦었다. 초기 계획은 무산과 지연을 반복했고, 교통망 부재는 '서울과 멀다'는 낙인을 찍었다. 하지만 이제는 달라지고 있다. 인천2호선 고양 연장, 서부권 광역급행철도, 검단스마트시티 같은 호재들이 현실로 다가오고 있으며, 인구 20만 명을 품을 대형 신도시의 잠재력이 하나둘 드러나고 있다. 검단은 아직 미완성의 도시지만, 바로 그렇기 때문에 성장의 여지가 가장 크다.

■ 일자리 ― 부족하지만 시작되는 자족 기능

검단의 가장 큰 약점은 자족 일자리의 부족이다. 송도에는 삼성바이오로직스와 셀트리온이 있고, 청라에는 하나금융타운과 스타필드가 있지만, 검단에는 아직 그런 앵커 기업이 없다. 대부분의 주민은 서울 여의도·가산디지털단지·마곡, 김포공항, 부평·계양 산업단지로 출퇴근한다. '베드타운'이라는 비판이 따라붙는 이유다.

그러나 검단도 변화를 준비하고 있다. 검단스마트시티는 ICT·바이오·친환경 기업을 유치하는 첨단단지로 계획되어 있으며, 검단산업단지에는 지식기반 제조업이 들어설 예정이다. 또한 김포공항·일산과 연결되는 교통망이 현실화되면, 기업 입장에서도 검단 입지는 충분히 매력적일 수 있다. 일자리 측면에서 아직 송도, 청라에 뒤지지만, 잠재력은 결코 작지 않다.

■ 학군 — 성장하는 학군, 젊은 도시의 특징

신도시의 가장 큰 불안 요인 중 하나가 학군이다. 검단도 초기 입주 당시에는 학교 부족 문제가 컸다. 학생 수에 비해 학교가 모자라 원거리 통학이 불가피했고, 신설 학교마다 과밀학급 논란이 있었다.

하지만 시간이 지나면서 상황은 개선되고 있다. 초·중·고 신설이 빠르게 이뤄지고, 교육 인프라가 하나둘 자리 잡고 있다. 아직 송도의 특목고, 청라의 안정적인 일반학군에 비하면 부족하지만, '성장하는 학군'이라는 점이 특징이다. 젊은 30대 부부층이 대거 유입되면서 교육 수요는 계속 늘어나고 있고, 향후 특목고나 자율형 고교 유치 가능성도 점차 현실적인 과제로 부상하고 있다.

흥미로운 점은 검단이 '젊은 신도시'라는 것이다. 주민 연령대가 송도, 청라보다 낮고, 0~9세 아동 비율이 높다. 이는 향후 학군 수요와 교육 투자가 집중될 수 있다는 의미다. 지금의 불안정은 오히려 성장의 계기가 될 수 있다.

■ 교통 — 가장 큰 약점, 그러나 동시에 최대 호재

검단의 교통은 현재와 미래가 극명하게 갈린다. 과거에는 서울 진입에 1시간 이상 걸리고, 대중교통은 버스 의존도가 절대적이었다. 출퇴근길마다 지하철 접근이 불편해 체증과 장거리 통근에 대한 불만이 컸다. 그러나 지금은 상황이 달라지고 있다. 교통망 확충이 검단의 운명을 바꿀 최대 카드로 작동하고 있기 때문이다.

① 인천1호선 검단 연장

인천지하철 1호선은 이미 계양역에서 검단신도시까지 연장되어 운행 중이다. 덕분에 검단 주민들은 지하철을 통해 부평·주안·송도는 물론, 계양역 환승으로 공항철도 그리고 서울지하철 7호선을 연결할 수 있게 됐다.

이는 검단신도시의 최대 약점이었던 '지하철 사각지대'를 해소한 결정적 전환점이다.

② 서부권 광역급행철도(가칭 GTX-D 대체)

김포공항~부천종합운동장을 잇는 노선으로, 2025년 예비타당성 조사를 통과하며 본격 추진이 가능해졌다. 개통되면 김포·검단·부천이 하나의 생활권으로 묶이고, 서울 서부 및 강남으로 향하는 새로운 급행 네트워크가 형성된다.

검단 입주민들에게는 '게임 체인저'급 교통망이 될 것으로 평가된다.

③ 도로망

이미 수도권제2순환고속도로, 인천국제공항고속도로, 원당~태리간

광역도로 등이 확보되어 있어 차량으로 수도권 전역 이동은 편리하다. 다만 출퇴근 시간 정체는 여전히 숙제로 남아 있으며, 향후 철도망 확충과 병행될 때 실질적인 교통 체감 효과가 더욱 커질 것이다.

④ 상권 — 아직은 생활형, 그러나 성장 잠재력 풍부

검단의 상권은 현재 생활형 수준에 머문다. 단지 내 상가, 중심상업지구의 소규모 상권이 전부다. 송도의 트리플스트리트, 청라의 스타필드처럼 강력한 상징 상권은 없다.

그러나 계획 인구 20만 명이 채워지면 상황은 달라진다. 검단신도시 중심상업지구는 향후 대형 복합몰과 문화시설 유치가 가능하고, 인근 김포공항, 일산 상권과 연계되면 경쟁력이 생긴다. 현재는 '부족하다'는 평가지만, 성장 곡선이 가파를 수 있다.

⑤ 환경 — 쾌적성이 가장 큰 강점

검단신도시는 신축 브랜드 대단지 아파트가 대부분이라 단지 품질과 설계 수준이 높다. 커뮤니티 시설, 단지 조경, 주차장 구조까지 최신 트렌드가 반영되어 있어 주거 쾌적성만큼은 인천 내에서도 손꼽히는 수준이다. 실제로 많은 실수요자들이 검단을 두고 '아이 키우기 좋은 신도시'라고 평가한다.

또한 송도, 청라와 비교했을 때도 뚜렷한 차별점이 있다. 송도는 인천 남단, 청라는 서쪽 끝에 위치해 서울 진입 시 거리 자체의 불리함이 있다. 반면 검단은 서울 경계와 가장 가까운 신도시라는 입지적 강점을 갖는다. 실제로 계양구, 서해구, 김포, 서울 강서구와 바로 맞닿아 있어, 자차 기준으로 서울 진입 시간은 송도, 청라보다 짧다.

곧 교통 인프라가 완전히 갖춰지지 않은 현재에도 검단은 '서울과의 심리적·물리적 거리'에서 송도, 청라보다 유리한 위치를 차지한다. 여기에 서부권 광역급행철도 같은 철도 호재가 더해져, 검단은 더 이상 '서울에서 멀다'는 인식을 벗고 '서울 바로 옆 신도시'라는 장점을 극대화할 수 있을 것이다.

잠재력은 크지만, 아직은 미완성

검단신도시는 송도, 청라와 비교하면 여전히 부족하다. 일자리도, 상권도, 학군도 아직은 초기 단계다. 그러나 교통 호재와 스마트시티 개발, 젊은 인구 구조라는 강점이 결합되면, 10년 후 검단은 지금과 전혀 다른 도시가 될 것이다.

도시는 완성되는 순간보다 완성되어 가는 과정이 더 중요하다. 검단은 아직 미완의 퍼즐이지만, 하나둘씩 채워지는 순간 인천 서북부의 중심지로 자리 잡을 가능성이 충분하다. 지금 검단을 평가하는 것은, 10년 후 인천의 미래를 미리 읽는 일일지도 모른다.

■ 검단신도시 성공 방정식: 교통, 교육, 의료, 일자리

- 교통: 현재는 약점, 미래는 기회

서울 접근성은 송도나 청라보다 유리한 반면 대중교통은 버스 의존도가 크고, 지하철 연결이 부족하다. 출퇴근길마다 체증과 장거리 이동 불편이 크다.

인천1호선 검단 연장 개통, 서부권광역급행철도, 인천2호선 김포·고양 연장 계획 등 다수의 교통 프로젝트가 추진되고 있다. 지금은 약점이지만, 개통이 현실화되면 검단의 가치는 교통혁신과 함께 급격히 상승할 가능성이 크다.

- 교육: 특목고·자사고 유치가 필수

현재 상황: 검단에는 일반고와 중학교 신설은 빠르게 이루어졌지만, 특목고나 자사고는 전무하다. 송도는 채드윅, 인천과학예술영재학교, 인천포스코고등학교, 청라는 청라달튼국제학교 등으로 '교육 프리미엄'을 쌓았다. 검단이 학부모들에게 확실히 선택받으려면, 최소 과학고나 외국어고 수준의 특목고는 들어와야 한다.

- 의료: 종합병원 부재, 안전망의 공백

검단에는 아직 대형 대학병원이나 상급종합병원이 없다. 응급의료 체계도 부천, 인천 중심부. 김포에 의존해야 하는 실정이다. 신도시는 단순히 '집 짓는 곳'이 아니라 삶의 안전망이 갖춰져야 완성된다. 검단에 대학병원급 의료기관이 들어서야만, 송도, 청라와 대등하게 비교될 수 있다.

- 일자리: 자족 기능 확충이 과제

검단은 '베드타운' 비판을 피하기 어렵다. 산업·업무 시설이 부족하고, 주민 대부분이 서울, 김포, 부천으로 출퇴근한다. 지식산업센터, 기업 연구소, IT·바이오 클러스터 같은 양질의 일자리를 유치해야 한다. 그래야 교통망 확충이 실제 주거 선호로 이어진다.

■ 검단신도시 단지 내 수영장을 보유한 아파트 단지

1. 검단신도시2차디에트르더힐, 1,471세대, 2022.09. 입주
2. 신검단중앙역 풍경채 어바니티 1차, 1,425세대, 2024.11. 입주
3. 신검단중앙역 풍경채 어바니티 2차, 1,734세대, 2025.04. 입주

■ 검단 84㎡ 아파트 최고가 Top 10(2024.01.~2025.09.) 자료: 아실

순위	단지명	세대수	입주연도	실거래가
1	우미린더시그니처	1,268	2022.01.	8억 1,500만 원
2	호반써밋1차	1,168	2021.06.	8억 500만 원
3	검단금호어울림센트럴	1,452	2021.07.	7억 8천만 원
4	검단신도시푸르지오더베뉴	1,540	2021.08.	7억 6천만 원
5	검단신도시2차디에트르더힐	1,471	2022.09.	7억 4천만 원
6	검단신도시예미지트리플에듀	1,249	2022.06.	6억 9천만 원
7	검단파라곤보타닉파크	887	2022.05.	6억 500만 원
8	신검단중앙역풍경채어바니티	1,425	2024.11.	분상제 단지로 거래 제한
9	힐스테이트검단웰카운티	1,535	2025.01.	
10	검단신도시우미린클래스원	875	2025.09.	

■ 스티그가 추천하는 검단 84㎡ 가성비 아파트 5

1. 파라곤센트럴파크, 1,122세대, 2022.03. 입주, 실거래가 6억 원 후반 (2025.08.)

검단에서 가장 높은 브랜드 가치 중 하나인 '파라곤'은 1,122세대 대단지로 쾌적한 조경이 강점이다. 인천지방법원 북부지원, 인천지방검찰청 북부지청 상권과 가까워 생활편의성 우수, 단지 설계, 마감 품질이 상위권인 아파트이다. 송도, 청라와 비교하면 가격이 확실히 낮고, 브랜드 프리미엄까지 감안하면 메리트가 있다.

2. 검단신도시 한신더휴 캐널파크, 936세대, 2021.09. 입주, 분상제 단지로 거래 제한

'캐널파크'라는 이름처럼 수변공원 조망, 산책로 생활권. 단지 내 조경, 커뮤니티 시설 탄탄, 신도시 생활환경을 잘 살린 아파트. 수변 프리미엄 대비 가격 부담이 낮아 실거주 만족도가 매매가보다 높게 평가됨.

3. 신검단중앙역 풍경채 어바니티 2차, 1,734세대, 2025.04. 입주, 분상제 단지로 거래 제한

검단 1호선 연장 노선 '신검단중앙역' 역세권, 교통 호재 직접 수혜 단지. 역세권, 신축 브랜드, 소형~중형 평형 구성 다양, 실수요 선호도 높음.

4. 신검단중앙역 금강펜테리움 센트럴파크, 1,049세대, 2025.11. 입주 예정

인천1호선 '신검단중앙역' 수혜 단지, 합리적인 분양가와 깔끔한 평면 설계로 실거주자 평가가 높음. 같은 역세권 중 상대적으로 가격 부담이 덜하면서도 교통 프리미엄을 공유.

5. 검단호수공원역 호반써밋, 856세대, 2026.03. 입주 예정

인천1호선 '검단호수공원역' 도보 역세권, 호수공원 조망권 입지. 공원, 역세권을 동시에 갖춘 희소 입지. 커뮤니티 시설 수준도 높음. 공원 프리미엄이 붙으면 가격대가 올라가지만, 아직은 초기 단계라 진입 부담이 크지 않음.

8장

영종구
― 공항 도시의 명암

(e편한세상 영종국제도시 센텀베뉴 아파트)

영종, 하늘길과 함께 성장한 도시

도시의 운명은 입지와 기능이 결정한다. 영종은 그 자체로 '공항 도시'라는 특별한 출발점을 가진다. 2001년 인천국제공항 개항 이후, 영종은 국가 관문과 더불어 국제적 브랜드를 얻었다. 그러나 공항 배후도시라는 특수성 때문에 '주거 도시'로서의 매력은 늘 과제로 남아 왔다. 교통·산업·학군·편의시설의 불균형 속에서, 영종은 지금도 발전과 한계가 교차하는 중이다.

■ 일자리 ― 공항을 먹여 살리는 도시

영종의 가장 큰 자산은 인천국제공항이다. 수만 명의 공항 종사자가 근무하며, 이들의 생활 거점으로서 영종은 꾸준한 수요를 확보했다. 항공, 물류, 관광, 면세산업은 도시의 기반이자 정체성이다. 특히 파라다이스시티, 인스파이어 복합리조트 같은 대규모 레저·관광 단지가 속속 들어서면서 일자리 창출 효과도 커지고 있다.

하지만 한계도 뚜렷하다. 항공, 관광 중심 산업 구조는 경기 변동에 민감하고, 제조, R&D, 금융 같은 고부가가치 일자리는 상대적으로 부족하다. 실제로 많은 영종 주민이 인천 도심이나 서울로 출퇴근하는 현실은 '공항 배후도시'라는 태생적 한계를 보여 준다.

■ 교통 ─ 세계로는 빠르게, 서울로는 멀게

영종 교통의 첫 번째 강점은 압도적인 국제 접근성이다. 인천국제공항이 곧 도시의 심장이며, 글로벌 관문으로서의 위상은 비교 불가다. 청라하늘대교가 개통되면 청라, 서울 서부권과 직접 연결되어 광역 이동성이 개선된다. 공항철도와 경인고속도로 역시 교통 축을 이룬다.

그러나 서울 접근성은 여전히 약점이다. 공항철도 급행을 이용해도 서울역까지 약 50분, 환승 불편까지 고려하면 출퇴근 도시로는 비효율적이다. 광역버스망도 한정적이며, 출퇴근 정체는 상시적이다. 청라가 7호선 연장으로 강남 직결 시대를 여는 것과 달리, 영종은 여전히 '세계는 가깝지만 서울은 먼 도시'라는 평가를 받는다.

■ 학군 ─ 불안한 균형 속의 특목·자사고

영종은 신도시치고 학교 수가 빠르게 확충되며 기본적인 학군 인프라는 안정적인 편이다. 특히 인천 내 대표 특목·자사고인 인천과학고, 인천국제고, 인천하늘고가 모두 영종에 자리 잡고 있어, 이들 학교가 도시 교육의 위상을 끌어올린다. 이들 학교로 우수 학생들이 유입되는 만큼, 영종은 다른 신도시와 달리 '특목·자사고 중심 학군'이라는 독특한 구조를 지녔다.

또한 최근에는 외국인학교까지 유치되면서, 다문화·국제도시라는 영종의 정체성과 맞는 글로벌 교육 기반도 마련되었다. 이는 송도의 채드윅국제학교와 비교될 수 있는 부분이다.

다만 일반고의 경우, 여전히 학력 격차와 대학 진학 성과에서 뚜렷한 경쟁력을 보여 주지는 못하고 있다. 특목·자사고와 외국인학교라는 상징성은 크지만, '일반 학군의 내실 강화'라는 과제는 남아 있다.

■ 편의시설 ─ 리조트·쇼핑, 그러나 생활은 부족

영종은 파라다이스시티, 인스파이어, 씨사이드파크 같은 대형 관광·레저 인프라를 갖추고 있다. 주말이면 외부 관광객이 몰려드는 도시다. 스타필드 청라와 비교되는 복합 쇼핑몰, 글로벌 호텔 체인들이 속속 들어서며 관광도시로의 면모는 확실하다.

그러나 생활 인프라 측면에서는 여전히 아쉽다. 대형마트, 종합병원, 문화시설은 부족하고, 주민들은 부평, 청라, 서울로 이동하는 경우가 잦다. '관광하기엔 좋지만 살기엔 불편하다'는 인식이 여전히 남아 있는 이유다.

■ 아쉬운 점 ─ 미완의 주거 도시

영종은 국가적 인프라를 등에 업고 성장했지만, 주거 도시로서의 브랜드는 미완이다. 공항 종사자, 관광업 종사자 외의 신규 수요를 흡수하지 못했고, 주거 선호도 역시 송도, 청라에 비해 낮다. 의료, 교육 인프라의 불균형, 서울 접근성의 약점, 대규모 기업 유치 실패 등이 주거 도시로서의 위상 정립을 가로막고 있다.

■ 스티그 인사이트

■ 영종 성공 방정식: 교통, 교육, 의료, 일자리

- 교통: 청라하늘대교와 제2공항철도, 두 축의 변화

청라와 직접 연결되는 청라하늘대교는 영종의 게임체인저다. 개통과 동시에 인천국제공항과 청라, 서울 서부권이 한층 가까워지고, 영종 주민들의 출퇴근 편의성이 크게 개선된다. 공항 접근성은 그대로 유지하면서 생활, 주거 도시로서의 매력이 강화되는 것이다.

여기에 더해 추진 중인 '제2공항철도(가칭)'는 영종 교통에 또 하나의 변화를 예고한다. 기존 공항철도가 서울역까지 직결되는 단일 축이었다면, 제2공항철도는 숭의역에서 인천발 KTX와 연결될 수 있어, KTX가 곧바로 인천국제공항까지 운행되는 구상이 가능하다. 이는 영종 주민들에게는 전국 KTX망 직결이라는 획기적인 편익을 주고, 동시에 공항 이용객에게는 '서울역 경유 없는 KTX 공항 직행'이라는 새로운 선택지를 제공한다.

즉, 청라하늘대교와 제2공항철도(철도망, 숭의역 KTX 연계 → 공항 직결)가 동시에 완성된다면, 영종은 '세계로는 공항, 수도권과 전국으로는 직결'되는 이중·삼중 교통 허브로 도약하게 된다.

- 교육: 국제학교 유치 필요

영종은 이미 인천과학고, 인천국제고, 인천하늘고가 자리해 특목·자사고 중심 학군이라는 강점을 가진다. 여기에 인천경제청은 미단시티 부지(9만 6천㎡)에 영국 명문 위컴 애비 국제학교 설립을 추진 중이다. 2026년 착공, 2028~2029년 개교가 목표로, A레벨, IB 과정이 도입되고 본교와 동일한 학력을 인정받는다.

송도(채드윅·칼빈매니토바), 청라(달튼)에 이어 영종까지 합류하면, 인천경제자유구역 내 4개 국제학교 체제가 완성된다. 이는 영종 학군 경쟁력을 한 단계 끌어올리는 결정적 계기가 될 것이다.

- 의료: 종합병원급 공백

영종은 수십만 인구가 거주하는 도시로 성장했지만, 대학병원·상급종합병원급 의료기관은 전무하다. 주민들은 중증 진료를 위해 부평·서울까지 이동해야 하며, 이는 주거 선호도와 직결되는 구조적 약점으로 작용한다.

동네 의원, 전문클리닉은 꾸준히 늘었지만, 응급의료, 심뇌혈관질환, 암 치료 같은 중증 의료 체계는 턱없이 부족하다. 응급환자 이송 과정에서 골든타임을 놓치는 경우가 발생하기도 한다.

한때 인천아산병원 분원 유치 논의가 청라·영종 모두에서 거론되었으나, 최종적으로는 청라 부지로 확정되었다. 이로 인해 청라는 의료, 교육, 교통 3박자를 고르게 갖춘 반면, 영종은 의료 인프라 격차가 더욱 커지게 되었다.

다만 영종은 공항, 관광, 국제업무 기능이 결합된 특수성을 지닌 만큼, 장기적으로는 외국인 환자와 근무자를 포함한 국제 의료 수요가 집중될 가능성이 크다. 만약 별도의 종합병원급 의료기관이 들어선다면, 단순한 생활 편의를 넘어 국제 의료 허브로 성장할 잠재력이 여전히 남아 있다.

- 일자리: 공항·리조트 중심 산업

영종의 고용 기반은 철저히 공항, 관광·레저 산업에 집중돼 있다. 인천국제공항을 비롯해 파라다이스시티, 인스파이어 리조트 등이 천 명의 일자리를 만들어 낸다.

그러나 구조적으로 서비스·관광업 의존도가 높아 경기 변동에 취약하고, 청라(금융), 송도(바이오)처럼 고부가가치 산업은 부족하다. 장기적으로는 항공 정비(MRO), 물류 클러스터, 국제 컨벤션, 의료 산업 등으로의 다변화가 자족도시 도약의 관건이다.

■ 영종하늘도시 단지 내 수영장 보유 아파트

1. 영종하늘도시우미린1단지(3개 레인), 1,680세대, 2012.09. 입주
2. 영종하늘도시우미린2단지(3개 레인), 1,287세대, 2012.08. 입주
3. 영종GS자이(3개 레인), 1,022세대, 2009.11. 입주

순위	단지명	세대수	입주연도	실거래가
1	e편한세상영종국제도시센텀베뉴	1,409	2023.03.	5억 6,260만 원
2	영종동보노빌리티	585	2012.08.	5억 5천만 원
3	영종하늘도시KCC스위첸	752	2019.09.	5억 4,700만 원
4	운서역반도유보라퍼스티지	450	2022.02.	5억 2,500만 원
5	영종하늘도시호반써밋스카이센트럴 II	583	2024.10.	5억 585만 원
6	호반써밋스카이센트럴	534	2022.07.	5억 500만 원
7	운서SK뷰스카이시티	1,153	2022.01.	5억 원
8	영종하늘도시화성파크드림	657	2019.09.	4억 9,700만 원
9	e편한세상영종국제도시오션하임	1,520	2019.01.	4억 9,500만 원
10	운서2차SK뷰스카이시티	909	2022.08.	4억 8,800만 원

■ 스티그가 추천하는 영종하늘도시 84㎡ 가성비 아파트 3

1. 운서SK뷰스카이시티, 1,153세대, 2022.01. 입주

공항철도 운서역 역세권 입지, 신축 대단지로 커뮤니티, 평면 효율이 우수하다. 영종 내에서는 보기 드문 역세권, 대단지, 신축 3박자를 갖춰, 공항 종사자 및 출퇴근 수요자에게 매력적이다.

2. 운서역금강펜테리움, 600세대, 2024.01. 입주

운서역 역세권 신축, 단지 내 물놀이터, 특화 조경 등 아이 키우기 좋은 환경이 강점이다. 세대수는 중규모지만 신축 프리미엄과 특화 커뮤니티로 젊은 실수요층에게 선호도가 높다.

3. 영종하늘도시우미린2단지아파트, 1,287세대, 2012.08. 입주

대단지에 단지 내 수영장 보유, 단지 바로 앞에 인천영종초(초품아) 위치. 연식은 다소 있으나 학세권, 커뮤니티 인프라가 탄탄해 실거주 만족도가 높으며, 가격 메리트도 뚜렷하다.

9장

부평구
― 인천의 심장부, 역세권 정비의 재도약

(e편한세상 부평그랑힐스 아파트)

부평구의 위상과 배경

부평구는 인천 동부의 생활, 산업 중심지이자 교통 결절점으로 성장해 왔다. 동쪽으로 부천, 북쪽으로 계양과 접하며, 서울과 인접해 수도권 생활권과 긴밀히 연결된다.

부평은 오랜 기간 인천의 공업 중심지였고, 동시에 부평역, 동암역, 산곡역을 중심으로 한 주거, 상업 기능이 발달해 '산업과 생활이 교차하는 도시'라는 정체성을 형성해 왔다. 최근에는 노후 공업지대의 재생, 정비사업과 더불어 7호선 개통, GTX-B 추진 등 교통 호재가 겹치면서 인천 동부권의 미래 성장 거점으로 주목받고 있다.

■ 생활 인프라의 밀도와 교통의 편의성

부평은 인천에서 가장 촘촘한 교통망을 갖춘 지역 중 하나다. 부평역은 1호선 전철, 인천1호선, GTX-B(예정)가 만나는 환승 허브로, 서울역, 용산, 여의도까지 직결되는 교통 거점이다. 여기에 서울 지하철 7호선이 이미 석남역까지 연장 개통되면서, 부평은 강남권 접근성까지 확보한 인천 동부의 핵심 교통 거점으로 위상이 높아졌다.

생활 인프라 역시 이미 성숙 단계다. 부평역 북부 상권, 부평문화의거리, 상권은 인천 동부권의 대표 상권으로 기능하며, 현대백화점 아울렛, 마트 등 대형 유통 시설과 결합해 풍부한 소비 기반을 제공한다. 교육, 의료 자원 또한 균형 있게 분포해 이미 생활 인프라가 완결된 안정된 도시 환경이라는 점이 장점이다.

또한, 부평에는 도시적 여유 공간을 확장할 개발 자원도 남아 있다. 대표적으로 인천식물원 조성 사업, 공병단 부지 활용, 제3보급단 이전 부지 활용, 캠프마켓 공원화 같은 도시재생 프로젝트다. 이들은 단순한 녹지 확충을 넘어, 산업, 군사 기능으로 막혀 있던 토지를 시민 친화적 공간으로 되돌리는 사업으로, 부평의 도시 이미지를 바꾸고 생활 품질을 높이는 중요한 계기가 될 것이다.

■ 정비사업을 통한 재도약 가능성

① 부평동, 부개동 생활권

부평역 인근과 부개역 주변은 1980~90년대 준공된 노후 단지가 밀집해 있다. 현재 다수 단지가 재개발, 재건축 추진 중이며, 일부는 리모델링을 준비하고 있다. 워낙 입지가 뛰어나기 때문에 브랜드 아파트 타운으로 변모할 경우, 시장 반응은 매우 긍정적일 것으로 예상된다.

특히 부평동에는 부평SK뷰해모로, 부평역해링턴플레이스, e편한세상부평역센트럴파크 등 신축 브랜드 단지가 이미 들어서며 도시 이미지를 끌어올리고 있다. 부개동 또한 두산위브&수자인 더퍼스트가 대규모 브랜드 단지가 공급되면서 지역의 주거 가치는 한층 더 상승할 것으로 기대된다.

② 산곡동, 청천동 생활권

산곡동과 청천동은 빌라와 저층 주거 비중이 높아 노후화가 심각하다. 하지만 이미 개통된 7호선 산곡역을 중심으로 역세권 고밀 개발 잠재력이 크다. 산곡동에는 해링턴스퀘어 산곡역과 자이힐스하늘채 산곡역(가칭, 산곡6구역)이 랜드마크 단지로 자리 잡으며 주거 환경 개선을 선도하고 있다. 청천동은 과거 공업지대와 저층 주거지가 혼재했으나, e편한세상부평그랑힐스와 부평캐슬앤더샵퍼스트 같은 대규모 단지가 들어서면서 주거 환경이 점차 개선되고 있다. 향후 두 지역은 연계 재개발을 통해 서울 강남권 직결 교통망과 함께 신흥 주거 벨트로 탈바꿈할 가능성이 높다.

③ 십정동 생활권

십정동은 과거 공업지대와 저층 주거지가 혼재한 지역이었으나, 재개발 후 입주한 더샵부평센트럴시티, 힐스테이트부평 등 메이저 브랜드 단지는 부평 동부권의 새로운 주거 중심축으로 자리매김하고 있다. 십정동은 부평의 노후 이미지를 개선하는 대표적인 도시재생 모델로 꼽히며, 향후 후속 단지들로 확산될 가능성이 크다. 동시에 부평구 전체 정비사업의 방향성을 보여 주는 상징적인 지역이라 할 수 있다.

■ 도시재생 자원과 녹지 확충

부평의 미래 가치는 단순한 아파트 정비사업만이 아니라, 대규모 부지 활용과 공원화 프로젝트와도 직결된다.

이러한 도시재생 자원들은 신축 아파트와 정비사업으로만은 채울 수 없는 부평의 미래 경쟁력을 강화하는 동력이 된다. 나아가 단순히 주거 환경 개선에 머무르지 않고, 녹지, 문화, 교육, 상업 기능이 결합된 복합 도시재생 모델로 진화할 수 있는 토대를 제공한다. 인천식물원과 캠프 마켓 공원화는 부평을 단순한 생활 거점이 아니라, 시민들이 일상에서 자연을 경험하고 문화를 향유할 수 있는 '녹색 생활 도시'로 탈바꿈시키는 상징적 프로젝트다. 특히 인천식물원은 생태 체험과 환경 교육, 여가 활동이 함께 이루어지는 새로운 문화 인프라가 될 수 있으며, 캠프 마켓은 미군 부대라는 과거 군사적 기억을 넘어 시민들에게 완전히 열린 공공 공간으로 재탄생할 예정이다.

또한 공병단과 제3보급단 부지는 군사시설 이전이라는 역사적 변화를 계기로, 주거, 상업, 문화 복합 개발지로 활용될 수 있는 드문 기회다. 이들 부지는 단순히 부평 내부를 변화시키는 수준을 넘어, 인천 동부권 전체의 성장 축을 새롭게 열어 주는 거점 공간으로 작용할 가능성이 크다. 만약 이 지역이 체계적인 계획 아래 개발된다면, 부평은 기존의 노후 이미지에서 벗어나 첨단산업과 상업, 문화, 주거가 어우러진 미래 지향적 도시로 진화할 수 있을 것이다.

결국 이러한 프로젝트들은 부평을 인천 동부권의 전통적인 생활 중심지에서, 지속 가능한 도시 경쟁력을 갖춘 미래형 도시로 재도약시키는 촉매제가 된다. 주거 정비사업이 주민들의 삶의 질을 끌어올린다면, 도시재생 자원 활용은 도시 전체의 이미지를 혁신하고 외부 인구와 자본을 끌어들이는 도시 브랜드 업그레이드 역할을 하게 된다. 이는 부평이 단순히 '과거의 생활 거점'이 아니라, 앞으로 인천을 대표하는 친환경, 문화 융합 도시로 자리매김하는 과정의 핵심 동력이 될 것이다.

■ 입지적 안정성과 주변 연계성

부평은 서울, 부천과 바로 접해 있으며, 인천 내 다른 생활권과도 직결된다. 서울 출퇴근 수요, 부천, 계양의 배후 수요, 인천 동부, 서부 생활 수요가 동시에 흡수되는 구조다. 특히 부평역~송내역~부천역~온수역으로 이어지는 1호선 축은 수도권 동서 교통의 핵심 축으로, 경기 변동에도 안정적인 주거 수요를 유지하는 기반이 된다.

■ 아쉬운 점, '노후 산업지와 주거지의 공존'

① 노후화된 주거지

부평 아파트의 상당수는 1980~90년대에 준공된 단지로, 물리적 노후화가 뚜렷하다. 세대당 주차 대수가 부족해 만성적인 주차난이 발생하고, 옛날 평면 구조의 비효율성으로 인해 실내 공간 활용도가 떨어진다. 특히 발코니 확장, 대형 평면, 수납 특화 설계 등 신축 단지에서 기본으로 제공되는 요소들이 부족하다 보니, 젊은 세대의 선호에서 점점 멀어지고 있다. 커뮤니티 시설 역시 대부분 부재하거나 노후해 피트니스센터, 독서실, 실내 골프연습장 등을 갖춘 신축 브랜드 아파트와의 경쟁에서 밀린다. 이러한 격차는 시간이 갈수록 더 커져, 부평의 주거 만족도를 떨어뜨리는 주요 요인으로 지적된다.

② 정비사업 지연과 주민 갈등

부평은 재개발, 재건축 추진 단지가 많지만, 실제 사업 속도는 더디다. 가장 큰 이유는 사업성 문제와 추가분담금 갈등이다. 초기 예상보다 늘어난 공사비와 금융비용은 조합원들에게 부담으로 작용하고, 일부 조합은 분담금을 둘러싼 갈등으로 내홍을 겪는다. 주민 간 이해관계가 엇갈리면서 의사결정이 지연되고, 이 과정에서 사업은 늦어지고 단지는 더 낡아가는 악순환이 반복된다. 부평구청과 인천시 차원의 행정적 지원이나 갈등 조정 장치가 마련되지 않는 한, 이런 지연은 계속될 수밖에 없다. 결국 이는 주거 환경 개선의 속도를 늦추고, 시장에서 부평의 경쟁력을 떨어뜨리는 요인으로 작용한다.

③ 산업지와 주거지 혼재

청천동 일대는 전통적인 소규모 공업지대와 주거지가 맞닿아 있는 지역이다. 규모가 큰 중화학 공장이 아닌 작은 제조업체나 물류 시설이 중심을 이루고 있어 심각한 악취 문제는 발생하지 않는다. 그러나 낮에는 트럭과 물류 차량의 이동으로 인한 소음과 분진이 생기고, 야간에도 일부 공장 가동으로 생활 불편 민원이 제기된다. 이러한 산업, 주거 혼재 구조는 주거지의 이미지 개선을 더디게 만들고, 외부 수요자들에게는 여전히 부평이 '노후 산업지와 주거지가 섞여 있는 지역'으로 인식되게 한다. 장기적으로는 산업 구조를 재편하고 주거지를 단계적으로 정비해야, 부평이 보다 현대적이고 쾌적한 도시 브랜드로 거듭날 수 있을 것이다.

④ 학군 경쟁력의 한계

부평은 전통적으로 일반고 강세 지역이다. 부평고, 부평여고, 세일고, 명신여고 등은 지역 내 안정적인 학군 체제를 형성하며, 내신 관리와 대학 진학의 안정성 측면에서 장점을 제공한다. 또한 부평구에는 인천외고와 인천진산과학고가 위치해 있어, 특목고 진학을 원하는 학생들에게 외국어, 과학 분야의 선택지를 제공한다. 이는 인천 동부권 학군 가운데서도 부평이 가진 분명한 강점이다.

그러나 전체적인 관점에서 보면 교육 프리미엄 경쟁력은 여전히 제한적이다. 특목고 두 곳이 있더라도, 연수구 송도의 국제학교, 영재학교, 자사고, 영종의 국제고, 과학고, 자사고, 청라의 국제학교 등과 비교했을 때 교육 인프라의 다양성과 차별성은 부족하다. 특히 송도는 글로벌 교육 인프라, 청라는 금융 중심지와 맞물린 국제고, 영종은 국제, 과학 특화 학군이라는 차별성을 확보하고 있어, 자녀 교육에 민감한 30~40대 젊은 학부모 수요층이 이들 지역을 선호하는 경향이 뚜렷하다.

결과적으로 부평은 일반고 학군의 '안정성'과 외고, 과학고라는 '특목 선택지'는 확보했지만, 국제학교나 자사고 중심의 '교육 프리미엄' 측면에서는 상대적으로 약세를 보인다. 이는 향후 신규 수요 유입에서 부평이 송도, 청라에 비해 다소 불리하게 작용할 수 있는 요인으로 지적된다.

■ 스티그 인사이트

부평구는 인천의 전통적인 생활·산업 중심지이자, 수도권 동서를 잇는 교통 중심지라는 위상을 유지해 왔다. 부평역, 동암역, 산곡역을 중심으로 한 촘촘한 교통망은 서울, 부천과 직결되고, 7호선 연장과 향후 GTX-B 개통 등 교통 호재가 더해지면서 향후 가치 재평가 가능성이 크다. 생활 인프라 또한 이미 완결 단계로, 신도시와 달리 완성된 생활권을 바탕으로 즉시 거주 만족도를 누릴 수 있다는 점이 부평만의 경쟁력이다.

다만 현실은 노후 주거지와 산업지의 공존이다. 1980~90년대 준공 단지가 여전히 많아 주차난, 평면 비효율이 심각하고, 정비사업은 추가 분담금 갈등으로 지연되며 노후화 악순환을 낳고 있다. 청천동의 소규모 공업지대는 악취 문제는 없지만, 소음, 분진 등으로 주거 환경과 이미지 개선에 걸림돌로 작용한다. 교육 역시 일반고 기반의 안정성은 확보했으나, 국제학교, 자사고와 같은 프리미엄 교육 인프라는 부족해 송도, 청라, 영종과 비교 시 차별성이 떨어진다.

반면 정비사업과 도시재생 자원은 부평의 재도약을 이끌 핵심 동력이다. 부평동, 부개동의 신축 브랜드 타운, 산곡, 청천의 7호선 역세권 개발, 십정동의 성공적 재개발은 이미 도시 변화를 증명하고 있다. 여기에 인천식물원, 캠프마켓 공원화, 공병단, 제3보급단 부지 활용 같은 대규모 도시재생 프로젝트가 결합되면, 부평은 단순히 '노후 주거지'가 아니라 친환경, 문화 융합 도시로 탈바꿈할 수 있다.

현재 시세는 송도, 청라보다는 낮지만, 이는 곧 가격 리레이팅 여지를 의미한다. 향후 부평의 가치 상승을 이끌 트리거는 정비사업 속도 가속화, 도시재생 자원의 본격 가동, GTX-B 개통, 서울 접근성 강화에 있다. 결국 부평은 '인천의 과거 중심에서 미래형 도시로' 변모할 수 있는 가능성을 품고 있으며, 이는 중장기적으로 실수요와 투자자 모두에게 중요한 기회가 될 것이다.

순위	단지명	세대수	입주연도	실거래가
1	부평SK뷰해모로	1,559	2022.12.	7억 9,300만 원
2	힐스테이트부평	1,409	2023.06.	7억 1,500만 원
3	부평아이파크	256	2020.10.	7억 1천만 원
4	삼산타운6단지주공	784	2004.08.	7억 1천만 원
5	e편한세상부평역센트럴파크	1,500	2024.12.	7억 600만 원
6	삼산타운7단지주공	1,314	2004.08.	7억 490만 원
7	부평두산위브더파크	799	2022.11.	7억 원
8	부평역한라비발디트레비앙	385	2023.01.	7억 원
9	부평코오롱하늘채	922	2020.12.	6억 9,500만 원
10	부평신일해피트리더루츠	1,116	2022.07.	6억 9,200만 원

10장

남동구(南洞區)
― 산업과 주거가 교차하는 생활 축

(어진마을 한화꿈에그린 6단지 아파트)

남동구의 위상과 배경

남동구라는 명칭은 실제로는 방위와 직접적인 관련이 없다. 과거 남촌면(南村面)의 '남(南)'과 조동면(鳥洞面)의 '동(洞)'을 합쳐 만든 행정적 합성 명칭이지만, 오늘날 많은 시민들은 이를 단순히 인천의 남동(南東)쪽에 위치한 지역으로 오해하는 경우가 많다.

이 같은 혼선을 줄이고 지역 정체성을 강화하기 위해, 새로운 명칭을 모색할 필요성이 제기되기도 한다. 예컨대 '구월진구(九月津區)'는 행정, 상업의 중심지인 구월동을 대표로 내세워 인천시청이 자리한 행정 중심구라는 성격을 드러낼 수 있다. 반면 '소래진구(蘇來津區)'는 소래포구와 소래습지생태공원 같은 지역의 대표 자원을 반영하여, 전통 어항과 자연환경을 품은 도시라는 이미지를 강화하는 데 적합하다.

물론 행정구 명칭 변경은 단순히 이름을 바꾸는 문제가 아니다. 법적 절차와 주민 의견 수렴, 행정 비용이 수반되는 만큼 현실적 장벽이 높다. 그러나 도시 브랜드 정비가 본격화되는 시점이 온다면, 지역의 역사와 상징을 담은 새로운 명칭으로 개편하는 논의가 충분히 가능할 것이다.

남동구는 인천의 산업과 주거, 상업이 동시에 얽혀 있는 대표적인 복합 생활 축이다. 구월·논현·만수·간석 일대를 중심으로 형성된 이 지역은 인천시청, 예술회관, 백화점 상권과 같은 행정, 상업 중심지와 남동국가산업단지라는 산업 기반을 동시에 품고 있다.

특히 인천1호선이 인천터미널, 예술회관, 인천시청, 간석오거리를 인천2호선이 구월, 모래내시장, 만수, 남동구청역 등을 촘촘히 연결하며,

GTX-B 노선이 예정된 인천시청역은 수도권 광역 교통망의 핵심 교차점으로 부상하고 있다. 이러한 배경 덕분에 남동구는 단순한 주거지가 아니라, 행정, 산업, 상업, 주거 기능이 유기적으로 연결된 복합 도시 공간으로 자리 잡아 왔다.

그러나 이 같은 강점과 함께, 산업시설과 주거지가 혼재된 구조적 특성과 도심, 신도시 사이의 경쟁 구도, 그리고 일부 지역의 노후화 문제는 남동구가 앞으로 풀어야 할 과제이기도 하다.

■ 생활 인프라와 교통, '완결형 도시 구조'

① 교통 인프라

남동구의 가장 큰 장점 가운데 하나는 교통망의 완결성이다. 인천1호선이 구 전체를 종단하며, 제2경인고속도로와 수도권제2순환고속도로가 인접해 인천 내부와 수도권 외곽을 모두 아우르는 접근성을 제공한다. 더 나아가 GTX-B 노선이 개통되면 인천시청역에서 여의도, 서울역까지 단시간에 이동할 수 있어, 남동구의 가치는 한 단계 더 상승할 전망이다.

② 생활, 상업 인프라

구월동 로데오거리를 중심으로 백화점, 대형마트, 전문 상가들이 집결해 이미 완성형 생활권 상권을 형성했다. 구월, 간석권은 인천에서 가장 유동인구가 많은 중심 상권 중 하나로 꼽히며, 주거, 소비, 문화 기능이 복합적으로 결합되어 있다.

③ 의료 인프라

길병원은 인천을 대표하는 상급종합병원으로, 남동구 주민뿐 아니라 인천 동남부 전역에서 환자를 흡수한다. 이 외에도 전문병원과 중소 규모 종합병원이 밀집해 있어 의료 기반은 인천 전역에서 가장 안정적인 편에 속한다.

④ 교육 인프라

구월, 간석, 만수 학군은 오랜 역사를 가진 일반고 체계를 유지하며, 안정적인 학군 환경을 제공한다. 전통적으로 지역 내 자녀를 키우는 학부모들에게 꾸준히 선호되는 교육 기반은 남동구 주거 수요의 중요한 뒷받침이 된다.

■ 정비사업과 신흥 주거지의 부상

① 구월, 간석 재개발, 남동구의 주거 지도를 바꾸다

구월동은 인천시청과 남동구청이 자리 잡은 행정 중심지이자, 동시에 오래된 아파트 단지와 다세대, 연립주택이 밀집한 전통 주거지다. 오랫동안 노후 주거지라는 이미지가 강했지만, 최근 들어 재개발, 재건축 바람이 거세게 불면서 도시의 위상이 빠르게 변모하고 있다. 구월힐스 테이트, 롯데캐슬골드 등 대형 브랜드 아파트가 들어서며 '신흥 주거 벨트'라는 새로운 이름을 얻었으나, 이들 단지 역시 입주 18년 차에 접어들어 리모델링이나 생활 인프라 업그레이드가 필요한 단계에 들어섰다. 반면, 최근 분양된 한화포레나 인천구월은 최신 설계와 브랜드 가치를 갖춘 신축 단지로 주목받으며, 구월동의 주거 수준을 한층 끌어올리고 있다.

간석동 또한 변화를 거듭하고 있다. 지하철역을 중심으로 한 역세권 재개발이 활발하게 진행되며, 인천시청역 일대는 낡은 주거 환경이 신축 아파트 단지로 바뀌고 있다. 동시에 교통과 생활 인프라가 개선되면서 거주 만족도가 높아지고, 이는 곧 남동구 전체 주거 품질을 끌어올리는 동력으로 작용한다.

특히 구월, 간석 재개발의 핵심 축은 인천시청역세권이다. 한화포레나 인천구월을 비롯해 힐스테이트인천시청역, 인천시청역 한신더휴, 그리고 분양을 앞둔 포레나더샵 인천시청역 등이 대표적인 사업지다. 이들 단지는 행정, 상업 중심지와 맞닿아 있으며, 교통망과 생활 편의 시설을 동시에 누릴 수 있어 실수요자와 투자자의 관심을 한 몸에 받고 있다.

향후 재개발 구역들이 순차적으로 준공되면, 구월, 간석 일대는 단순한 주거지에서 벗어나 남동구를 넘어 인천 동부권의 새로운 주거 중심지로 자리매김할 가능성이 크다.

② 논현, 만수 신도시급 주거지

논현동은 신도시급 택지개발지구를 기반으로 조성된 지역으로, 수변 공원과 녹지 축을 중심으로 한 쾌적한 생활 환경이 특징이다. 대규모 브랜드 아파트 단지와 더불어 주상복합, 상업시설이 함께 들어서며, 인천 동남부의 대표적인 신흥 주거지로 부상했다. 만수동은 노후 단지와 신축 아파트가 혼재된 지역으로, 대규모 재건축 기대감이 높다. 이 지역은 향후 도시 정비사업이 본격화될 경우, 남동구의 새로운 주거 허브로 성장할 잠재력을 지니고 있다.

③ 구월2택지개발지구, 신흥 주거지의 균형추

구월동 재개발이 노후 주거지 정비를 통해 새로운 활력을 불어넣고 있다면, 구월2택지개발지구는 계획적 택지 공급을 통해 신흥 주거지의 균형추 역할을 하고 있다. 체계적인 도로망과 공원, 학군 계획을 기반으로 조성된 이 지구는 기존 구월, 간석 재개발 단지들과 어우러지며, 남동구의 생활 인프라를 한층 업그레이드한다. 특히 재개발 단지와 달리 초기 설계 단계부터 최신 주거 트렌드를 반영했기 때문에, 공간 활용도와 주거 편의성이 뛰어나다는 점에서 차별화된다.

④ 산업단지 배후 수요

남동국가산업단지는 수도권 최대 규모의 국가산업단지로, 입주 기업과 종사자가 많아 지속적이고 안정적인 주거 수요를 만들어 낸다. 이는 남동구 부동산 시장이 경기 변동 속에서도 일정 수준 이상의 수요를 유지할 수 있는 강력한 기반이 된다.

⑤ 입지적 안정성과 주변 연계성

남동구는 서쪽으로 연수구, 북쪽으로 부평구, 남동쪽으로 시흥시와 맞닿아 있어 연결되는 위치에 있다. 이처럼 인천 내부와 수도권 외부를 동시에 연결하는 중간 지점이라는 특성이, 남동구의 주거 안정성을 높여 준다.

또한 산업, 업무, 상업 기능이 고르게 분포하면서, 남동구는 거주, 자영업, 임대 수요가 복합적으로 유지되는 지역이다. 이는 부동산 시장의 경기 변동에 대한 완충 장치 역할을 하며, 장기적으로 수요의 안정성을 담보한다.

■ 남동구의 아쉬운 점, '산업과 주거 혼재의 그림자'

① 노후 주거지의 한계

간석·만수 일대에는 1980~90년대 지어진 노후 아파트와 다세대가 다수 남아 있다. 주차 공간 부족, 낡은 평면 구조, 시설 노후화 등은 상품 경쟁력을 떨어뜨리며, 송도, 청라, 검단 같은 신도시 신축 단지와의 비교에서 불리하다. 특히 1세대당 주차 대수가 0.5대 수준에 그치는 경우도 많아, 현대적 생활 패턴을 따라가기 어렵다.

② 산업단지와의 공존 문제

남동국가산업단지는 일자리 창출의 핵심이지만, 동시에 소음, 분진, 화물차 이동으로 인한 교통 혼잡 등 생활 불편을 유발한다. 일부 주거 지역은 여전히 산업단지와 인접해 있어 주거 쾌적성이 떨어지는 문제가 존재한다. 이는 신도시와 달리 주거, 산업이 계획적으로 분리되지 못한 원도심형 구조의 한계다.

③ 상권의 이중성

구월 로데오와 백화점 상권은 여전히 활기를 띠지만, 이면 도로나 소규모 상가 밀집 지역은 노후화와 공실 문제가 심화되고 있다. 일부 지역은 유동인구가 줄면서 범죄 취약지로 인식되는 곳도 있다. 이처럼 활기와 침체가 공존하는 상권 구조는 남동구 전체 이미지에 불균형을 낳는다.

④ 학군 프리미엄의 한계

남동구의 교육 인프라는 오랜 전통을 가진 일반고 체계와 안정적인 학군 기반으로 평가받는다. 구월, 간석, 만수 학군은 지역 내 자녀를 둔 학부모들에게 꾸준히 선호되어 왔고, 생활권 내에서 초·중·고 교육 인프라가 균형을 이루고 있다는 점은 분명 강점이다.

그러나 최근 주거 선택에서 학부모 수요자들이 '교육 프리미엄'을 핵심 요소로 삼는 경향이 강해지면서, 남동구의 한계가 드러난다. 송도의 채드윅국제학교와 포스코고, 부평의 외국어고·과학고, 영종의 과학고, 국제고, 자사고 등 특목, 자사, 국제학교들이 몰려 있는 지역과 비교하면, 남동구는 상대적으로 상위권 학군 경쟁력이 부족하다. 이로 인해 교육에 민감한 중상위 계층 수요가 다른 지역으로 이동하는 흐름이 발생하기도 한다.

다만 남동구에도 미추홀외고가 위치해 있어, 외국어 특화 교육을 원하는 일부 학부모 수요를 흡수할 수 있다. 하지만 단일 학교에 그친다는 점에서, 종합적인 학군 프리미엄을 형성하기에는 한계가 있다. 결국 남동구는 가성비 높은 주거 환경과 완성형 생활 인프라라는 장점을 지니고 있음에도, 교육 프리미엄을 중시하는 학부모 수요를 온전히 끌어들이기에는 구조적 제약이 뒤따른다.

■ 스티그 인사이트

남동구는 인천 동남부의 산업, 행정, 상업, 주거 중심지로서 이미 성숙한 생활 인프라를 갖추고 있다. 구월, 논현, 간석, 만수로 대표되는 지역들은 재개발, 재건축과 신축 공급을 통해 새로운 주거 축으로 진화하고 있으며, GTX-B 개통은 남동구를 수도권 직주근접 대안지로 재평가하게 만들 것이다.

다만 산업과 주거 혼재, 노후 단지 비중, 상권의 양극화는 반드시 해결해야 할 과제다. 남동구의 미래는 '산업 기반의 경쟁력을 살리면서 주거 환경을 현대화할 수 있느냐'에 달려 있으며, 이 균형점을 잡는다면 남동구는 송도, 청라와 차별화된 '생활형 주거 중심지'로 자리매김할 수 있을 것이다.

■ 남동구 84㎡ 아파트 최고가 Top 10(2025.01.~2025.09.) 자료: 아실

순위	단지명	세대수	입주연도	실거래가
1	구월지웰시티푸르지오	376	2020.12.	6억 7천만 원
2	한화포레나인천구월	1,115	2023.11.	6억 6천만 원
3	에코메트로5단지한화꿈에그린	1,052	2010.12.	6억 4,500만 원
4	구월아시아드선수촌센트럴자이	850	2015.06.	6억 1천만 원
5	간석래미안자이	2,432	2008.10.	6억 800만 원
6	에코메트로7단지한화꿈에그린	3,971	2016.06.	6억 원
7	인천시청역한신더휴	469	2025.12.	5억 8,670만 원
8	구월유승한내들퍼스티지	860	2017.03.	5억 8,200만 원
9	인천논현힐스테이트	594	2010.10.	5억 8천만 원
10	호반베르디움	600	2017.07.	5억 8천만 원

11장

미추홀구
─ 시티오씨엘(용학신도시), 도심 속 신도시

(시티오씨엘 1단지 아파트)

도심 재생으로 태어난 시티오씨엘,
인천 도심과 송도를 잇는 신흥 주거지

　시티오씨엘은 과거 동양화학 공장 부지를 포함한 미추홀구 용현·학익동 일대를 전면 재정비하여 조성되고 있는 대규모 주거단지다. 총 1만 3천 세대 이상이 입주하게 될 이 사업은 단순한 아파트 공급을 넘어, 노후화된 원도심을 신도시급 주거지로 전환하는 상징적 도시재생 사례로 평가된다. 단지 규모와 도시재생의 의미가 맞물리면서, 시티오씨엘은 인천의 미래 주거지 패러다임을 바꾸는 시금석으로 자리매김하고 있다.

　교통 측면에서 가장 주목할 점은 수인분당선 학익역(뮤지엄파크역)이다. 2028년 개통 예정인 이 역은 단지와 바로 맞닿아 조성되며, 개통과 동시에 인천에서 수원·분당·판교로 이어지는 남부 수도권 축과의 연결성이 크게 강화될 예정이다. 더 나아가, 학익역에서 단 한 정거장만 이동하면 도달할 수 있는 KTX 송도역은 전국 고속철도망으로 접근할 수 있는 교두보가 된다. 이는 단순히 수도권 내부 이동성을 넘어, 인천 남부권 주민들이 전국 주요 도시와 직접 연결되는 효과를 제공한다. 이러한 위치적 이점 덕분에 시티오씨엘은 송도국제도시와 주안, 인천시청권을 잇는 교차 거점으로 기능하며, 인천 남부 생활 축의 새로운 중심으로 부상할 가능성이 크다.

■ 시티오씨엘의 강점 ― '도심 입지, 신축 타운, 생활 인프라'

① 도심 접근성과 송도 인접성

시티오씨엘은 광역도로망 측면에서 우수한 입지를 갖춘다. 특히 단지와 가까운 제2경인고속도로는 서울 서남부와 경기 남부를 연결하는 핵심 축으로, 송도·연수구를 넘어 수도권 전역으로 이동하는 데 유리하다. 출퇴근과 광역 생활권 이동에서 모두 장점을 가진다.

반면, 인천 1호선은 직접적인 접근성이 뛰어나지 않다. 기존 역과의 거리가 있어 대중교통만으로는 도심 이동에 한계가 있다. 다만 2028년 개통 예정인 수인분당선 학익역이 단지와 맞닿아 들어서면 상황은 크게 달라질 전망이다. 학익역이 개통되면 분당, 판교, 수원 등 수도권 남부 축과의 연결이 가능해져 교통망이 한층 강화된다.

입지적으로 시티오씨엘은 송도국제도시와 인천 도심 사이의 중간 지점에 자리하고 있다. 이로 인해 송도의 글로벌 신도시 인프라와 인천 도심의 행정, 교육, 상권을 동시에 활용할 수 있으며, 단순한 베드타운을 넘어 두 생활 축을 연결하는 교차 허브로 기능할 잠재력이 크다.

② 신축 브랜드 타운

시티오씨엘의 가장 두드러진 특징 중 하나는 브랜드 건설사들이 참여하는 초대형 신축 아파트 타운이라는 점이다. 포스코이앤씨, 현대건설과 더불어 현대산업개발 등 국내 최상위권 시공사들이 함께하면서, 단지 전체가 '브랜드 신도시'로서의 위상을 갖추고 있다. 단일 건설사가 아닌 복수의 메이저 건설사들이 동시에 참여한다는 점에서, 시티오씨엘은 특정 단지의 성공을 넘어 도시 단위의 주거지 전환을 이끌어 가는 프로젝트라 할 수 있다.

1만 세대 이상이 입주하게 되는 이 초대형 단지는 신도시급 스케일을 구현하고 있다. 내부에는 피트니스센터, 독서실, 실내 골프연습장 같은 다양한 커뮤니티 시설이 들어서며, 어린이집, 작은도서관 등 생활밀착형 시설도 조성된다. 조경 역시 대규모 단지의 장점을 살려 공원형 녹지 축을 마련하고, 산책로, 광장, 커뮤니티 가든 등을 통해 거주자들이 쾌적한 환경을 누릴 수 있도록 계획되어 있다. 여기에 스마트 홈 IoT, 무인택배, 전기차 충전 인프라 같은 최신 주거 기술이 반영되면서, '스마트 신도시'로서의 면모도 강화되고 있다.

이러한 특성은 기존 구도심 아파트와 명확한 차별성을 만든다. 낡은 중소 규모 단지들이 대부분인 인천 원도심의 주거환경과 비교했을 때, 시티오씨엘은 대규모 브랜드 타운의 체계성과 고급화된 커뮤니티 인프라를 동시에 갖추고 있다. 이는 단순히 주거의 질을 높이는 데 그치지 않고, 인천 원도심에 새로운 도시 이미지를 부여하는 역할을 한다. 결과적으로 시티오씨엘은 단순한 아파트 단지를 넘어 '브랜드 신도시'의 상징으로 자리매김할 가능성이 크다.

③ 생활 인프라 공유

시티오씨엘은 단지 내부에 상업, 근린생활시설이 단계적으로 조성될 예정이어서, 입주민들은 생활 편의를 단지 안에서 상당 부분 해결할 수 있게 된다. 특히 학익동 일대에는 초등학교와 중학교 신설 계획이 포함되어 있어, 젊은 세대가 안심하고 정착할 수 있는 교육 기반이 마련된다.

외부 인프라 측면에서는 인하대역 주변 상권, 토지금고시장, 인하대병원을 편리하게 이용할 수 있다는 점이 돋보인다. 인하대역 일대는 소규모 상가와 프랜차이즈 매장이 밀집해 있어 생활 밀착형 상권을 제공한다. 토지금고시장은 신선한 농수산물과 다양한 생활용품을 저렴하게 구매할 수 있는 전통시장으로, 주민들의 실질적인 생활 편의를 높여 준다. 또한 인하대병원은 인천을 대표하는 종합병원으로, 수준 높은 의료 서비스를 가까운 거리에서 이용할 수 있다는 점에서 큰 장점이다.

이처럼 시티오씨엘은 단지 내부의 신도시형 생활 인프라와 주변에 이미 구축된 교육, 의료, 상권 자원을 동시에 활용할 수 있는 입지를 갖추고 있다. 신축 단지의 쾌적함과 기존 생활권의 실질적인 편리함이 결합된 주거 환경은 실수요자들에게 높은 매력으로 다가온다.

④ 도시재생 상징성

시티오씨엘은 단순히 새로운 아파트 단지가 들어서는 차원을 넘어선다. 이곳은 오랫동안 인천의 낙후된 공업지대와 노후 주거지가 자리했던 공간이었다. 과거 산업화 시대의 흔적을 고스란히 간직하고 있던 이 지역은 생활 여건이 열악했고, 도시 이미지에서도 '구도심의 한계'를 드러내는 대표적인 사례였다. 그러나 대규모 철거와 정비를 거쳐 1만 세대가 넘는 신축 아파트 타운으로 변모하면서, 이 일대는 도시재생의 교과서 같은 현장으로 탈바꿈하고 있다.

도시재생의 의미는 단지 물리적 환경의 개선에만 머물지 않는다. 낡고 어두운 이미지를 지닌 공간이 최신 브랜드 아파트 타운으로 변하는 과정 자체가, 인천이라는 도시가 새롭게 쓰고 있는 브랜드 스토리다. 지역 주민에게는 삶의 질을 높이는 계기가 되고, 외부 투자자들에게는 도시 가치 상승의 신호탄으로 작용한다. 이러한 맥락에서 시티오씨엘은 단순한 주거지 이상의 상징성을 지니며, 향후 인천 원도심 전체의 도시 브랜드를 끌어올리는 촉매제가 될 가능성이 크다.

■ 시티오씨엘의 아쉬움 — '광역 교통, 상권 형성, 도시 혼재'

① 광역 교통망의 한계

현재 교통 여건은 부분적으로 한계가 있다. 수인분당선 이용은 가능하지만, GTX나 KTX 직결 노선 같은 수도권 광역급행철도망과는 직접 연결되지 않는다. 따라서 서울 도심이나 수도권 동부권으로의 이동 편의성은 송도, 청라 등 다른 신도시와 비교했을 때 다소 뒤처지는 것이 사실이다.

그러나 이 한계를 완전히 부정적으로만 볼 수는 없다. 2028년 개통 예정인 학익역과 더불어, KTX 송도역이 학익역에서 단 한 정거장 거리라는 점은 전국 철도망 접근성을 크게 보완하는 요소다. 이는 인천 원도심이 그동안 취약했던 광역 교통망을 보강하는 새로운 동력이 될 수 있다. 장기적으로는 시티오씨엘 입주민들이 서울과 수도권, 그리고 전국 주요 도시로 이동할 수 있는 교통 접근성을 확보하게 된다는 의미다.

② 상업·문화시설 미비

생활 인프라의 또 다른 한계는 상업, 문화 기반의 부족이다. 현재 시티오씨엘은 개발 초기 단계로, 대규모 쇼핑몰이나 복합문화시설이 아직 들어서지 않았다. 주민들이 대형 상업시설을 이용하려면 주안권이나 송도, 혹은 인천시청 일대 상권에 의존해야 하는 상황이다. 이는 입주 초기 생활 편의성에서 불편을 초래할 수 있다.

물론 단지 내부 상업시설이 점차 활성화되고, 주변 개발이 함께 진행되면 이 문제는 상당 부분 해소될 가능성이 있다. 하지만 대규모 상권과 복합문화시설이 자리 잡기까지는 시간이 필요하며, 그 과정에서 입주민들이 체감하는 생활문화 수준은 한동안 다소 제한적일 수 있다.

③ 도심 혼재 환경

시티오씨엘 내부는 신도시급으로 깔끔하고 현대적인 주거 환경이 조성되어 있다. 그러나 단지를 벗어나면 여전히 노후 주거지와 이전하지 않은 공장이 혼재해 있다. 이로 인해 외부와의 경계 지점에서는 신축 아파트 타운과 구도심의 낙후된 이미지가 강하게 대비된다.

이러한 혼재는 단기적으로 도시 이미지를 정돈하는 데 걸림돌이 될 수 있으며, 입주민들이 느끼는 만족도를 일정 부분 저하시킬 수 있다.

다만, 장기적으로 주변 지역까지 연쇄적으로 정비가 이뤄진다면 시티오씨엘이 도심 재생 확산의 거점이 될 수 있다. 결국 이 아쉬움은 시간이 해결해 줄 수 있는 과제라 할 수 있다.

④ 학군 경쟁력의 불확실성

시티오씨엘 개발 과정에서 초·중학교 신설은 비교적 뚜렷하게 추진되고 있지만, 고등학교 설립은 아직 불투명하다. 이로 인해 학군 측면에서의 경쟁력이 다소 약화될 수 있다. 특히 인천 내 다른 신도시 송도가 자율형 사립고나 특목고, 국제학교 등을 통해 교육 프리미엄을 구축해 온 것과 비교하면, 시티오씨엘은 교육 인프라에서 차별성이 떨어진다. 결국 자녀 교육을 중시하는 일부 실수요자들은 학군 문제를 고려해 다른 지역으로 눈을 돌릴 가능성이 있다.

■ 스티그 인사이트

시티오씨엘은 인천 원도심을 재편하는 핵심 거점으로, 송도, 주안, 인천시청권을 잇는 새로운 생활 축으로 성장할 것이다. 내부적으로는 신도시급 인프라와 브랜드 타운 프리미엄을 갖추고, 외부적으로는 학익역, KTX 송도역 근접성을 중심으로 광역 교통 접근성을 넓힌다. 단기적으로는 생활 인프라와 학군(특히 고교)의 불확실성이 과제이고, 장기적으로는 '가격이 더 올라야 한다'는 리레이팅 과제가 남아 있다. 다만 현재 송도나 부평 대비 상대적으로 저렴한 밸류에이션은 향후 상승 여지를 의미한다.

　가격 리레이팅의 트리거는 단지별 입주 안정화와 상권 형성, 학익역 개통에 따른 수도권 남부 축 연결, 원도심 혼재 지역의 단계적 정비, 브랜드 대단지 완성도가 될 것이다. 도시재생, 신축 브랜드 타운, 교통 호재라는 세 축은 향후 10년 동안 시티오씨엘의 실거주 매력과 가격 재평가를 함께 견인할 전망이다.

■ 시티오씨엘 1~9단지 장·단점 분석

연번	단지명	장점	단점
1	시티오씨엘 1단지	초품아, 역세권, 공세권	고속도로 소음 2, 8, 9단지 입주 시점 준신축
2	시티오씨엘 2단지	인천사회복지관 가까움. 3단지 상권 이용 가능	세대수 적음(717세대)
3	시티오씨엘 3단지	시티오씨엘 대장 단지 학익역 초역세권 학익역 상권 이용 가능	고속도로 소음 높은 용적률(379%) 초등학교와 거리 있음.
4	시티오씨엘 4단지	학익역 초역세권 뮤지엄파크, 복합문화커뮤니티 가까움.	높은 용적률(377%) 세대수 적음(428세대) 초등학교와 거리 있음.
5	시티오씨엘 5단지	민간 임대 저렴한 가격에 최장 8년 거주 가능	분양 미확정, 내 집 전환 불가 가능성
6	시티오씨엘 6단지	초품아, 역세권, 공세권, 송암미술관 근처	고속도로 소음 (경인고속도로 본선과 지선) 제2경인고속도로로 인한 심리적 단절감

7	시티오씨엘 7단지	초품아, 역세권, 공세권, 송암미술관 근처	고속도로 소음 제2경인고속도로로 인한 심리적 단절감
8	시티오씨엘 8단지	공세권	고속도로 소음 제2경인고속도로로 인한 심리적 단절감
9	시티오씨엘 9단지	대단지(1,921세대) 그랜드파크 공원뷰 중품아	역 접근성 떨어짐. 제2경인고속도로로 인한 심리적 단절감
10	국민임대 (7BL)	저렴한 임대료 1,389세대(계획)	제2경인고속도로로 인한 심리적 단절감

■ 시티오씨엘(용학신도시) 84㎡ 실거래가(분양가) (2024.01.~2025.09.)
　자료: 아실

연번	단지명	세대수	입주연도	실거래가(분양가)
1	시티오씨엘 1단지	1,131	2024.03.	6억 4천만 원
2	시티오씨엘 2단지	708	미정	분양 예정
3	시티오씨엘 3단지(주상복합)	977	2024.12.	6억 7천만 원
4	시티오씨엘 4단지(주상복합)	428	2025.01.	6억 3천만 원
5	시티오씨엘 5단지(민간임대)	1,136	2028.05.	민간임대
6	시티오씨엘 6단지	1,734	2028.03.	6억 5천만 원
7	시티오씨엘 7단지	1,453	2028.11.	6억 5,760만 원
8	시티오씨엘 8단지	1,349	2028.12.	분양 예정
9	시티오씨엘 9단지	2,013	미정	분양 예정
10	힐스테이트 학익	616	2021.05.	6억 5천만 원
11	인하대역 수자인 로이센트	1,199	2029.03.	분양 예정
12	인천SK스카이뷰	3,971	2016.06.	6억 1천만 원

12장

미추홀구
— 원도심의 생활 축과 재생의 시험대

(인천SK스카이뷰 아파트)

미추홀구의 위상과 배경

미추홀구(舊 남구)는 인천 원도심의 심장부다. 주안, 숭의, 용현, 도화 일대는 일찍이 공업, 행정, 교육이 맞물린 생활 거점으로 형성되었고, 경인선 주안역, 수인분당선 인하대역, 인천2호선 주안역, 시민공원역, 석바위시장역 등이 남북, 동서 이동을 지탱한다. 오래 축적된 상권과 인천을 대표하는 대학인 인하대학교, 전통시장과 골목 상업이 공존해 생활 인프라의 밀도가 높다.

다만 형성 시기가 빠른 만큼, 저층 주거와 노후 아파트 비중이 높아 물리적 노후, 이미지 퇴색이라는 과제를 떠안고 있다.

■ 원도심의 강점, '생활 인프라의 완결성'

미추홀구의 경쟁력은 '살기 편한 도시 구조'에서 나온다. 교통은 경인선 주안역, 인천1호선 인천종합터미널역, 수인분당선 인하대역이 각각 축을 이루는 다핵형 구조를 형성하고 있다. 여기에 버스망도 촘촘히 구축되어 있어 도심 내 이동 효율이 높으며, 생활권 전반에 걸쳐 교통 편의성이 고르게 분포되어 있다.

생활과 의료의 경우 주안·석바위시장 일대 상권, 전통시장인 신기시장, 남부시장, 용현시장, 토지금고시장 인하대병원 접근성으로 생활과 의료 기반이 탄탄하다.

미추홀구는 신규 배후 수요를 기다리는 신도시가 아니라, 이미 완결된 생활형 원도심이다.

■ 정비사업을 통한 재도약 가능성

미추홀구의 재도약 열쇠는 주안, 도화, 학익으로 대표되는 대규모 재개발, 재정비 사업에 있다.

① 주안 재개발

주안역 일대는 경인선과 인천2호선이 만나는 교통 중심지로, 이미 오래전부터 전통 상권과 업무지구가 발달해 온 핵심 지역이다. 노후 주거지가 밀집해 있었으나, 재개발을 통해 대규모 브랜드 아파트 단지들이 속속 들어서면서 주거, 상업, 업무가 어우러진 복합 중심지로 탈바꿈하고 있다.

대표 단지로는 힐스테이트푸르지오 주안, 주안파크자이더플래티넘, 더샵 아르테, 주안캐슬앤더샵 퍼스트, 주안역센트레빌 등이 있다. 이처럼 다수의 메이저 건설사 브랜드 단지가 집결되면서 주안은 단순한 구도심이 아닌, 인천 원도심 내 신흥 주거 벨트로 재편되고 있다.

② 도화 재개발

도화동은 도화IC를 끼고 있는 교통 요충지이자, 인천광역시의료원이 가까운 생활 중심지다. 노후 주거지가 밀집해 있었으나, 재개발을 통해 새로운 주거 타운으로 변모하는 과정에 있다. 특히 도화1구역을 비롯한 정비사업과 더샵 스카이타워 1·2단지가 결합되면서, 도화동은 교통, 의료, 주거 인프라가 어우러진 생활권으로 성장할 잠재력을 지닌다.

앞으로 도화역세권 개발이 본격화되면 교통과 상업 기능까지 더해져, 도화동은 미추홀구의 신흥 주거 허브이자 주안과 학익을 연결하는 핵심 축으로 자리매김할 것이다.

③ 학익 재개발

학익동 일대는 과거 공장지대와 노후 주거지로 대표되었지만, 현재는 대규모 재개발 사업이 활발히 진행 중이다. 향후 인하대역과 학익역(예정)을 중심으로 한 교통망과 더불어, 신규 주거 타운과 상업시설이 결합된 신도시급 생활권으로 거듭날 예정이다.

대표 단지로는 학익SK뷰, 포레나 인천학익, 인하대역 푸르지오 에듀포레 등이 있으며, 이들은 단순한 신축 아파트를 넘어 학익동 전체의 도시 이미지를 새롭게 만들어 가는 선도 단지가 되고 있다. 인하대학교와 인하대병원이 가까워 교육, 의료 수요를 흡수할 수 있다는 점 또한 학익 재개발의 강력한 장점이다.

■ 입지적 안정성과 주변 연계성

미추홀구는 남쪽은 연수구, 동쪽은 남동구, 북쪽은 서해구, 서쪽은 제물포구와 맞닿은 인천의 중앙 생활 축에 자리한다. 산업, 업무, 교육, 상업 기능이 골고루 분포되어 있어 거주, 자영업, 임대수요가 복합적으로 유지되고, 이는 경기 변동에 대한 수요 탄력성을 높여 주는 안전판 역할을 한다.

■ 원도심의 아쉬운 점, '활기와 침체가 공존하는 도시 풍경'

① 노후화된 주거 환경

미추홀구는 인천에서 가장 오래된 주거 밀집지 가운데 하나로, 20~30년 이상 된 아파트와 빌라가 대다수를 차지한다. 이로 인해 주차 공간 부족, 비효율적인 평면 구조, 낡은 설비, 커뮤니티 시설의 부재와 같은 물리적 결함이 누적되어 있다. 특히 1990년대 이전에 지어진 단지들은 세대당 주차 대수가 0.5대를 넘지 못하는 경우가 많아, 현재의 자동차 보급률을 감당하기 어렵다. 여기에 어린이집, 작은 도서관, 피트니스 센터 같은 현대적 커뮤니티 시설이 부족해, 젊은 세대의 생활 패턴과는 맞지 않는 경우가 많다. 이런 요인들은 결국 신축 아파트 단지와 비교했을 때 상품 경쟁력을 떨어뜨리고, 젊은 수요자들이 송도, 청라, 검단, 루원시티 등 신도시로 이동하는 흐름을 강화시키는 원인이 된다.

② 정비사업 추진의 불확실성

노후 아파트가 많다는 사실은 동시에 재개발, 재건축의 잠재력을 의미하지만, 실제 사업 추진은 결코 순탄하지 않다. 법·제도적으로 용적률 상향이나 절차 간소화 같은 지원책이 마련되어 있다 하더라도, 추가

분담금 문제는 언제나 가장 큰 난관으로 작용한다. 초기 예상보다 늘어나는 공사비와 금융비용은 결국 주민이 부담해야 하며, 이 과정에서 불만과 갈등이 불거지기 쉽다. 주민 간 합의가 지연될수록 사업은 늦어지고, 그사이 단지는 더욱 낡아 가며 악순환이 이어진다. 결국 속도가 나지 않는다면, 특별법이나 제도적 혜택이 있더라도 '정비는 멈춘 채 노후화만 진행되는 시간'이 길어질 수밖에 없다.

③ 상권·이미지의 양극화

주안역이나 인하대역처럼 교통 요지이자 대학과 병원 인접 지역은 여전히 활력을 유지한다. 대형 프랜차이즈 매장과 청년층이 모이는 상권은 비교적 안정적이다. 그러나 이면 지역으로 들어가면 상황은 달라진다. 노후 건축물, 공실이 늘어난 점포, 정비되지 않은 골목 환경이 눈에 띄며, 일부 지역은 범죄 취약지로까지 인식된다. 이 같은 모습은 도시 전체의 이미지를 끌어내리며, '살기 좋은 생활 도시'라는 강점을 제대로 살리지 못하게 만든다. 따라서 단순한 건축 정비를 넘어, 거리 경관, 보행로, 상업 공간의 재구성 같은 도시 미관 개선이 절실하다.

④ 학군 경쟁력의 한계

교육 측면에서 미추홀구는 일반고 중심 체계를 유지하고 있다. 이는 인근 지역 학생들에게 안정적인 진학 환경을 제공하는 장점이 있지만, 특목, 자사, 국제고가 몰려 있는 연수구 송도, 부평, 영종 등과 비교하면 교육 프리미엄 경쟁력은 떨어진다. 최근 학부모 수요자들은 단순한 생활 편의성뿐만 아니라 '교육 환경'을 주거 선택의 핵심 요소로 삼는 경우가 많다. 이 때문에 미추홀구는 가성비와 근접성이라는 장점을 갖고 있음에도 불구하고, 상위권 학군 프리미엄을 원하는 수요 유입에는 한계가 있다.

⑤ 산업과 주거 혼재에서 비롯된 생활 품질 편차

미추홀구는 역사적으로 공업, 상업 기능이 주거지와 맞물려 발전해 온 지역이다. 그 결과 일부 지역에서는 여전히 소음, 분진, 화물차 동선 등이 생활 환경을 저해한다. 낮에는 상권이 활기를 띠지만 밤에는 조용해지는 반면, 일부 산업 시설 주변은 거주 환경의 쾌적성이 낮아 동네마다 생활 품질의 격차가 뚜렷하다. 이는 신도시처럼 주거와 상업, 업무가 계획적으로 분리된 지역과 달리, 미추홀구 원도심이 가진 태생적 한계이기도 하다.

■ 스티그 인사이트

미추홀구는 인천에서 가장 오래된 생활 축이지만, 동시에 가장 큰 기회를 가진 곳이기도 하다. 주안, 도화, 학익을 중심으로 한 재개발이 속도를 낸다면, 노후화된 이미지에서 벗어나 신축 브랜드 타운으로 재도약할 수 있다.

실거래가 상위권에 힐스테이트푸르지오주안, 용현자이크레스트, 포레나미추홀 같은 신축 단지들이 오른 것은 단순한 가격 상승이 아니라 재생의 가치가 시장에서 인정받고 있다는 신호다.

미추홀구는 더 이상 낡은 도심에 머무르지 않는다. 생활 인프라의 밀도와 재개발의 속도가 맞물릴 때, 송도나 청라와는 다른 방식으로 빛나는 원도심으로 거듭날 것이다.

■ 미추홀구 84㎡ 아파트 최고가 Top 10(2025.01.~2025.09.) 자료: 아실

순위	단지명	세대수	입주연도	실거래가
1	힐스테이트푸르지오주안	2,958	2023.06.	6억 7,500만 원
2	시티오씨엘3단지	977	2024.12.	6억 4,421만 원
3	힐스테이트학익	616	2022.11.	6억 3천만 원
4	시티오씨엘4단지	428	2025.01.	6억 2,274만 원
5	용현자이크레스트	2,277	2023.11.	6억 2천만 원
6	인천SK스카이뷰	3,971	2016.06.	6억 1천만 원
7	두산위브더제니스센트럴여의	1,115	2025.06.	5억 9,600만 원
8	포레나미추홀	864	2022.08.	6억 2천만 원
9	시티오씨엘1단지	1,131	2024.03.	5억 9,500만 원
10	주안파크자이더플래티넘	2,054	2023.02.	5억 9,500만 원

13장

계양구
— 계양테크노밸리, 3기 신도시의 선도 모델

(출처: 인천광역시청)

서울과 인천 북부를 잇는 미래형 자족도시

계양테크노밸리는 인천광역시 계양구 굴현동, 동양동, 박촌동, 병방동, 상야동 일원에 조성되고 있는 신도시다. 1990년대 중후반 개발된 계산지구 이후 약 30년 만에 계양구에 들어서는 대규모 택지개발 사업으로, 총 1만 7천 세대 이상이 입주할 예정이다. 단순한 주택 공급이 아니라, 서울 주택 수요를 분산하고 인천 북부 첨단산업 생태계를 구축한다는 전략적 목표가 담겨 있다.

특히 3기 신도시 중 첫 번째로 2022년 11월 착공한 선도 사례라는 점에서, 계양테크노밸리는 정책적 상징성과 실질적 기대를 동시에 안고 있다. 이곳은 인천 원도심과 서울 강서, 부천권을 동시에 배후로 두고 있으며, 향후 UAM(도심항공교통), ICT, 콘텐츠산업, 직주근접형 주거지라는 미래 도시 모델을 실험하는 공간으로 자리매김할 전망이다.

■ 계양테크노밸리의 강점 ─ '서울 접근성, 첨단산업, 미래 교통'

① 서울 인접성과 광역 교통망

계양테크노밸리는 김포공항에서 불과 3km, 서울 마곡지구에서 6km 거리에 있다. 제1외곽순환고속도로 계양IC, 경명대로, 동양로 등이 신도시를 관통하며, 서울 서남권과 경기 서부로 빠르게 이동할 수 있다.

철도 교통도 강화된다. 공항철도와 인천1호선이 이미 인접해 있으며, 앞으로 대장 홍대선 도첨~계양역 연장이 5차 국가철도망 계획에 반영

될 경우, GTX-B와의 연계까지 기대할 수 있다. 위치적으로는 대장신도시와도 맞닿아 있어, 강서구, 김포, 부천을 잇는 광역 생활권의 거점으로 기능할 가능성이 크다.

② 첨단산업 기반의 자족 신도시

계양테크노밸리는 초기에는 3차 산업 중심으로 계획되었으나, 인근 대장신도시의 대기업 유치와 맞물려 4차 산업 중심으로 방향을 선회했다. ICT, 콘텐츠, 스마트 모빌리티 등 첨단 업종을 집적시켜 일자리 창출과 산업 생태계 조성을 동시에 노린다. 주거지와 산업단지가 공존하는 직주근접형 신도시라는 점에서, 베드타운 한계를 넘어서는 자족성 강화 전략이 담겨 있다.

③ 미래형 교통·환경 인프라

'보행중심 도시', '공원형 생활가로(계양벼리)', '커뮤니티링' 같은 친환경적 계획이 반영되어 있다. 또한 UAM 거점을 통해 서울·인천 주요 지역을 30분 내 이동하는 비전을 제시했다. 전기차 충전소, 스마트홈 IoT, 무인배송 인프라 등도 도입될 예정으로, 미래형 교통·주거 시스템을 선도할 신도시로 기대된다.

■ 계양테크노밸리의 아쉬움
─ '교통 불확실성, 기업 유치 지연, 생활 인프라, 교육 기반'

① 철도 교통망의 불확실성

계양테크노밸리의 가장 큰 한계는 광역철도 노선 확정이 지연되고 있다는 점이다. 공항철도와 인천1호선이 가까이 있지만 단지와 직접 연결되지 않고, 도첨~계양역 연장이나 대장홍대선 연장안도 아직 국가철도망에 확정되지 못했다. 따라서 서울 도심이나 수도권 주요 축으로의 이동 편의성은 초기 입주민들이 체감하기 어렵다. 교통망의 불확실성은 실수요자뿐 아니라 기업 입주에도 결정적인 제약으로 작용하고 있다.

② 기업 유치의 지지부진

자족도시를 표방했지만, 현재까지 계양테크노밸리 산업단지 내 앵커기업 입주 계약이나 MOU 체결 사례가 전무하다. 같은 시기 부천 대장지구가 SK 계열사와 협약을 맺고, 마곡지구가 R&D 클러스터로 성장한 것과 비교되면서 상대적 박탈감이 커지고 있다.

인천시와 LH가 세제 지원책과 전담조직 신설, 규제 완화 등을 검토하고 있으나, 실제로 제도화된 것은 취득세 감면 정도에 그치고 있다. 기업 유치의 핵심인 교통 접근성과 행정 인프라가 미비한 상황에서는 정책적 인센티브만으로는 효과가 제한적이라는 점이 전문가들의 지적이다. 결과적으로, 산업단지의 자족 기능이 가시화되지 못하면서 '베드타운화' 우려도 제기된다.

③ 생활 인프라의 단계적 형성

신도시 특성상 초기에는 상업과 문화시설이 부족하다. 현재로서는 계양구청 일대, 작전동, 부천 생활권에 의존해야 하며, 내부 상권과 근린시설은 시간이 지나야 자리 잡을 전망이다. 입주 초기에 생활 편의성 부족은 실수요자의 불편으로 이어질 수 있다.

④ 교육 기반의 불확실성

초·중학교 신설은 포함되어 있으나, 고등학교 설립 여부는 아직 불투명하다. 송도가 국제학교와 특목고, 자율형 사립고를 통해 교육 프리미엄을 확보한 것과 달리, 계양은 교육 경쟁력이 다소 약화될 수 있다. 이는 자녀 교육을 중시하는 수요자층에게는 입지 선택 시 부담 요인이 될 수 있다.

■ 스티그 인사이트

인천 계양 테크노밸리는 단순한 신도시 개발을 넘어, 수도권의 불균형을 해소하고 서울, 인천, 경기를 잇는 새로운 성장 축을 목표로 한 전략적 프로젝트다.

핵심은 교통망 확충이다. S-BRT로 김포공항과 부천종합운동장역을 연결하고, 국도 39호선 확장과 공항고속도로 신설을 추진한다. 여기에 부천 대장지구의 대장홍대선 도첨역(가칭) 연장 논의가 병행되면, 계양은 홍대, 여의도, 강남 등 서울 주요 거점과 직결되는 광역 교통망을 갖추게 된다. 이는 계양의 위상을 서울 변두리가 아닌 수도권 교통 중심으로 끌어올린다.

자족 기능도 주목할 만하다. 판교의 1.7배 규모의 자족 공간이 계획되어 있으며, ICT, 디지털콘텐츠, 스마트 제조, UAM 등 첨단 산업을 다변화해 특정 기업 의존을 피하고 안정적 생태계를 조성하려 한다. 송도가 바이오, 청라가 금융, 레저라면, 계양은 서울 접근성을 무기로 한 첨단 산업 허브로 자리매김할 것이다.

도시 구조 역시 차별적이다. 여의도공원의 4배에 달하는 녹지와 선형 공원 '계양벼리'를 중심으로 생활권이 짜여, 도보 5분 내 공원 접근이 가능하다. 학교와 커뮤니티 시설을 생활권 단위로 배치해 아이 키우기 좋은 도시라는 사회적 요구도 반영했다.

인천시는 내년 기업 입주를 앞두고 '계양테크노밸리 사업추진단'을 신설해 투자기업 관리, 교통 대책, 기반 시설 확충을 추진하고 있다. 취득세 25% 감면, 고용보조금 확대 등 유인책도 준비 중이다.

결국 계양 테크노밸리는 송도, 청라와 더불어 인천의 세 번째 축으로, 수도권 균형 발전의 중요한 거점으로 성장할 잠재력이 크다. 완성된다면 계양은 더 이상 인천 외곽이 아닌 미래로 향하는 관문 도시로 자리매김할 것이다.

14장

계양구
― 인천 북부의 관문과 생활 중심지

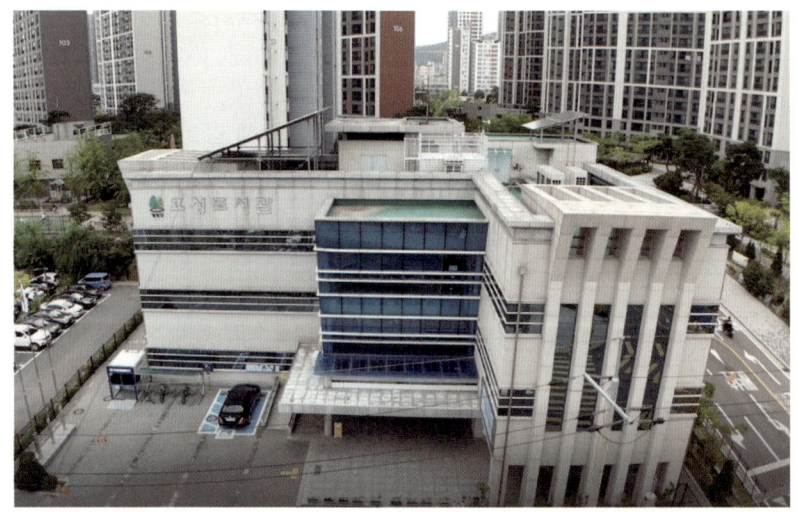

(e편한세상 계양더프리미어 아파트)

계양구의 위상과 배경

계양구는 인천의 북쪽 관문이자, 서울과 가장 가까운 생활권으로 자리매김해 왔다. 동쪽으로는 부천, 북쪽으로는 검단구, 서쪽으로는 서해구와 접하며, 서울 강서구와 직접 맞닿아 있다. 이러한 지리적 특성 덕분에 계양은 인천과 서울, 경기 서부를 동시에 연결하는 교통, 생활 거점 역할을 수행해 왔다.

교통 인프라는 계양구의 정체성을 규정하는 가장 큰 자산이다. 공항철도와 인천1호선이 만나는 계양역은 김포공항, 서울역, 인천국제공항을 직접 연결하는 광역 교통 허브다. 여기에 경인고속도로, 수도권제1순환고속도로가 관통하고, 버스 노선도 서울과 인천을 잇는 촘촘한 네트워크를 형성한다. 계산, 작전, 효성동 일대는 이러한 교통망을 기반으로 형성된 안정적인 주거 벨트이며, 귤현, 박촌, 동양동 일대는 신축 아파트와 저층 주거지가 혼재하는 과도기적 생활권을 이룬다.

계양구는 단순히 서울의 배후지가 아니라, 상권, 교육, 의료, 관공서가 고르게 분포한 생활 중심지다. 이마트, 계산시장, 작전시장 등은 오랜 기간 지역민의 생활을 떠받쳐 왔고, 경인교육대학교, 경인여자대학교, 계양도서관, 효성도서관, 한림병원, 세종병원 등 교육, 의료 자원 역시 풍부하다. 이미 생활 인프라의 완결성을 갖춘 '성숙한 도시'라는 점이 계양구의 가장 큰 기반이라 할 수 있다.

■ 생활 인프라의 밀도와 교통의 편의성

계양구는 인천에서 서울 접근성이 가장 뛰어난 지역이다. 공항철도 계양역을 통해 20분대에 서울 김포공항과 연결되고, 인천1호선 작전역, 경인교대입구역 등을 통해 인천 도심과도 직결된다. 경인고속도로와 수도권제1순환고속도로 진입이 용이해 자가용 이동 효율성도 높다. 이처럼 철도, 도로, 버스망이 유기적으로 얽혀 있는 구조는 계양구를 '서울-인천을 동시에 누리는 생활권'으로 만들어 준다.

생활 기반의 밀도도 주목할 만하다. 계산, 작전동 일대는 대형마트, 아울렛, 학원가, 병원 등이 집적되어 있어, 신도시처럼 새로운 인프라를 기다릴 필요가 없다. 이미 자리 잡은 생활 인프라 위에 새로운 정비사업이 더해지며, 계양구는 '안정성과 성장성'을 동시에 갖춘 생활권으로 평가받고 있다.

■ 정비사업을 통한 재도약 가능성

① 계산, 작전 재개발

1980~90년대 준공된 중층 아파트 단지가 밀집한 계산동, 작전동 일대는 계양구 정비사업의 핵심 무대다. 준공 30년 이상 노후 단지가 많아 재건축 논의가 활발하며, 일부 단지는 리모델링 절차에 착수했다.

특히 작전동에는 이미 힐스테이트자이계양, 두산위브더스테이트센트럴계양 같은 대단지 브랜드 아파트가 들어서면서 주거지 이미지가 빠르게 개선되고 있다. 향후 재개발을 통해 기존 노후 지역이 브랜드 타운으로 변모할 경우, 교통, 학군, 상권이 이미 확보된 생활권이라는 점에서 시장의 반응은 더욱 긍정적일 것이다.

② 효성, 박촌 생활권

박촌동은 공항철도 계양역 인근의 교통 요지임에도 불구하고, 빌라와 저층 주거가 밀집해 노후도가 높다. 그러나 계양역세권 개발과 맞물려 재개발이 이루어진다면, 서울 접근성을 무기로 주거 선호도가 빠르게 상승할 가능성이 있다.

특히 효성동에는 신축 단지인 e편한세상계양더프리미어가 입주해 이미 지역 가치를 높이고 있다. 이러한 흐름은 역세권 고밀 개발과 결합될 경우, 효성, 박촌 일대를 계양구 주거지도의 변화를 이끄는 신흥 주거 벨트로 만드는 동력이 될 수 있다.

③ 귤현, 동양 생활권

귤현, 동양동 일대는 최근 신축 아파트 입주로 주거 환경이 개선되고 있다. 다만 저층 주택과 신축 단지가 혼재해 생활환경의 편차가 크다. 장기적으로는 소규모 재건축, 재개발이 이어질 가능성이 크며, 공항철도 귤현역을 중심으로 한 역세권 개발과 결합되면 자족형 생활권으로 진화할 수 있다.

④ 입지적 안정성과 주변 연계성

계양구는 서울 강서구, 부천, 김포와 접해 있어 주거, 상업, 산업 수요가 복합적으로 발생한다. 서울 출퇴근 수요, 인천 내 거주 수요, 김포, 부천 생활권 수요가 동시에 흡수되는 구조다. 이러한 다층적 수요는 경기 변동에도 주거 수요가 꾸준히 유지될 수 있는 안전판 역할을 하며, 계양구 주거 시장의 안정성을 높여 준다.

■ 아쉬운 점, '노후와 정체가 공존하는 도시 풍경'

① 노후화된 주거지

계양구 아파트의 상당수는 1990년대 이전 준공 단지다. 주차난, 평면 비효율, 시설 노후화 문제는 꾸준히 지적된다. 특히 세대당 주차 대수가 부족해 생활 불편이 잦고, 커뮤니티 시설이 부족해 신도시 단지와의 경쟁에서 밀리는 경우가 많다.

② 정비사업 지연과 갈등

재개발, 재건축의 잠재력은 크지만, 추가분담금 문제와 주민 갈등으로 속도가 더디다. 초기 예상보다 늘어나는 공사비와 금융비용이 부담으로 작용해 사업이 지연되고, 이 과정에서 단지는 더욱 노후화되는 악순환이 이어지고 있다.

③ 상권의 양극화

계산역, 작전역 인근 상권은 활기를 유지하지만, 이면 도로나 노후 주거지 인근 상권은 공실이 늘고 활력이 떨어진다. 일부 지역은 범죄 취약지 이미지가 덧씌워져, 도시 전반의 브랜드 가치 제고에 걸림돌이 된다.

④ 학군 경쟁력의 한계

계양구는 일반고 중심 학군 체제를 유지하고 있어 안정적인 진학 환경을 제공한다. 그러나 특목, 자사, 국제고가 집중된 연수구 송도나 부평, 영종과 비교하면 교육 프리미엄 측면에서는 경쟁력이 떨어진다. 이로 인해 젊은 학부모 수요의 유입에는 한계가 있다.

■ 스티그 인사이트

계양구는 인천 북부의 관문이라는 입지적 위상을 바탕으로, 서울, 인천, 부천, 김포를 동시에 연결하는 교통 요충지이자 생활 인프라가 성숙한 안정형 주거지다. 이미 공항철도 계양역, 인천1호선 작전역, 수도권제1순환고속도로와 경인고속도로를 통해 교통망은 검증되어 있고, 계산, 작전, 효성 생활권은 오랜 기간 쌓아온 생활 인프라 덕분에 '새로운 신도시를 기다리지 않아도 되는 성숙 도시'라는 특징을 가진다.

그러나 현실은 노후와 정체가 공존하는 도시 풍경이다. 1990년대 이

전 준공된 단지 비중이 높아 주차난, 커뮤니티 시설 부족 문제가 심각하고, 정비사업은 추가분담금과 주민 갈등으로 속도를 내지 못한다. 상권도 계산역, 작전역 인근은 활발하지만, 구도심 이면부는 활력이 떨어져 도시 브랜드 가치를 제약한다. 학군 또한 안정성은 갖췄으나 특목, 자사고 중심의 교육 프리미엄과는 거리가 있어 젊은 학부모 수요 유입에는 한계가 있다.

반면, 재개발, 재건축을 통한 리모델링 잠재력은 여전히 크다. 특히 작전동은 이미 힐스테이트자이계양(최고가 8억 2,500만 원)이 입주하며 주거 이미지를 끌어올렸고, 오는 2027년 5월 입주 예정인 두산위브더스테이트센트럴계양까지 더해지면 지역 브랜드 타운화가 더욱 가속화될 전망이다. 효성동 역시 e편한세상계양더프리미어(6억 5,900만 원)가 들어서며 가치가 한 단계 높아졌다. 귤현·동양동은 신축 아파트와 저층 주거지가 혼재하지만, 장기적으로 귤현역 역세권 재개발이 본격화되면 자족형 생활권으로 진화할 가능성이 크다.

결국 계양구의 미래 가치는 '정비사업 가속화 교통망 확정, 생활권 균형 발전'에 달려 있다. 당장의 시세는 송도, 청라보다 낮지만, 입지적 안정성과 서울 접근성이라는 안전판 덕분에 가격 하방은 제한적이다. 향후 정비사업 속도가 붙고 신축 브랜드 타운이 확산된다면, 계양구는 '성숙 도시에서 성장 도시로의 재도약'이라는 변화를 이끌 수 있을 것이다.

■ 계양구 84㎡ 아파트 최고가 Top 10(2025.01.~2025.09.) 자료: 아실

순위	단지명	세대수	입주연도	실거래가
1	힐스테이트자이계양	2,371	2024.03.	8억 2,500만 원
2	e편한세상계양더프리미어	1,646	2021.10.	6억 5,900만 원
3	계양코아루센트럴파크	724	2017.06.	6억 5,800만 원
4	계양효성해링턴플레이스	1,669	2021.12.	6억 4천만 원
5	제일풍경채계양위너스카이B블록	566	2025.08.	6억 3,870만 원
6	제일풍경채계양위너스카이A블록	777	2025.08.	6억 3,760만 원
7	인천작전한라비발디	340	2025.10.	6억 2,350만 원
8	계양한양수자인	376	2011.12.	6억 원
9	계양2차하우스토리	182	2010.04.	5억 5천만 원
10	작전역브라운스톤계양스카이	282	2020.10.	5억 4천만 원

15장

제물포구
― 항만 도시의 부활과 원도심 통합 실험

(인천 두산위브더센트럴 아파트)

제물포구의 위상과 배경

제물포구는 2026년 7월 1일, 영종도를 제외한 중구와 동구가 통합되면서 새롭게 출범하는 구다. 인천 개항의 출발점이자 항만, 산업, 근대 문화의 중심지였던 이 지역은 오랫동안 인천 원도심의 뿌리 역할을 해왔다.

월미도와 차이나타운, 개항장 일대는 인천의 대표 관광지로 자리 잡았고, 인천항과 연안부두는 여전히 물류와 해양 산업의 핵심 거점이다. 동인천역, 도원역, 인천역을 비롯한 철도 교통망과, 인천항을 기반으로 한 산업, 상업 활동이 이 지역의 성격을 규정한다.

그러나 항만 중심의 발전은 동시에 주거와 생활 인프라의 상대적 낙후를 불러왔고, 원도심 쇠퇴와 인구 유출은 제물포구가 풀어야 할 가장 큰 과제가 되었다.

■ 원도심의 강점, '항만 · 문화 · 관광의 결합'

제물포구의 가장 큰 힘은 바다와 맞닿아 있다는 사실에서 비롯된다. 이곳은 단순한 생활 거점을 넘어, 항만, 산업, 관광, 문화가 동시에 작동하는 복합 도시 구조를 지니고 있다.

① 항만 · 산업

제물포구에는 인천항과 연안부두, 내항이 자리하고 있다. 인천항은 수도권 수출입 물류의 관문으로 기능하며, 연안부두는 어업과 여객의 중심지로 활발히 활용된다. 특히 내항은 오랫동안 일반인 출입이 통제된 공간이었으나, 점진적 개방과 재개발이 추진되면서 새로운 전환기를 맞이하고 있다. 산업과 물류의 거점이었던 공간이 앞으로는 상업, 주거, 문화가 융합된 수변 복합 신도시로 탈바꿈할 가능성을 품고 있는 것이다. 이는 단순한 부지 활용의 차원을 넘어, 인천 원도심 전체의 위상을 끌어올릴 수 있는 잠재력을 지닌 프로젝트다.

② 문화 · 관광

월미도, 차이나타운, 개항장은 이미 인천을 대표하는 관광 콘텐츠다. 주말이면 전국에서 몰려든 관광객이 이 지역을 찾는다. 특히 개항장 일대의 근대 건축물과 골목길은 단순한 '옛 흔적'이 아니라, 스토리를 가진 도시 자원으로 자리매김했다. 문화예술인들이 입주한 창작공간, 갤러리, 카페는 지역의 색채를 더욱 다채롭게 만든다. 제물포구는 '관광 도시'와 '생활 도시'라는 두 가지 정체성을 동시에 지니고 있으며, 이는 다른 신도시에서 흉내 내기 힘든 독창적 강점이다.

③ 교통 · 접근성

교통망 또한 강점이다. 경인선 동인천역, 도원역, 인천역은 서울과 부평, 주안으로 이어지는 동맥을 제공하며, 인천1호선 동인천역 · 신포역은 원도심 내부와 송도, 계양 등 인접 지역을 연결한다. 이처럼 철도, 항만, 도로가 교차하는 구조는 제물포구를 단순한 생활권이 아니라 도심 결절점으로 만든다. 향후 내항과 동인천 일대 재개발이 본격화되면, 교통 접근성은 더욱 강화될 전망이다. 결국 제물포구는 새로운 기반시설을 기다려야 하는 신도시와 달리, 이미 갖춰진 자산을 재생과 연결만 하면 되는 원도심이다.

■ 정비사업을 통한 재도약 가능성

제물포구의 미래를 가르는 핵심은 내항 재개발과 동인천 도시재생, 그리고 신흥동, 송림동 주거 정비다.

① 내항 재개발

인천 내항은 수도권 항만 물류의 심장이었지만, 일반 시민에게는 오랫동안 닫힌 공간이었다. 이제 그 벽이 허물어지고 있다. 내항 일부 부지가 개방되면서 수변공원, 문화시설, 상업시설, 주거단지가 들어설 예정이다. 이는 단순한 항만 재편이 아니라, '폐쇄된 항만에서 열린 도시 수변공간'이라는 패러다임 전환을 의미한다. 부산 북항 재개발처럼, 내항은 인천 도시 브랜드를 바꾸는 상징적 프로젝트가 될 수 있다.

② 동인천 재개발

동인천역 일대는 한때 인천의 중심 상권이었다. 하지만 신도시 개발과 상권 이동으로 쇠퇴의 길을 걸어왔다. 최근 복합몰, 생활문화센터, 청년창업지원시설이 들어서면서 변화의 조짐이 나타나고 있다. 역세권 정비가 본격화되면, 동인천은 다시금 교통, 상업의 허브로 거듭날 가능성이 크다.

③ 신흥동, 송림동 주거 정비

제물포구에는 여전히 저층 주거와 노후 아파트 단지가 밀집해 있다. 이 지역을 블록 단위로 정비해 주차·도로·보행로·공원을 재배치하면, 지금의 좁고 불편한 골목이 쾌적한 신흥 주거 타운으로 변모할 수 있다. 관광·상업 자산에 더해 안정적 주거 기반을 확보한다면, 제물포구는 균형 잡힌 생활권으로 발전할 수 있다.

■ 입지적 안정성과 주변 연계성

제물포구는 인천에서 독특한 위치를 차지한다. 남쪽으로는 미추홀구, 북쪽으로는 서해구와 연결되며, 서쪽으로는 바다와 항만이 열려 있다. 즉, 도심과 항만, 내륙과 해양이 만나는 접점에 놓여 있다.

이 구조 덕분에 제물포구는 단일 기능 도시가 아니다. 항만 산업은 물류 수요를, 개항장, 월미도는 관광 수요를, 주거 정비는 생활 수요를 만들어 낸다. 이러한 복합적 수요는 경기 변동에도 일정한 수요를 유지할 수 있는 안전판이 된다. 다시 말해, 제물포구는 '한 축에 의존하는 도시'가 아니라, 여러 기능이 맞물려 돌아가는 다핵형 원도심이다.

■ 원도심의 아쉬운 점

① 노후화된 주거 환경

항만·산업 중심의 개발로 인해 주거 정비는 뒷전으로 밀려왔다. 좁은 골목길과 저층 노후 주택, 부족한 주차장은 주민들의 생활 만족도를 크게 낮춘다. 특히 어린이와 노약자를 위한 생활 편의시설이 부족해, 가족 단위 수요가 정착하기 어려운 구조다.

② 정비사업 추진의 불확실성

내항·동인천 재개발은 규모가 워낙 크다. 사업비, 이해관계자, 행정 절차가 복잡해 조율이 쉽지 않다. 장기화되거나 좌초될 가능성도 배제할 수 없다. 그럴 경우, 기대감만 높아진 채 생활 불편은 그대로 남는 악순환이 이어질 수 있다.

③ 상권의 불균형

차이나타운과 개항장 일대는 주말마다 관광객으로 붐비지만, 불과 한두 블록만 벗어나면 공실이 늘어난 점포와 침체된 골목이 드러난다. 이같은 핫플과 다크존의 극명한 대비는 제물포구의 도시 이미지를 갈라놓는다.

④ 학군 경쟁력 한계

교육 인프라는 인천 타 지역에 비해 약하다. 송도처럼 특목, 국제, 자사고가 밀집된 곳에 비해, 제물포구는 일반고 중심 체계다. 이는 안정적 진학 환경이라는 장점이 있지만, 학군 프리미엄을 중시하는 학부모 수요 유입에는 한계가 있다.

⑤ 산업·주거 혼재

항만 물류, 화물차 동선, 공업 시설이 여전히 주거지와 얽혀 있다. 낮에는 상권과 산업지대가 활기를 띠지만, 밤에는 조용하고 어둡다. 일부 지역은 생활 쾌적성이 낮아 동네마다 품질 격차가 크다. 이 같은 구조적 문제는 계획도시 신도시와 달리 원도심이 안고 있는 태생적 한계다.

■ 스티그 인사이트

제물포구는 인천의 과거와 미래가 교차하는 무대다. 내항과 동인천, 신흥동, 송림동 정비사업이 맞물리면, 항만, 문화, 관광, 주거가 결합된 복합 생활권으로 도약할 수 있다. 이는 송도나 청라 같은 신도시가 갖지 못한, 원도심만의 독창적 매력이다.

그러나 동시에 '관광은 활기차지만 생활은 침체된' 이중 풍경은 여전히 제물포구의 한계로 남아 있다. 주거 노후화, 상권 불균형, 정비사업 지연이 지속된다면, 기회의 땅이 아닌 정체의 공간으로 전락할 위험도 크다.

따라서 제물포구의 미래는 '재생의 속도'에 달려 있다. 항만 재개발과 도시재생이 계획대로 진행될 경우, 제물포구는 단순히 과거의 개항장이 아니라, 수도권 서부를 대표하는 수변 복합도시형 원도심으로 부활할 수 있을 것이다.

■ 제물포구 84㎡ 아파트 최고가 Top 10(2025.01.~2025.09.) 자료: 아실

순위	단지명	세대수	입주연도	실거래가
1	동인천역파크푸르지오	2,562	2022.08.	6억 1천만 원
2	인천두산위브더센트럴	1,321	2026.01.	5억 1,450만 원
3	솔빛마을주공2차1단지	386	2003.12.	3억 5천만 원
4	솔빛마을주공1차	2,711	2003.04.	3억 5천만 원
5	동산휴먼시아	863	2010.11.	3억 4,500만 원
6	송림휴먼시아1단지	1,011	2009.07.	3억 2,900만 원
7	만석웰카운티	178	2014.06.	3억 2,800만 원
8	송림풍림아이원	1,335	2009.08.	3억 2,700만 원
9	경남아너스빌	408	2005.04.	3억 2,500만 원
10	화도진그린빌	365	2001.01.	3억 1,500만 원

16장

송도 VS 청라 VS 검단,
진짜 승자는 누구인가

송도 VS 청라 VS 검단

송도 vs 청라 vs 검단 비교표

구분	송도국제도시	청라국제도시	검단신도시
주요 정체성	바이오, 국제업무, 교육 허브	금융·주거·레저 신도시	2기 신도시, 서울 생활권 확장
일자리	삼성바이오로직스, 셀트리온, 글로벌 캠퍼스, GCF 등 전문직/국제기구	하나금융타운, 스타필드, 로봇랜드 예정, 금융·서비스 중심	서울 출퇴근 의존, 검단산업단지 일부
교통	GTX-B(예정), 인천발 KTX, 수도권제2순환고속도로, 제3경인고속도로	7호선 연장(2029), GTX-D 논의, 서울2호선 연장 논의, 청라하늘대교 개통 예정	인천지하철 1호선 검단 개통, 5호선 연장 추진, 서부권광역급행철도
학군	채드윅국제학교, 칼빈메니토바국제학교, 인천포스코고, 인천과학예술영재학교, 글로벌 캠퍼스	달튼외국인학교, 안정적인 일반 학군, 특목고 부재	신설 학교 확충 중, 학군 불안정, 특목고 부재
상권	트리플스트리트, 현대아울렛, 아트센터, 송도컨벤시아	스타필드(건설 중), 청라커널워크 상권, 로봇랜드 예정	중심 상권 미형성, 서울, 김포, 계양 의존
의료	송도세브란스병원 착공, 중소형 종합병원, 전문의원 위주	서울청라아산병원 착공 지연, 청라국제병원, 여성 전문병원 위주	의원, 소형병원 중심, 대형 종합병원 부재
주거 특성	고급 아파트 비중 높음, 시세 인천 최고	실거주 수요 강세, 비교적 안정적	30대 젊은 층 중심, 공급 물량 많음
이미지	인천 대장주	살기 좋은 도시	성장 중인 신도시
리스크	너무 높아진 기대치	자족 기능 부족(일자리)	교통, 학군 미완성, 공급 리스크
84㎡ 최고가 아파트	송도더샵파크애비뉴 15억 5천만 원	청라국제금융단지한양 수자인레이크블루 9억 4,500만 원	우미린더시그니처 8억 원
59㎡ 최고가 아파트	송도더샵파크애비뉴 8억 5,500만 원	청라국제금융단지한양 수자인레이크블루 6억 5,900만 원	검단모아엘가그랑데 5억 7,500만 원

송도 vs 청라 vs 검단 ― 세 신도시의 현재와 미래

인천의 미래를 이끌 세 신도시는 각기 다른 정체성과 궤적을 걷고 있다. 송도는 국제적 위상, 청라는 안정적 생활도시, 검단은 성장 잠재력이란 키워드로 압축된다. 여기에 실제 시세 데이터까지 더해 보면 도시별 격차와 방향성이 더욱 뚜렷해진다.

먼저 송도국제도시는 인천의 대장주다. 삼성바이오로직스와 셀트리온을 비롯해 바이오 산업 클러스터가 형성돼 있고, 글로벌 캠퍼스와 GCF 같은 국제기구가 자리해 있다. 채드윅국제학교, 칼빈메니토바국제학교, 인천과학예술영재학교, 인천포스코고 등 차별화된 학군 역시 송도의 상징이다. 84㎡ 최고가는 15억 5천만 원에 거래된 송도더샵파크애비뉴, 59㎡ 역시 같은 단지가 8억 5,500만 원을 기록하며 인천 최고 시세를 자랑한다. 그러나 지나치게 높아진 기대치는 리스크이자 부담이다.

청라국제도시는 살기 좋은 도시로 자리매김했다. 하나금융타운, 스타필드, 로봇랜드 등 굵직한 개발 계획이 예정돼 있고, 청라하늘대교 개통도 가까워졌다. 커널워크 수변 상권과 다양한 생활 인프라는 실거주 만족도를 높여 준다. 실제 시세를 보면 84㎡ 최고가는 9억 4,500만 원에 거래된 청라국제금융단지한양수자인레이크블루, 59㎡는 같은 단지에서 6억 5,900만 원에 거래되며 안정적 가격대를 형성한다. 하지만 특목고 부재와 자족기능 부족은 여전히 한계로 남아 있다.

검단신도시는 성장 중인 신도시다. 인천지하철 1호선 연장 개통을 시작으로 5호선 연장, 서부권광역급행철도 추진 등 교통 호재가 줄줄이

대기하고 있다. 30대 젊은 세대 중심으로 입주가 진행되고 있으며, 서울 생활권 확장의 대표 사례라 할 수 있다. 다만 학군이 아직 불안정하고, 중심 상권이 자리 잡지 못해 김포, 계양, 서울에 의존하고 있다는 점이 약점이다. 시세를 보면 84㎡ 최고가는 8억 원에 거래된 우미린더시그니처, 59㎡는 5억 7,500만 원에 거래된 검단모아엘가그랑데로, 송도, 청라에 비해 확실히 낮다. 이는 아직 성장 여력이 남아 있음을 보여 주는 동시에, 공급 과잉 리스크를 경계해야 한다는 의미이기도 하다.

결국 송도, 청라, 검단은 '지금'이 아니라 '미래'의 눈으로 봐야 한다. 송도는 이미 글로벌 도시로 자리 잡았으나, 가격 부담이 크다. 청라는 안정적 생활 환경이 강점이지만 차별화된 자족기능 확보가 과제다. 검단은 상대적으로 저렴한 가격과 교통 호재를 무기로 성장 가능성을 품었으나, 학군과 상권 미비 그리고 공급 과잉이 숙제다. 세 도시를 비교한다는 것은 단순히 우열을 가리는 것이 아니라, 나의 우선순위가 무엇인지를 묻는 질문이기도 하다.

17장

루원시티 VS 시티오씨엘, 현재의 가성비, 미래의 리레이팅

루원시티 vs 시티오씨엘 비교표

구분	루원시티	시티오씨엘
주요 정체성	서북부 생활 축의 허리, 생활과 상업 거점	원도심 재생형 초대형 브랜드 신도시급 타운
일자리	루원, 청라, 검단 내 생활 서비스업 종사자, 서울, 부평, 영종 출퇴근	인하대, 인하대병원, 주안권 직주근접 시화공단, 남동공단, 송도, 서울 출퇴근
교통	인천2호선, 서울7호선 청라 연장, 서울2호선 청라 연장, 경인고속도로 지하화, 인천대로 일반화	제2경인고속도로, 수인분당선 학익역(28년 개통 예정) 초역세권, KTX 송도역 연결성
학군	생활권 초, 중, 고 밀착, 특목고 부재(보완 과제)	초·중 신설 포함, 일반고 및 특목고 부재, 경쟁력 불확실(중장기 과제)
상권	중심상업지, 주상복합 결절, 커널, 청라 상권 시너지	내부 상업 단계적 형성, 인하대역, 구월, 송도 상권 공유
의료	가톨릭관동대학교 국제성모병원, 청라 아산병원 간접 수혜 기대	인하대병원 접근 용이, 대형 복합 의료는 추후 과제
이미지	실속 있는 생활형 신도시, 가성비와 역세권	브랜드 대단지 신축, 도심 속 신도시, 미래 재평가 기대
리스크	청라와 검단 사이 '허리' 이미지, 독자적 브랜드 약함	신축 타운 내부는 고급화, 외부는 노후 주거지 혼재로 대비 심함
84㎡ 최고가 아파트	루원시티SK리더스뷰 7억 8,500만 원	시티오씨엘3단지 6억 4,421만 원
59㎡ 최고가 아파트	포레나루원시티 5억 4,300만 원	시티오씨엘7단지(분양가) 4억 5,500만 원

루원시티 vs 시티오씨엘 — 두 도시의 현재와 미래

　루원시티와 시티오씨엘은 모두 '인천 신도시급 주거지'라는 공통점을 지니지만, 태생적 배경과 정체성은 확연히 다르다. 루원시티가 청라와 검단 사이에서 생활 축의 허리 역할을 담당하는 균형형 신도시라면, 시티오씨엘은 노후 공업지대와 주거지를 대규모 브랜드 타운으로 탈바꿈시키는 도심 재생형 신도시다.

　먼저 루원시티는 인천2호선 가정역을 중심으로 이미 생활권이 안정화됐다. 향후 7호선 청라 연장이 개통되면 강남권 직결성이 확보돼 광역 출퇴근 여건도 개선될 전망이다. 생활권 초·중·고가 촘촘히 배치되어 있어 학군 편의성은 높지만, 특목고의 부재는 한계다. 가격을 보면 84㎡ 최고가 단지는 루원시티 SK리더스뷰가 7억 8,500만 원, 59㎡는 포레나루원시티가 5억 4,300만 원을 기록하며 입지 대비 가성비를 보여 준다. 그러나 청라와 검단 사이 '허리' 이미지로 독자적 브랜드 파워가 약하다는 점은 리스크다.

　반면 시티오씨엘은 1만 세대 이상 규모의 초대형 브랜드 타운으로, 포스코, 현대, 현산 등 메이저 건설사가 참여해 도심 속 신도시급 위상을 구축하고 있다. 2028년 개통 예정인 수인분당선 학익역이 단지와 맞닿아 있고, KTX 송도역과 한 정거장 차이라는 점은 전국 철도망과 연결되는 강력한 교통 프리미엄을 제공한다. 다만 고등학교 신설 여부가 불확실해 학군 경쟁력이 떨어지고, 대규모 상권이 자리 잡기 전까지는 인하대역, 구월, 송도 상권에 의존해야 한다. 시세는 84㎡ 최고가 단지가 시티오씨엘 3단지로 6억 4,421만 원, 59㎡는 7단지 분양가 기준 4억

5,500만 원으로, 송도나 청라 대비 상대적으로 낮아 향후 리레이팅 여지가 크다.

결국 루원시티는 '실속 있는 생활형 신도시, 지금의 가성비', 시티오씨엘은 '브랜드 대단지 신축, 미래 재평가 기대'라는 두 가지 키워드로 요약된다. 루원시티는 이미 자리 잡은 생활 편의성과 교통망 확충 기대를 무기로 안정적인 주거지를 원하는 실수요자에게 적합하다. 반면 시티오씨엘은 도심 재생의 상징성과 학익역 개통이라는 트리거를 바탕으로, 장기적 성장성과 가격 재평가를 노리는 수요자에게 매력적이다.

18장

송도 VS 부평,
현재 평가와 미래 재도약 포인트

송도 vs 부평 재개발 비교표

구분	송도	부평 재개발
주요 정체성	글로벌 신도시, 바이오·국제업무 허브	전통 도심 재편, 원도심 생활권 회복
일자리	삼성바이오로직스, 셀트리온, 글로벌 캠퍼스, GCF 등 전문직·국제기구	부평공단, 인근 산업단지, 전통 상권, 서울 출퇴근
교통	GTX-B(예정), 인천발 KTX, 제3경인고속도로, 인천1호선	1호선 부평역, GTX-B(예정), 서울 7호선
학군	채드윅국제학교, 인천포스코고, 인천과학예술영재학교 학군	인천진산과학고, 인천외고 안정적 공립 학군
상권	트리플스트리트, 현대아울렛, 아트센터, 송도컨벤시아	부평역 상권, 로데오거리, 전통시장, 산곡역 인근 상업시설 예정
의료	송도세브란스병원예정, 송도 내 전문병원, 의원 다수	부평세림병원, 가톨릭대학교 인천성모병원 등 기존 종합병원 밀집
이미지	인천 대장주, 국제도시 브랜드	도심 재생, 생활 중심지 부활
리스크	공급 과잉, 서울 접근성 한계, 외부 수요 흡입력 부족	산발적 재개발, 존치구역 혼재, 도로와 인프라의 한계
84㎡ 최고가 아파트	송도더샵파크애비뉴 15억 5천만 원	부평 SK뷰 해모로 7억 9,300만 원
59㎡ 최고가 아파트	송도더샵파크애비뉴 8억 5,500만 원	힐스테이트부평 6억 원

대장주 송도, 생활 축 부평

송도와 부평 재개발은 인천의 두 축을 대표한다. 송도가 글로벌 신도시로서 새로운 가치를 창출하고 있다면, 부평은 전통 도심 재생을 통해 생활 중심지를 되살리는 과정에 있다. 두 지역은 태생적 성격과 발전 방식이 다르기에 비교의 의미가 크다.

먼저 송도국제도시는 대한민국을 대표하는 글로벌 신도시다. 삼성바이오로직스와 셀트리온으로 상징되는 바이오 클러스터, 글로벌 캠퍼스와 GCF 등 국제기구는 송도를 국제업무 허브로 만들었다. 채드윅국제학교, 인천포스코고, 인천과학예술영재학교 등 차별화된 학군은 교육 경쟁력의 상징이다. 교통 측면에서도 GTX-B, 인천발 KTX, 수도권 제3경인고속도로 등 대규모 광역망이 예정되어 있다. 그러나 현실적으로는 강남 진입 시간이 길고, 서울 거주 수요를 충분히 끌어오지 못한다는 한계가 있다. 여기에 대규모 공급 물량이 이어지면서 공급 과잉 리스크가 송도의 가장 큰 부담으로 지적된다. 시세를 보면 84㎡ 최고가 아파트인 송도더샵파크애비뉴가 15억 5천만 원, 59㎡ 역시 같은 단지가 8억 5,500만 원을 기록하며 인천의 절대 대장주 위상을 보여 준다.

반면 부평 재개발은 원도심의 생활권을 되살리는 도시재생 프로젝트다. 부평공단과 인근 산업단지, 전통 상권이 여전히 활발하며, 부평역은 1호선과 GTX-B 예정 노선, 그리고 7호선과의 연결로 교통 허브 기능을 강화할 예정이다. 학군 측면에서는 인천진산과학고, 인천외고 등 특목고와 안정적인 공립 학군이 자리 잡고 있다. 의료 인프라도 가톨릭대학교 인천성모병원, 부평세림병원 등 종합병원이 이미 밀집해 있어 생활 안정성이 높다. 다만 부평 재개발은 산발적 진행으로 단지 간 격차가 발생하고, 존치구역이 혼재하면서 도시 경관의 일관성이 떨어진다. 도로가 좁고 기반시설 확장이 쉽지 않다는 점 역시 구조적 리스크다. 그럼에도 불구하고 84㎡ 최고가 아파트인 부평 SK뷰 해모로가 7억 9,300만 원, 59㎡ 힐스테이트부평이 6억 원을 기록하며, 서울 인접성과 생활 편의성을 무기로 꾸준한 수요를 받고 있다.

결국 송도와 부평 재개발은 '글로벌 신도시 vs 생활 중심 도심'이라는 대비 구도로 요약된다. 송도는 세계적 산업과 국제기구를 품은 도시지만 가격 부담과 공급 과잉 리스크를 안고 있다. 부평은 도심 재생을 통해 생활 인프라를 강화하고 있으나 재개발의 파편성과 도로 인프라의 한계가 약점이다. 투자와 실거주 선택에 있어, 송도는 글로벌 브랜드와 장기 가치를 중시하는 수요자에게, 부평은 서울 접근성과 생활 안정성을 우선하는 실수요자에게 적합하다.

19장

청라 VS 영종,
금융도시의 안정성과 공항도시의 확장성

청라 VS 영종

청라 vs 영종 비교표

구분	청라국제도시	영종국제도시
주요 정체성	금융 · 주거 · 레저 신도시	공항 배후 도시, 관광 · 레저 복합 도시
일자리	하나금융타운, 스타필드, 로봇랜드 예정, 금융 · 서비스 중심	인천국제공항, 항공 · 물류 · 관광산업 중심
교통	7호선 연장(2029), GTX-D 논의, 서울2호선연장 논의, 청라하늘대교 개통 예정	공항철도, 자기부상철도, 청라하늘대교, 제2공항철도(논의 중)
학군	안정적인 일반 학군, 특목고 부재	신설 학교 확충 중, 인천과학고, 인천하늘고, 인천국제고
상권	스타필드(건설 중), 청라커널워크 상권, 로봇랜드 예정	파라다이스시티, 복합리조트 · 카지노, 공항 연계 상업시설, 중산동 일대 상업시설
의료	실거주 수요 강세, 비교적 안정적	영종국제도시 내 종합병원 부재, 청라, 송도 의존
이미지	살기 좋은 도시	공항과 관광의 도시, 성장 잠재력
리스크	자족 기능 부족(일자리)	교통망 불안정(서울 접근성 한계), 의료 인프라 공백
84㎡ 최고가 아파트	청라한양수자인레이크블루 9억 4,500만 원	e편한세상영종센텀베뉴 5억 6,260만 원
59㎡ 최고가 아파트	청라한양수자인레이크블루 6억 5,900만 원	영종하늘도시KCC스위첸 3억 8,500만 원

금융 허브 청라, 공항 배후 영종

청라국제도시와 영종국제도시는 인천 서북부와 서남부를 대표하는 신도시다. 청라는 금융, 레저 중심의 생활 친화 도시로, 영종은 인천국제공항을 기반으로 한 관광, 물류 허브 도시라는 점에서 성격이 다르다.

청라는 하나금융타운, 스타필드, 로봇랜드 등 굵직한 개발 프로젝트가 예정돼 있고, 커널워크 수변 상권과 생활 인프라가 잘 갖춰져 있어 실거주 만족도가 높다. 7호선 청라 연장과 청라하늘대교 개통은 서울 및 영종과의 접근성을 크게 개선할 전망이다. 시세는 청라국제금융단지 한양수자인 레이크블루가 84㎡ 9억 4,500만 원, 59㎡ 6억 5,900만 원으로 안정적 가격대를 형성하고 있다. 그러나 서울 직결 교통 지연과 특목고 부재, 자족 기능 부족은 여전히 과제다.

영종은 인천국제공항이라는 절대적 일자리 축을 바탕으로 성장해 왔다. 파라다이스시티, 복합리조트, 카지노 등 관광·레저 산업이 결합돼 있으며, 청라하늘대교 개통으로 청라, 서울 접근성이 크게 개선될 전망이다. 다만 종합병원급 의료 인프라가 부족하고, 학군이 아직 신설 중심이라 안정성이 떨어진다. 시세는 영종하늘도시 e편한세상영종국제도시센텀베뉴 84㎡가 5억 6,260만 원, 영종하늘도시KCC스위첸 59㎡가 3억 8,500만 원에 거래되며, 청라 대비 가격 장벽은 낮지만 생활 인프라는 상대적으로 뒤처진다.

결국 청라와 영종은 '생활 친화 금융도시 vs 공항 배후 관광도시'로 요약된다. 청라는 안정적인 생활 인프라와 금융 허브라는 미래 비전을 갖추었으며, 특히 7호선 연장 개통 시 서울 강남권 직결성이 확보되면서 교통 한계를 극복할 수 있다. 반면 영종은 공항과 관광산업이라는 확실한 성장 축을 보유했지만, 생활 의료, 학군의 불안정이 약점이다. 따라서 청라는 실거주 안정성과 생활 편의성을 중시하는 수요자에게, 영종은 공항·관광 배후 수요와 성장 잠재력을 노리는 투자자에게 더 적합하다.

20장

검단신도시 VS 루원시티,
인천 서북부의 두 신도시

검단신도시 vs 루원시티 비교표

구분	검단신도시	루원시티
주요 정체성	2기 신도시, 서울 생활권 확장	서북부 생활 축의 허리, 생활·상업 거점
일자리	서울 출퇴근 의존, 검단산업단지 일부	루원, 청라 생활 서비스업, 서울, 인천공항, 부평 출퇴근
교통	인천1호선 검단 연장 개통, 5호선 연장 추진, 서부권광역급행철도(예정)	인천2호선, 7호선 청라 연장(예정), 경인고속도로 지하화, 인천대로 일반화
학군	신설 학교 확충 중, 학군 불안정, 특목고 부재	생활권 초·중·고 밀착, 안정적이나 특목, 국제고 부재
상권	중심 상권 미형성, 김포, 일산, 마곡, 서울 의존	중심상업지·주상복합 결절, 청라 상권과 시너지
의료	생활 의료 위주, 대형 종합병원 공백	기톨릭관동대학교 국제성모병원, 청라 아산병원 논의 간접 수혜
이미지	성장 중인 신도시, 젊은 세대 중심	실속 있는 생활형 신도시, 가성비와 역세권
리스크	교통, 학군 미완성, 공급 과잉 가능성	청라·검단 사이 허리 이미지, 독자적 브랜드 약세
84㎡ 최고가 아파트	우미린더시그니처 8억 원	SK리더스뷰 7억 8,500만 원
59㎡ 최고가 아파트	모아엘가그랑데 5억 7,500만 원	포레나루원시티 5억 4,300만 원

성장하는 검단, 생활축 루원시티

검단신도시와 루원시티는 인천 서북부를 대표하는 두 주거지다. 검단이 서울 생활권 확장의 대표 신도시라면, 루원시티는 청라·검단 사이 허리 거점으로 생활과 상업 인프라를 책임지고 있다.

먼저 검단신도시는 아직 완성 단계에 이르지 못했지만, 교통 호재를 앞두고 있다. 인천1호선 검단 연장 개통으로 서울 접근성이 개선되었고, 앞으로 5호선 연장, 서부권광역급행철도까지 연결되면 교통 약점이 크게 보완될 전망이다. 다만 현재는 중심 상권이 미형성 단계라 김포, 일산, 마곡 등 인근 대형 쇼핑몰 서울 상권에 의존한다. 학군 역시 신설 학교가 꾸준히 확충되고 있으나 안정성은 부족하다. 시세는 84㎡ 우미린더시그니처가 8억 원, 59㎡ 모아엘가그랑데가 5억 7,500만 원으로, 송도나 청라보다 저렴하지만 이는 곧 성장 여력이 남아 있다는 의미다. 다만 입주 물량이 많아 공급 과잉 리스크도 경계해야 한다.

반면 루원시티는 검단, 청라와 달리 이미 생활권이 자리 잡았다. 인천2호선을 중심으로 가정역 생활 축이 안정적이며, 7호선 청라 연장선이 개통되면 광역 출퇴근 접근성이 강화된다. 중심상업지와 주상복합 단지가 결절점 역할을 하며 생활 인프라를 촘촘히 제공한다. 학군은 초·중·고가 밀착되어 있어 생활 편의성이 높지만, 특목고, 국제학교의 부재는 한계다. 시세는 루원시티 SK리더스뷰 84㎡가 7억 8,500만 원, 포레나루원시티 59㎡가 5억 4,300만 원으로, 입지 대비 가성비가 강점이다. 다만 청라와 검단 사이에 끼어 있는 '허리' 이미지 탓에 독자적 브랜드 파워는 부족하다.

결국 검단과 루원시티는 '성장형 신도시 vs 생활형 신도시'라는 대비로 정리된다. 검단은 서울 접근성과 젊은 수요층을 바탕으로 성장 가능성이 크지만, 학군과 상권의 완성도가 과제로 남는다. 루원시티는 생활 편의성과 교통 안정성이 이미 자리 잡은 만큼, 가성비 실거주지로서 매력이 크다. 투자와 실거주 선택에 있어 검단은 미래 성장성과 교통 호재를 중시하는 수요자에게, 루원시티는 현재 생활 인프라와 가격 안정성을 우선하는 수요자에게 적합하다.

21장

힐스테이트자이 계양
VS 루원시티 SK리더스뷰1차,
신축 대장의 가치 전쟁

(힐스테이트자이 계양 아파트)

힐스테이트자이 계양 vs 루원시티 SK리더스뷰1차 비교표

구분	힐스테이트자이 계양	루원시티 SK리더스뷰1차
주요 정체성	계양구 재개발을 대표하는 신축 대단지, 2,371세대(2024.03. 입주)	서해구 루원시티 중심축의 랜드마크, 2,378세대(2022.01. 입주)
일자리	계양, 부평권 직주근접, 서울 서부, 부천, 김포로 통근 용이	루원, 청라, 검단 생활서비스업, 청라 금융, 영종, 서울 서부권 출퇴근
교통	인천1호선 작전역 도보권, 계양IC, 부평역 접근, 서울2호선 청라 연장, GTX-D 계양역 수혜 기대	인천2호선 가정, 가정중앙시장역, 7호선 청라 연장, 경인고속도로 지하화 수혜
학군	초·중·고 밀집, 계양 신도시 학원가 가까움	생활권 초·중·고 배치, 청라 학군과 연계 가능, 특목고 부재
초등학교	효성동초등학교	가현초등학교
도서관	효성도서관 (힐스자이 계양에서 약 500m)	인천광역시청라국제도서관 (SK리더스뷰에서 약 1.3km)
상권	작전전통시장, 작전역 상권과 연결, 부평 상권 접근성 우수	루원 중심상업지, 청라, 부평, 인천도심 상권 시너지
의료	인천세종병원, 한림병원, 부평세림병원 등 인접	가톨릭대학교 국제성모병원, 바로서구병원, 청라국제병원 등 인접
이미지	'재개발 프리미엄' 신축 브랜드 대단지, 실속형 생활 입지	'신도시급 중심' 초고층 스카이라인, 미래 성장 잠재력
리스크	입주 초기 변동성, 인근 재개발과 대장 경쟁 심화	외곽 노후지와의 대비, 루원 독자 브랜드 파워 약점
구분	재개발 일반 아파트	주상복합 아파트 오피스텔(726실)
용적률 건폐율	최고층 34층 용적률 274%, 건폐율 15%	최고층 45층 용적률 439%, 건폐율 29%
84㎡ 거래 가격	8억 2,500만 원	7억 8,500만 원
장점	작전역 초역세권, 상대적으로 낮은 용적률, 천마산 숲세권, 높은 브랜드 인지도	7호선 가현역 초역세권(2027년), 단지 내 원스톱서비스 (병원, 학원, 스타벅스 등)
단점	주변 미개발지 존재, 계양구 구도심 이미지	높은 용적률, 오피스텔 혼재로 인한 생활권 혼잡
스티그 추천	주거 안정을 원하는 40~50대 중년층	서울, 영종 출퇴근 가능한 젊은 수요층

힐스테이트자이 계양 vs 루원시티 SK리더스뷰1차
— 두 대장의 성격 차이

힐스테이트자이 계양과 루원시티 SK리더스뷰1차는 모두 '신축 대장 단지'로 불리지만, 각각의 성장 배경과 입지적 정체성은 상당히 다르다.

힐스테이트자이 계양은 계양구 재개발을 대표하는 상징적 단지다. 오래된 주거지를 대규모 브랜드 아파트로 탈바꿈시키며 지역 이미지를 끌어올렸고, 인천1호선 작전역 도보권이라는 확실한 교통 기반을 갖추고 있다. 부평, 계양 생활권의 인프라를 즉시 활용할 수 있다는 점은 실거주자의 체감 가치를 높여 준다. 특히 학군과 학원가 접근성이 우수하여 자녀 교육을 중시하는 수요층의 선호도가 높다. 다만 인근 재개발 구역이 다수 존재해 '계양 대장' 자리를 둘러싼 경쟁이 심화될 가능성이 있고, 입주 초기의 가격 변동성 또한 부담 요인이 된다.

반대로 루원시티 SK리더스뷰1차는 계획 신도시의 중심축을 차지한 대단지라는 점에서 성격이 뚜렷하다. 인천2호선과 향후 7호선 청라 연장 개통, 경인고속도로 지하화라는 대형 교통 호재가 예정되어 있어 중장기적으로 광역 접근성이 개선될 가능성이 크다. 현재 실거래가는 6억대 중후반 수준으로, 동일 생활권의 대체 단지 대비 상대적 가격 매력이 부각된다. 다만 루원시티는 청라와 검단 사이에서 독자적 브랜드 위상을 얼마나 구축할 수 있는지가 관건이며, 외곽 노후 주거지와의 대비가 심화될 경우 이미지 리스크로 작용할 수 있다.

현재의 가성비와 미래의 리레이팅

가성비 측면에서 보면, 힐스테이트자이 계양은 이미 입주가 시작된 신축 대단지로 재개발 프리미엄이 가격에 상당 부분 반영되어 있다. 실거주자 입장에서는 생활 인프라와 학군이 주는 안정감이 크지만, 투자자 입장에서는 추가 상승 여력에 대한 기대가 제한적일 수 있다.

반면 루원시티 SK리더스뷰1차는 6억대 중후반의 실거래가를 기록하며, 입지와 단지 규모에 비해 상대적으로 낮은 가격대에 형성되어 있다. 이는 향후 교통망 확충과 상권 완성도가 높아질 경우 재평가 가능성을 기대할 수 있는 요인이다.

두 단지는 모두 각 권역의 '대장 아파트'로 불리지만, 선택 기준은 명확히 갈린다. 힐스테이트자이 계양은 즉시 활용 가능한 생활 인프라, 학군, 교통망을 무기로 실수요자에게 최적화된 단지다. 안정성과 생활 편의성을 중시하는 수요층이 선택할 만하다.

루원시티 SK리더스뷰1차는 상대적으로 낮은 가격과 향후 교통, 상권, 의료 인프라 개선을 통한 재평가 여지가 강점이다. 중장기적 상승 가능성을 고려하는 투자자와 신도시 성장 스토리를 선호하는 수요층에게 더 적합하다.

3부

인천 아파트
콕 찍어 드립니다

1장

인천, 84㎡ 시장 흐름과
실거주 및 투자 전략

(송도더샵파크애비뉴)

■ 인천 84㎡ 실거래가 순위 Top 20
(자료: 아실, 2025.01.01.~08.31.)

순위	단지명	자치구	세대수	입주연도	84㎡ 실거래가
1	송도더샵파크애비뉴	연수	668	2018.12.	15억 5천만 원
2	송도센트럴파크푸르지오	연수	551	2015.07.	12억 4천만 원
3	디에트르송도시그니처뷰	연수	578	2023.09.	11억 8천만 원
4	송도더샵퍼스트파크(F15BL)	연수	872	2017.11.	11억 5천만 원
5	송도더샵퍼스트파크(F14BL)	연수	869	2017.11.	10억 8천만 원
6	송도더샵프라임뷰20블록	연수	662	2022.08.	10억 4천만 원
7	송도자이더스타	연수	1,533	2024.12.	10억 2,754만 원
8	송도더샵퍼스트파크(F13-1BL)	연수	856	2017.11.	10억 1천만 원
9	송도럭스오션SK뷰	연수	1,114	2025.02.	9억 5,519만 원
10	송도글로벌파크베르디움	연수	1,153	2017.11.	9억 5천만 원
11	청라국제금융단지 한양수자인레이크블루	서해	1,534	2019.01.	9억 4,500만 원
12	힐스테이트레이크송도4차	연수	1,319	2025.07.	9억 4,349만 원
13	더샵송도센터니얼	연수	342	2023.05.	9억 2,900만 원
14	송도더샵13단지하버뷰	연수	553	2011.04.	9억 2,000만 원
15	송도더샵마스터뷰23-1BL	연수	478	2015.07.	9억 1천만 원
16	힐스테이트레이크송도3차	연수	1,100	2023.10.	9억 원
17	송도아트윈푸르지오	연수	999	2015.08.	8억 9,800만 원
18	더샵송도아크베이	연수	775	2025.03.	8억 8,510만 원
19	송도더샵그린워크3차(18블록)	연수	780	2015.10.	8억 8천만 원
20	송도더샵7단지그린애비뉴	연수	474	2012.06.	8억 7천만 원

인천 아파트 시장, 84㎡ 실거래가가 말해 주는 것

2025년 1월부터 8월까지 인천 아파트 84㎡ 실거래가 상위 20개 단지를 살펴보면 흥미로운 사실이 드러난다. 순위표의 거의 모든 자리를 송도국제도시가 차지했다. 상위 20곳 중 19곳이 연수구 송도에 있고, 나머지 한 곳만이 청라국제도시에 속한다. 이는 인천 아파트 시장의 중심축이 송도라는 사실을 다시 한번 확인시켜 준다.

특히 눈길을 끄는 것은 송도의 신축과 준신축 단지들이다. 2017년 이후 입주 단지들이 상위권을 싹쓸이하며, 10억 원에서 많게는 15억 원을 넘는 가격대를 형성하고 있다. 2023년 이후 입주한 신규 단지들조차 빠르게 시세 상단에 진입했다는 점은, 인천 부동산 시장에서 신축 프리미엄이 얼마나 강하게 작동하는지 보여 준다.

여기서 주목할 부분은 송도 이외 지역의 존재감이다. 단 한 곳, 청라국제금융단지 한양수자인 레이크블루가 9억 원 중반대 거래가로 순위권에 들었다. 송도와의 가격 차이는 여전히 크지만, 청라는 호수 조망, 국제업무단지, 7호선 연장과 같은 호재를 기반으로 송도를 뒤따르는 제2의 주자로 부상하고 있다.

이 순위표는 인천 아파트 시장의 이중 구조를 상징적으로 드러낸다. 송도와 청라 같은 신도시는 전국 투자자들의 시선을 모으며 이미 서울 인기 지역에 맞먹는 가격을 기록하고 있다. 반면 부평구, 남동구, 미추홀구 등 구도심은 재개발 호재에도 불구하고 여전히 84㎡ 기준 9억 원 선을 넘기지 못한 곳이 대부분이다. 즉, 인천의 주택시장은 '송도와 청라' 대 '나머지 지역'이라는 뚜렷한 양극화 구도를 보이고 있는 것이다.

송도는 인천의 프리미엄 아파트 시장을 압도적으로 주도하고 있으며, 청라는 그 뒤를 추격 중이다. 그렇다면 실거주자에게 송도는 이미 안정적 입지와 생활 인프라를 갖춘 확실한 선택지이지만, 투자자라면 송도보다는 청라, 루원시티, 검단 등 성장 여력이 남아 있는 지역에서 기회를 찾는 전략이 더 합리적일 수 있다.

2장

인천, 59㎡ 시장 흐름과
실거주 및 투자 전략

(힐스테이트 부평 아파트)

■ 인천 59㎡ 실거래가 순위 Top 20
(자료: 아실, 2025.01.01.~08.31.)

순위	단지명	자치구	세대수	입주연도	84㎡ 실거래가
1	송도더샵파크애비뉴	연수	668	2018.12.	8억 5,500만 원
2	송도더샵퍼스트파크(F15BL)	연수	872	2017.11.	8억 1,400만 원
3	송도더샵퍼스트파크(F14BL)	연수	869	2017.11.	7억 8천만 원
4	송도더샵센트럴시티	연수	2,610	2018.09.	6억 7,300만 원
5	더샵그린워크1차	연수	736	2014.08.	6억 5,900만 원
6	청라국제금융단지 한양수자인레이크블루	서해	1,534	2019.01.	6억 5,900만 원
7	롯데캐슬캠퍼스타운	연수	1,230	2016.03.	6억 3,900만 원
8	힐스테이트자이계양	계양	2,371	2024.03.	6억 3,600만 원
9	송도에듀포레푸르지오	연수	1,406	2016.09.	6억 1,300만 원
10	힐스테이트부평	부평	1,409	2023.06.	6억 원
11	부평역한라비발디트레비앙	부평	385	2023.01.	5억 9,500만 원
12	송도아이비원	연수	336	2024.08.	5억 8,974만 원
13	검단신도시모아엘가그랑데	검단	510	2023.01.	5억 7,500만 원
14	e편한세상부평역센트럴파크	부평	1,500	2024.12.	5억 7,210만 원
15	부평SK뷰해모로	부평	1,559	2022.02.	5억 7천만 원
16	검단신도시대방디에트르리버파크	검단	722	2022.10.	5억 6,500만 원
17	우미린더헤리티지	검단	437	2022.10.	5억 6,200만 원
18	부개역푸르지오	부평	1,054	2010.01.	5억 6천만 원
19	청라힐데스하임	서해	1,284	2011.07.	5억 6천만 원
20	왕길역로열파크씨티푸르지오	검단	1,500	2024.09.	5억 7,500만 원

인천 59㎡ 아파트 시장이 보여 주는 흐름

　2025년 1월부터 8월까지의 인천 59㎡ 실거래가 상위 20개 단지를 살펴보면, 84㎡ 시장과는 다른 양상이 드러난다. 84㎡에서는 송도가 사실상 독점 체제를 구축한 반면, 59㎡에서는 송도의 우위가 여전하면서도 청라, 계양, 부평, 검단이 송도의 독주에 균형을 맞추려는 모습이 확인된다.

　최고가는 '송도더샵파크애비뉴(8억 5,500만 원)'로, 84㎡ 최고가가 15억 원을 넘어선 것과 비교하면 같은 단지라도 평형별 가격 차이가 뚜렷하다. 이는 송도의 고급화된 생활 인프라가 대형 평형에서는 곧바로 자산가치로 환산되는 반면, 소형 평형에서는 상대적으로 실거주 수요가 많아 가격이 일정 수준 이상 오르지 못하는 구조를 보여 준다. 다시 말해 송도 소형은 투자보다는 실거주 성격이 강하다는 점이 수치로 드러난 것이다.

　그러나 이 순위표에서 눈에 띄는 변화는 비송도 지역의 약진이다. 청라국제금융단지 한양수자인 레이크블루는 6억 5천만 원 수준으로 송도 중위권 단지와 어깨를 나란히 했고, 힐스테이트자이계양(6억 3,600만 원, 2024년 입주)은 송도의 일부 단지를 추격하며 계양권 최초로 6억대 중반 시세를 형성했다. 부평과 검단도 각각 5억 원 후반~6억 원 초반의 가격대로 순위권에 진입해, 소형 아파트 수요층을 흡수하고 있다. 이는 송도 일극 체제에서 다극 체제로의 전환을 예고하는 신호탄이다.

　부평은 전통적인 생활권과 교통망을 바탕으로, 검단은 신축 브랜드 대단지와 쾌적한 주거 환경을 무기로 실수요자들을 끌어들이고 있다.

계양은 서부권광역급행철도에 대한 기대감, 청라는 국제업무단지와 7호선 연장 호재를 바탕으로 가격을 끌어올리고 있다. 다시 말해 59㎡ 시장에서는 교통, 입지 호재가 곧 가격 상승의 원동력으로 작동하고 있는 셈이다.

인천 아파트 시장의 큰 평형은 여전히 송도가 독점하지만, 소형 평형에서는 생활권 기반의 다원화 현상이 나타나고 있다. 실거주자에게 송도 소형 아파트는 여전히 안정적인 선택지이지만, 투자자라면 청라, 계양, 부평, 검단 같은 후발 주자 지역의 소형 평형이 더 높은 성장성을 가질 수 있다.

투자 및 실거주 전략

인천 59㎡ 시장은 송도를 중심으로 한 고급화된 국제도시 모델과, 청라, 계양, 부평, 검단 등에서 나타나는 생활권 다원화 모델이 공존한다. 따라서 투자자와 실거주자는 서로 다른 전략을 가져가야 한다.

1. 실거주 전략

59㎡는 기본적으로 실거주 친화형 평형이다. 특히 송도의 경우 대형 평형과 달리 가격이 일정 수준에서 제한되는 경향이 있어, 안정적인 주거 환경을 원하는 신혼부부와 맞벌이 가구에게는 적합하다. 국제도시 인프라와 쾌적한 생활환경을 누리면서도, 상대적으로 진입 장벽이 낮

다는 장점이 있다.

부평·계양은 이미 자리 잡은 생활 인프라, 학군, 교통망을 기반으로 '안정성'을 원하는 실거주자에게 최적화된 지역이다. 장기적으로 가격 상승폭은 제한적일 수 있지만, 생활 편의성 측면에서는 높은 만족도를 기대할 수 있다.

2. 투자 전략

투자자는 송도의 소형 평형보다는 청라, 계양, 부평, 검단의 약진에 주목할 필요가 있다. 청라는 7호선 연장과 국제업무단지 개발이라는 확실한 호재가 존재해 향후 가치 상승이 기대된다. 현재 6억 원대 중반 시세는 향후 호재 반영 시 추가 상승 여력이 크다.

계양은 힐스테이트자이계양이 보여 주듯, 수도권광역급행철도와 같은 서부권 교통망 개선은 가격을 끌어올릴 핵심 동력이다.

부평의 경우는 역세권 신축 중심 단지는 5억 원 후반~6억 원 초반으로 진입 장벽이 낮고, 전통 상권과 교통 인프라를 기반으로 안정적인 임대 수익을 기대할 수 있다.

검단신도시는 서울 접근성을 개선할 수도권광역급행철도, 인천2호선 고양 연장 기대감이 반영될 경우, 59㎡ 소형 아파트의 가격 탄력성은 다른 지역보다 더 크게 나타날 수 있다.

종합하면 실거주자는 송도, 부평, 계양에서 안정적인 생활 인프라와 교육과 교통 편의성을 확보하는 것이 현명하다. 투자자는 청라나 검단과 같이 아직 가격대가 낮으면서도 확실한 교통 호재와 신도시 인프라가 결합된 지역에 중장기적인 베팅을 고려할 만하다. 인천 59㎡ 시장은 실거주자는 안정, 투자자는 성장이라는 이원화 전략을 요구한다. 송도는 여전히 주거 선호지의 최상위지만, 투자 수익률만 본다면 청라, 계양, 부평, 검단이 새로운 기회의 무대가 될 가능성이 크다.

3장

인천, 84㎡ VS 59㎡,
두 얼굴의 시장 풍경

(부평 SK뷰해모로 아파트)

1. 송도가 장악한 84㎡ 시장

2025년 1월부터 8월까지 인천 아파트 84㎡ 실거래가 순위를 살펴보면, 송도가 사실상 독점 구도를 형성하고 있음을 확인할 수 있다. 상위 20개 단지 중 무려 19개가 송도였고, 청라에서 단 한 곳만이 순위권에 포함되었다.

최고가 단지는 '송도더샵파크애비뉴(15억 5천만 원)'였으며, 10억 원 이상에 거래된 단지만 해도 8곳이나 된다. 2017년 이후 입주한 준신축과, 2023년 이후 입주한 신규 단지들이 줄줄이 상위권에 포진한 것은 송도의 신축 프리미엄이 얼마나 강력하게 작동하는지를 보여 준다.

즉, 인천에서 '대형 평형 = 송도 프리미엄'이라는 공식이 분명히 자리 잡았음을 데이터가 증명해 주고 있는 셈이다.

2. 다극 체제로 전환하는 59㎡ 시장

반면 59㎡ 시장에서는 조금 다른 풍경이 펼쳐진다. 1위는 여전히 송도더샵파크애비뉴(8억 5,500만 원)였지만, 그 아래 순위를 살펴보면 송도의 일극 체제가 서서히 약화되고 있음을 알 수 있다.

청라국제금융단지 한양수자인 레이크블루(6억 5,900만 원), 힐스테이트자이계양(6억 3,600만 원), 부평역 인근 신축 아파트들, 그리고 검단 신도시 대단지들이 줄줄이 순위권에 이름을 올렸다. 부평과 검단은 5억 원 후반~6억 원 초반의 가격대를 형성하며 소형 실수요자들에게 확실한 대안이 되고 있다.

이는 84㎡ 시장이 송도로 집중된 반면, 59㎡ 시장은 청라, 계양, 부평, 검단이 균열을 내며 다극 체제를 만들어 가고 있음을 보여 준다.

3. 왜 다른 구조가 나타나는가

그렇다면 왜 평형별로 이렇게 다른 시장 구도가 나타날까? 그 핵심은 수요의 성격에 있다.

84㎡는 자산가치 상승을 노리는 투자 수요와, 학군과 생활 인프라를 중시하는 안정적인 실거주 수요가 동시에 집중된다. 따라서 송도처럼 국제도시 브랜드와 학군, 생활 편의시설을 모두 갖춘 지역이 독주할 수밖에 없다.

반면 59㎡는 신혼부부, 맞벌이 2~3인 가구, 노년층 등 실거주 비중이 압도적인 시장이다. 이들은 국제도시 브랜드보다는 교통 접근성, 직장과의 거리, 합리적인 가격을 더 중시한다. 이 때문에 부평, 계양, 검단처럼 상대적으로 생활권 중심지이거나 교통 호재가 있는 지역들이 빠르게 시세를 끌어올리며 송도의 독주를 흔들고 있다.

4. 청라와 계양의 약진, 부평과 검단의 가성비

특히 주목할 만한 것은 청라와 계양의 약진이다. 청라는 호수 조망과 국제업무단지를 바탕으로, 대형 평형뿐만 아니라 소형 평형에서도 송도의 일부 단지를 위협하는 수준의 가격을 형성했다. 계양 역시 서부권 광역급행철도 기대감을 업고, 신축 대단지 '힐스테이트자이계양'이 6억 대 중반에 거래되며 단숨에 순위권에 진입했다.

부평과 검단은 다소 다른 위치에서 의미를 가진다. 부평은 전통적인 생활 중심지와 교통망을 기반으로 소형 아파트에서 안정적인 시세를 유지하고 있고, 검단은 상대적으로 저렴한 가격과 대규모 신축 단지라는 무기를 바탕으로 실수요자들에게 확실한 선택지가 되고 있다.

5. 투자 · 실거주 전략의 시사점

59㎡와 84㎡의 차별점은 장기적인 투자 및 주거 전략에 의미 있는 메시지를 던져 준다. 자금 여력이 충분한 실수요자라면, 송도의 대형 평형은 여전히 가장 안정적인 선택지다. 학군, 인프라, 국제도시 브랜드를 고려했을 때 장기적으로도 프리미엄이 유지될 가능성이 크다.

그러나 투자자나 합리적인 선택을 원하는 수요자라면, 청라, 계양, 부평, 검단의 소형 평형에 주목할 필요가 있다. 이 지역들은 교통 호재와 생활권 수요를 기반으로 송도의 고가 시장이 만들어 내는 '가격 전이 효과'를 받을 가능성이 크기 때문이다.

정리하면, 인천 아파트 시장은 평형에 따라 전혀 다른 지형도를 보여 준다. 84㎡ 시장은 송도가 독주하며 인천의 프리미엄을 대표하고, 59㎡ 시장은 청라, 계양, 부평, 검단이 송도를 추격하는 다극 체제로 재편되고 있다.

이 두 시장의 차이는 단순히 가격의 문제가 아니라, 인천이라는 도시의 성장 방식과 수요 구조를 압축적으로 보여 주는 단서이기도 하다.

4장

세대수와 입지로 본
인천 아파트 투자 전략

(더샵 부평센트럴시티 아파트)

■ 인천 대단지 아파트 세대수 Top 20
(자료: 아실, 2025.09. 현재)

순위	단지명	자치구	세대수	입주연도	84㎡ 실거래가
1	더샵부평센트럴시티	부평	5,678	2022.05.	6억 5천만 원
2	구월힐스테이트 롯데캐슬골드1단지	남동	5,076	2007.08.	5억 원
3	e편한세상부평그랑힐스	부평	5,050	2023.10.	7억 5천만 원
4	인천 SK 스카이뷰	미추홀	3,971	2016.06.	6억 1천만 원
5	롯데캐슬골드2단지	남동	3,384	2007.08.	5억 1천만 원
6	루원e편한세상하늘채	서해	3,331	2009.09.	5억 7천만 원
7	포레시안	남동	3,208	2011.05.	4억 5천만 원
8	더샵송도마리나베이	연수	3,100	2020.07.	7억 원
9	힐스테이트푸르지오주안	미추홀	2,958	2023.06.	6억 7천만 원
10	솔빛마을주공1차	제물포	2,711	2003.04.	3억 5천만 원
11	e편한세상송도	연수	2,708	2018.10.	6억 9천만 원
12	송도더샵센트럴시티	연수	2,610	2018.09.	8억 4천만 원
13	동인천역파크푸르지오	제물포	2,562	2022.08.	6억 원
14	금호타운	부평	2,539	1998.02.	4억 9,500만 원
15	동아1단지	부평	2,475	1988.11.	5억 4,700만 원
16	간석래미안자이	남동	2,432	2008.10.	6억 800만 원
17	검암역로열파크씨티 푸르지오2단지	검단	2,426	2023.06.	6억 7천만 원
18	검암역로열파크씨티 푸르지오1단지	검단	2,379	2023.06.	5억 9천만 원
19	루원시티SK리더스뷰	서해	2,378	2022.01.	9억 4천만 원
20	힐스테이트자이계양	계양	2,371	2024.03.	8억 2,500만 원

세대수와 입지로 본 인천 아파트 투자 전략

아파트 시장에서 세대수와 입지는 가장 중요한 두 축이다. 세대수가 많을수록 거래량이 활발해 시세가 안정적으로 형성되고, 입지가 뛰어날수록 가격의 지속성과 상승 여력이 확보된다. 인천의 대단지 아파트 순위(2025년 9월 기준, 아실)를 살펴보면 이 두 요소가 어떻게 맞물려 시장 흐름을 만들어 가는지 명확하게 드러난다.

1. 세대수는 '거래 안정성'을 만든다

1위 더샵부평센트럴시티(5,678세대, 2022년 입주)와 3위 e편한세상부평그랑힐스(5,050세대, 2023년 입주)는 부평을 대표하는 재개발 대단지다. 세대수가 5천 가구를 넘어서는 초대형 단지는 실거래량이 풍부해 가격이 쉽게 왜곡되지 않고, 매수·매도자 모두 안심하고 거래할 수 있는 장점이 있다. 또한 단지 규모가 크면 커뮤니티 시설과 상업시설이 함께 들어서 '작은 도시'와 같은 생활권을 형성한다.

반면, 세대수가 적은 단지는 국지적 요인에 따라 가격이 급등락하기 쉽다. 따라서 안정적인 자산으로서의 아파트를 원한다면 대단지를 우선 고려하는 것이 기본 전략이 된다.

2. 입지는 '가치의 지속성'을 보장한다

세대수가 많다고 해서 항상 높은 시세를 보장받는 것은 아니다. 가격은 결국 세대수라는 규모의 힘과 입지, 입주 시기라는 질적 요인이 함께 작용해 결정된다. 대표적으로 '루원시티SK리더스뷰(2,378세대, 2022년 입주)'는 9억 원대에 거래되며 인천 서북부 생활권의 새로운 랜드마크로 자리 잡았다. 이 단지는 5천 세대급 초대형은 아니지만, 2천 세대가 넘는 대단지임에도 불구하고, 세대수보다는 인천2호선이 중심부를 통과하고 7호선 청라 연장이라는 교통 호재, 신도시급 인프라가 시세를 끌어올린 사례다. 결국 세대수는 보조 요인일 뿐, 입지가 가격의 지속성을 좌우하는 핵심 변수임을 보여 준다.

송도의 경우, 송도더샵센트럴시티(2,610세대, 2018년 입주)가 8억 원대 시세를 기록하고 있다. 이 단지는 세대수라는 대단지 프리미엄 위에, 국제도시 브랜드 가치와 글로벌 비전, 교육과 산업 인프라가 더해지며 가격을 형성했다. 단순한 교통 편리성이 아니라, 도시가 지향하는 미래 가치와 이미지가 시세에 녹아든 것이다.

결국 세대수는 가격 형성의 기반을 제공하지만, 입지가 이를 강화하거나 제약하는 궁극적 변수다. 교통망, 도시계획, 생활 인프라, 브랜드가 결합된 입지를 확보한 단지는 시간이 지날수록 가치가 공고해지고, 세대수와 무관하게 지속적인 수요를 확보한다.

3. 구도심과 신도시, 서로 다른 투자 포인트

부평구, 남동구, 미추홀구, 제물포구와 같은 인천의 구도심에는 재개발, 재건축, 도시개발 사업을 통해 형성된 초대형 단지가 속속 들어서고 있다. 이 지역들은 이미 수십 년간 축적된 생활 인프라를 기반으로 한다. 전통적인 상권, 학군, 의료·행정시설 등이 가까이에 있어 입주민들의 일상은 안정적으로 뒷받침된다. 이러한 기반 덕분에 구도심 대단지는 가격이 급격히 변동하기보다는 비교적 안정적인 흐름을 보이며, 실수요자 중심의 수요를 꾸준히 확보한다. 그러나 이미 성숙 단계에 접어든 지역이 많아 향후 개발 호재에 따른 추가 상승 여력은 다소 제한적일 수 있다. 따라서 구도심 대단지는 시세 차익을 노리는 단기 투자보다는, 생활 편의와 안정성을 중시하는 실거주 중심의 전략이 더 적합하다.

반면 송도, 루원시티, 검단신도시와 같은 신도시는 다른 양상을 보여준다. 이 지역의 대단지 아파트는 아직 도시 성장의 궤도 위에 있으며, 교통망 확충과 대규모 도시계획이 맞물리면서 상승 여력이 크다. 송도는 국제도시라는 글로벌 브랜드와 바이오, 국제업무, 교육 클러스터라는 강력한 성장 동력을 갖추었고, 루원시티는 인천2호선, 7호선 청라 연장 등 교통 호재와 더불어 신도시급 상권과 공원이 결합되어 새로운 중심지로 자리매김하고 있다. 검단신도시는 서울 접근성 개선을 위한 교통망 확충이 핵심 변수로, 인천1호선, 서부권광역급행철도, 인천2호선 고양 연장 등 대형 교통 인프라가 현실화될수록 가치가 크게 오를 수 있다.

다만 신도시는 입주 초기에는 수요와 공급이 한꺼번에 몰리기 때문에 가격 변동성이 클 수 있다. 공급 물량이 많은 시기에는 일시적으로 시세가 조정되기도 하지만, 장기적으로는 도시 인프라가 완성됨에 따라 안정과 성장을 동시에 누릴 가능성이 높다. 따라서 신도시 대단지는 단기 시세 변화를 감내할 수 있는 투자자에게 유리하며, 장기적인 도시 성장과 교통망 개선에 베팅하는 전략이 적합하다.

결국 구도심과 신도시는 각각 다른 투자 포인트를 가진다. 구도심은 안정성과 생활 편의성, 신도시는 성장성과 미래 가치라는 키워드를 중심으로 접근해야 한다. 투자자는 자신의 목적이 실거주 안정인지, 장기 투자 수익인지에 따라 선택의 무게중심을 달리할 필요가 있다.

4. 투자 전략의 핵심

아파트 투자의 성패는 단순히 가격의 높고 낮음으로 갈리지 않는다. 세대수, 입지, 지역 성격, 브랜드와 입주 연차라는 네 가지 요소를 어떻게 조합하느냐가 관건이다. 이 네 축을 이해하면 시장의 흐름 속에서 흔들리지 않고 자신만의 기준을 세울 수 있다.

첫째, 세대수로 안정성을 확보하라. 최소 2천 세대 이상 대단지는 단지 내부에 커뮤니티 시설과 상권을 갖추고, 학교, 공원 같은 기반 시설도 함께 조성되는 경우가 많다. 세대수가 많다는 것은 곧 거래량이 꾸준히 발생한다는 의미이기도 하다. 시장이 하락기에 접어들더라도 거래가 완전히 끊기지 않고, 다시 회복기에 접어들면 가장 먼저 시세를 견인하는 것도 대단지다. 따라서 '최소 2천 세대'라는 기준은 안정성과 환금성을 동시에 확보하는 투자 출발점이 된다.

둘째, 입지로 미래 가치를 확인하라. 현재의 시세만 보는 것은 반쪽짜리 판단이다. 향후 교통망 확충 계획이 있는지, 도시계획상 중심지로 지정된 곳인지, 상권과 학군이 형성될 잠재력이 있는지 등을 종합적으로 살펴야 한다. 예컨대 인천2호선, 7호선, GTX 노선, 제2경인선 등 대규모 교통 인프라는 특정 지역의 가치 지도를 단숨에 바꿔 놓는다. 입지는 단순히 '지금 편리한가'의 문제가 아니라, '앞으로 얼마나 더 편리해질 것인가'라는 미래 지향적 관점에서 평가해야 한다.

셋째, 구도심과 신도시의 차이를 활용하라. 구도심의 장점은 이미 생활 인프라가 완성되어 있어 안정적이고, 가격 변동성이 크지 않다는 점이다. 반면 신도시는 교통 호재와 도시 성장의 초입에 있기 때문에 향후 상승 여력이 크지만, 초기에는 공급 물량과 수요 변동으로 가격이 요동칠 수 있다. 따라서 구도심은 실거주와 안정적 자산 보전에 적합하고, 신도시는 장기 투자와 성장성 베팅에 유리하다. 두 영역의 성격을 구분해 투자 포트폴리오를 짜는 것이 현명하다.

넷째, 브랜드와 입주 연차를 반드시 체크하라. 동일한 입지라도 브랜드에 따라, 또 준공 시기에 따라 시세는 수억 원씩 차이가 날 수 있다. 신축 브랜드 아파트는 최신 평면 설계와 단지 커뮤니티 시설에서 우위를 점하며, 중장기적으로도 프리미엄을 유지하는 경향이 강하다. 반면 입주 20년 이상 노후 단지는 재건축 가능성을 검토해야 한다. 결국 브랜드와 입주 연차는 입지가 같을 때 가격의 세부 격차를 결정짓는 필터 역할을 한다.

결론적으로, 아파트 투자의 핵심은 '규모로 안정성을 확보하고, 입지로 미래를 내다보며, 지역 성격에 맞는 전략을 세우고, 브랜드와 연차로 디테일을 조율하는 것'이다. 이 네 가지 잣대를 갖추면 단순히 유행을 좇는 투자가 아니라, 시간이 지날수록 빛을 발하는 지속 가능한 투자가 가능하다.

5장

인천, 우산 없이 출퇴근 가능한
직결 아파트 5곳

(e편한세상 부평역 센트럴파크 아파트)

■ 인천, 지하철역 직결 아파트 5곳

연번	단지명	자치구	세대수	입주연도	지하철역
1	힐스테이트 송도더스카이	연수	1,205	2024.05.	인천지하철 1호선 국제업무지구역
2	송도아트윈 푸르지오	연수	999	2015.08.	인천지하철 1호선 센트럴파크역
3	e편한세상부평역 센트럴파크	부평	1,500	2024.11.	인천지하철 2호선 동수역
4	포레나 미추홀	미추홀	864	2022.08.	인천지하철 2호선 시민공원역
5	서희스타힐스 스타디움센트럴시티	미추홀	992	2022.04.	국철 1호선 도원역

  아파트와 지하철이 '직결'된 단지는 전국적으로 집값을 선도하는 흐름을 보이고 있다. 국토교통부 실거래가 자료를 보면 GTX-A와 SRT가 정차하는 동탄역과 연결된 동탄역 롯데캐슬은 전용 84㎡가 1년 사이 1억 4천만 원 이상 뛰었고, 부산 센텀시티역과 이어진 트럼프월드센텀I은 2025년 해운대구 동일 면적 최고가를 기록했다. 서울에서도 강동역 직결 래미안 강동팰리스가 같은 평형 최고가를 찍으며 직통 역세권의 희소 가치를 입증했다.

  이처럼 '비 맞지 않고 출퇴근 가능한 아파트'가 가격을 이끄는 이유는 뚜렷하다. 단순히 교통 접근성이 우수할 뿐 아니라, 대형마트, 문화센터, 병원 같은 생활 편의시설이 함께 조성되면서 교통과 생활의 가치를 동시에 충족하기 때문이다. 특히 최근 폭염, 집중호우 등 이상기후가 잦아지면서, 실내 동선으로만 생활이 가능한 주거 공간의 수요는 더욱 늘어나고 있다.

송도의 힐스테이트 더스카이와 아트윈푸르지오, 미추홀구의 포레나 미추홀, 서희스타힐스스타디움센트럴시티, 부평의 e편한세상 부평역 센트럴파크는 지역별 입지와 개발 상황 속에서 '직결 프리미엄'이 어떻게 시장을 선도하는지를 잘 보여 주는 대표 단지들이다.

1. 힐스테이트 송도더스카이, 1,205세대, 2024.05. 입주, 인천1호선 국제업무지구역 직결

송도 국제업무지구 한가운데 자리한 힐스테이트 더스카이는 초고층 (59층) 스카이라인이 주는 상징성과 탁월한 조망권을 갖춘 단지다. 무엇보다 국제업무지구역과 직접 연결돼 있어 비 오는 날에도 우산 없이 지하철을 이용할 수 있고, 단지 내 상업시설 '스카이 에비뉴'를 통해 쇼핑, 외식, 여가를 한 번에 해결할 수 있다. 주거와 업무, 상업 기능이 한 공간에서 이뤄지는 복합 구조 덕분에 직장, 생활, 여가가 매끄럽게 이어지는 생활 편의성은 송도 내에서도 독보적이다.

다만 주상복합 특유의 높은 분양가와 관리비 부담은 실수요자 입장에서 고려해야 할 부분이며, 국제업무단지의 개발이 아직 완전히 마무리되지 않아 업무 수요가 충분히 뒷받침되지 않는 점은 상권 활성화와 공실 리스크로 이어질 수 있다.

그럼에도 불구하고 송도더스카이의 미래 가치는 뚜렷하다. 국제업무단지가 완성 단계에 접어들고 GTX-B 노선 개통, 워터프런트 사업까지 현실화되면 송도는 글로벌 비즈니스 중심지로서의 위상을 확고히 할 것이다. 그 과정에서 힐스테이트 더스카이는 송도의 랜드마크 단지로 자리매김하며 프리미엄을 강화할 가능성이 크다.

2. 송도아트윈푸르지오, 999세대, 2015.08. 입주, 인천1호선 센트럴파크역 직결

송도 센트럴파크 바로 앞에 위치한 송도 아트윈푸르지오는 인천1호선 센트럴파크역과 지하로 직접 연결된 단지다. 센트럴파크 조망과 더불어 도보권에 국제학교, 컨벤시아, 쇼핑, 문화시설이 모여 있어 생활과 교육, 여가를 모두 누릴 수 있다. 송도 내에서도 '자연, 도시, 교통'이 한번에 충족되는 입지라는 점에서 실거주 만족도가 높다.

그러나 입주 10년 차에 접어든 준신축 단지인 만큼, 최근에 공급된 신축 단지에 비해 평면 구성이나 커뮤니티 시설 경쟁력은 다소 아쉽다. 또한 송도 특유의 주상복합 구조로 관리비 부담이 적지 않다는 점도 단점이다.

송도아트윈푸르지오는 센트럴파크라는 희소 입지와 역 직결 프리미엄의 결합은 향후에도 지속적인 가치를 제공할 것으로 보인다. 신규 공급 단지가 늘어나더라도 '센트럴파크, 역 직결'이라는 조합은 대체 불가한 장점으로 작용한다.

3. e편한세상 부평역센트럴파크, 1,500세대,
2024.11. 입주, 인천1호선 동수역 직결

부평2구역 재개발로 조성된 e편한세상 부평역센트럴파크는 총 1,500 세대 규모의 대단지 신축이다. 동수역 3번 출입구 이설과 연결통로 개통으로 지하철과 단지가 직접 연결돼, 비 오는 날에도 쾌적한 출퇴근이 가능하다. 부평 도심권 생활 인프라와 서울 접근성이 결합된 입지라는 점에서 장점이 뚜렷하다.

다만 동수역 자체의 네임밸류는 다소 약하고, 대규모 입주 물량이 한꺼번에 쏟아지면서 단기적으로 전세, 매매 시장이 불안정할 수 있다. 또한 부평 원도심 특유의 혼잡함은 여전히 존재한다.

GTX-B 수혜와 맞물려 부평권역의 가치 상승은 불가피하다. '신축 대단지, 직결 역세권'은 장기적 관점에서 투자 매력이 꾸준히 강화될 것이며, 결과적으로 부평을 대표하는 랜드마크 재개발 단지로 안착할 전망이다.

4. 포레나 미추홀, 864세대,
2022.08. 입주, 인천2호선 시민공원역 직결

미추홀구 도시재생을 상징하는 포레나 미추홀은 인천2호선 시민공원역과 지하로 직결돼 있다. 단지 내에는 복합몰 '아인애비뉴'와 메디컬센터가 함께 들어서 있어 외출 없이도 쇼핑, 여가, 진료가 가능하다. 구도심 속에서 신축 주상복합의 편리한 생활 인프라를 누릴 수 있다는 점이 가장 큰 장점이다. 특히 영화관, 대형 프랜차이즈, 의료시설이 결합된 구조는 인천 내에서도 드물어 입주민뿐 아니라 외부 방문객까지 끌어들이며 지역 상권 활성화에 기여하고 있다.

반면 송도나 청라 같은 신도시와 비교했을 때, 노후된 주변 환경과 교육 인프라의 상대적 열세는 한계로 지적된다. 교통망은 지하철 2호선 단일 노선에 의존하고 있어 광역 접근성 측면에서는 신도시에 비해 아쉬움이 있다. 또한 미추홀구 특유의 혼잡한 교통 여건과 재개발, 재건축 진행 과정에서 발생하는 생활 불편은 단기 거주 만족도를 떨어뜨릴 수 있다.

포레나 미추홀은 도시재생의 거점으로서 의미가 확실하다. 역 직결의 희소성과 대형 복합몰의 집객력은 장기적으로 시장에서 차별화 요인으로 작용할 것이다. 향후 인근 재개발 구역이 완성되면, 구도심 가치가 재평가되면서 대표 랜드마크 단지로 부상할 가능성이 크다.

5. 서희스타힐스스타디움센트럴시티, 992세대, 2022.04. 입주, 국철1호선 도원역 직결

서희스타힐스 스타디움센트럴시티는 국철1호선 도원역과 직결된 또 다른 미추홀구의 사례다. 인천축구전용경기장 인근 입지 덕분에 도심형 생활 인프라를 누릴 수 있고, 인천역, 동인천역까지 가까워 접근성이 높다. 다만 경기장 인접으로 인한 주말 혼잡과 주변 노후 환경은 한계로 꼽힌다. 그럼에도 불구하고 도심 재생과 맞물리면, 이 단지는 구도심 직결 아파트의 상징으로 자리 잡을 수 있다.

이 다섯 개 단지는 각각 다른 시기, 다른 배경에서 태어났지만 공통된 메시지를 던진다. '직결 아파트는 단순한 교통 편리성을 넘어 생활의 품격을 바꾸는 주거 유형이다.' 신도시에서는 랜드마크성을 강화하는 도구로, 구도심에서는 도시재생의 거점으로, 부평 같은 전통 도심에서는 재개발 가치의 증폭 장치로 기능한다. 인천에서 '우산 없이 출퇴근 가능한 삶'은 곧, 직결 아파트의 희소성을 상징하는 새로운 주거 트렌드가 되고 있다.

6장

인천, 단지 내 수영장 있는
아파트 22곳

(신검단중앙역 풍경채 어바니티2차 아파트)

■ 인천 단지 내 수영장 있는 아파트 22곳

순위	단지명	자치구	세대수	입주연도	레인 수
1	더샵 송도 아크베이	연수	775	2025.03.	3
2	디에트르 송도 시그니처뷰	연수	578	2023.09.	3
3	송도글로벌파크베르디움	연수	1,153	2017.11.	3
4	송도베르디움더퍼스트	연수	1,834	2017.03.	3
5	송도더샵센트럴시티	연수	2,610	2018.09.	6
6	송도오션파크베르디움	연수	1,530	2020.02.	3
7	호반써밋송도	연수	1,820	2023.02.	3
8	청라제일풍경채 에듀앤파크 2차	서해	1,581	2017.12.	4
9	청라린스트라우스	서해	590	2013.08.	3
10	루원시티프라디움	서해	1,598	2018.05.	4
11	루원시티린스트라우스	서해	1,412	2023.06.	3
12	검암역 로열파크씨티 푸르지오 2단지	검단	2,426	2023.06.	3
13	검단신도시2차디에트르더힐	검단	1,471	2022.09.	4
14	신검단중앙역 풍경채 어바니티 1차	검단	1,425	2024.11.	4
15	신검단중앙역 풍경채 어바니티 2차	검단	1,734	2025.04.	4
16	왕길역 로열파크씨티 푸르지오	검단	1,500	2024.09.	3
17	영종하늘도시우미린1단지	영종	1,680	2012.09.	3
18	영종하늘도시우미린2단지	영종	1,287	2012.08.	3
19	영종GS자이	영종	1,022	2009.11.	3
20	부개역푸르지오	부평	1,054	2010.01.	4
21	냇마을신영지웰	남동	985	2007.08.	3
22	인천SK스카이뷰	미추홀	3,971	2016.06.	3

*유아풀만 있는 아파트는 제외했음.

1. 연수구 — 송도의 압도적 위상

연수구는 단연 송도가 중심이다. 더샵 송도 아크베이, 디에트르 송도 시그니처뷰, 송도글로벌파크베르디움, 송도베르디움더퍼스트, 송도더샵센트럴시티, 송도오션파크베르디움, 호반써밋송도까지 무려 7개 단지가 수영장을 갖추고 있다. 이는 송도가 인천 내에서도 고급 주거지로 자리매김했음을 보여 준다. 특히 송도더샵센트럴시티의 6레인 수영장은 송도의 대단지 프리미엄과 맞물려 '수영 커뮤니티의 중심지'로 기능한다. 송도의 수영장은 단순한 운동 시설이 아니라, 고급화된 주거 브랜드 이미지와 생활 수준을 상징하는 장치라 할 수 있다.

2. 서해구 — 청라, 루원시티의 더블 축

서해구는 청라국제도시와 루원시티라는 두 신흥 거점에서 수영장 아파트가 집중된다. 청라제일풍경채 에듀앤파크 2차는 4레인 규모로 실질적인 체육시설 기능을 갖췄고, 청라린스트라우스 역시 초기 입주민의 고급 주거 수요를 반영한다. 루원시티프라디움과 루원시티린스트라우스 또한 각각 4레인과 3레인을 보유하며, 신도시 주거지의 브랜드 경쟁 속에서 커뮤니티 시설이 얼마나 중요한 경쟁 요소인지 보여 준다. 서해구에서는 '주거, 레저 복합 단지'라는 트렌드가 이미 정착했다고 볼 수 있다.

3. 검단구 — 신도시 프리미엄의 실험

검단신도시는 후발 주자로 출발했지만, 단지 내 수영장 시설을 적극적으로 도입하며 주거 경쟁력을 확보했다. 검암역 로열파크씨티 푸르지오 2단지(3레인), 검단신도시 2차 디에트르 더힐(4레인), 신검단중앙역 풍경채 어바니티 1·2차(각각 4레인), 왕길역 로열파크씨티 푸르지오(3레인)까지 5개 단지가 확인된다. 검단은 서울 접근성에서 송도, 청라보다 유리하고 또한 신축 브랜드 대단지가 단지 내 커뮤니티 시설을 대거 도입하면서 '아이 키우기 좋은 신도시'라는 이미지를 강화했다. 수영장은 바로 그 상징적 장치다.

4. 영종구 — 영종의 생활형 수영장

영종하늘도시의 우미린 1·2단지와 영종 GS자이는 모두 3레인 규모로, 2010년 전후에 지어진 중대형 단지들이다. 대단위 신도시 영종에서 수영장은 초기 입주민의 생활 만족도를 높이는 장치로 기능했다. 다만 송도, 청라와 달리 규모나 고급화 측면에서는 상대적으로 제한적이다. 이는 영종의 주거지가 공항, 관광 중심 도시의 성격과 맞물려, 생활 편의보다는 기본적 커뮤니티 충족 차원에 머물렀음을 시사한다.

5. 부평구 — 전통 도심 속 차별화

부평구에서는 부개역 푸르지오가 유일하게 단지 내 수영장을 갖춘 사례로, 4레인 규모다. 2010년 입주 단지라는 점에서 당시로서는 매우 선도적 시설이었다. 부평은 전통 도심이자 아파트 밀집 지역이지만, 대체로 커뮤니티 시설이 부족한 편이다. 따라서 부개역 푸르지오는 입주민에게 차별화된 주거 가치를 제공하며 여전히 지역 내 상징성을 갖는다.

6. 남동구 — 생활형 커뮤니티의 초창기 사례

남동구 냇마을 신영지웰(2007년 입주, 3레인)은 비교적 이른 시기에 단지 내 수영장을 갖춘 아파트다. 대규모 신도시형이 아니라 지역 내 거주민 수요에 기반해 수영장을 도입했다는 점에서 의미가 있다. 이는 남동구가 산업, 상업 기능과 더불어 생활 인프라에 대한 수요를 일찍이 반영했다는 사례라 할 수 있다.

7. 미추홀구 — 대단지 프리미엄의 상징

미추홀구에서는 인천 SK스카이뷰가 대표적이다. 3,971세대라는 초대형 단지답게 수영장을 포함한 대형 커뮤니티 시설을 갖췄다. 2016년 입주 당시만 해도 미추홀구의 새로운 랜드마크로 자리 잡았으며, 도심 재생의 신호탄 역할을 했다. 이 단지는 '구도심도 대단지, 커뮤니티'라는 공식이 통한다는 사실을 보여 준다.

결국 단지 내 수영장은 단순한 편의시설이 아니라, 지역 주거지의 위상과 정체성을 드러내는 상징적 장치다. 송도는 고급화의 아이콘, 청라, 검단은 신도시 경쟁력의 증거, 구도심은 차별화 전략으로 작용한다. 인천의 수영장 아파트 지형도를 통해 우리는 단순한 주거시설을 넘어, 도시 발전과 주거문화의 변화를 읽을 수 있다.

■ 스티그 인사이트

단지 내 수영장, 생활의 품격인가 관리의 부담인가

아파트 단지 내 수영장은 이제 단순한 운동 공간을 넘어, 주거의 품격을 상징하는 시설로 자리 잡고 있다. 인천만 보더라도 송도, 청라, 검단의 신도시 대단지들은 앞다투어 실내 수영장을 갖추며 '주거와 여가의 결합'이라는 새로운 라이프스타일을 제안한다. 그러나 이 화려한 이미지 이면에는 장점만큼이나 무시할 수 없는 단점과 부담이 공존한다.

무엇보다 가장 큰 장점은 생활의 편리함과 프리미엄 가치다. 집에서 몇 분이면 도달할 수 있는 수영장은 주민들에게 시간과 비용을 절약해 준다. 특히 송도더샵센트럴시티처럼 6레인 규모의 대형 수영장을 갖춘 단지는, 입주민이 굳이 외부 체육시설을 찾지 않아도 된다. 또한 단지 내 수영장은 아파트 브랜드 가치를 끌어올리는 중요한 장치다. 분양 시장에서 '수영장 있는 아파트'는 여전히 눈길을 끄는 키워드로 작용한다. 이는 단순한 편의성을 넘어, 고급화된 생활을 누릴 수 있다는 상징적 의미를 제공한다.

또 하나의 장점은 공동체 문화의 형성이다. 수영장은 단순한 운동 공간이 아니라 이웃이 자연스럽게 교류할 수 있는 사교 공간이 되기도 한다. 아이들은 또래와 함께 수영 강습을 받으며 성장하고, 성인들은 건강 관리와 여가 생활을 동시에 충족한다. 이는 아파트 커뮤니티가 단순한 거주지를 넘어, 생활 공동체로 발전하는 계기가 되기도 한다.

그러나 이와 동시에 관리와 비용의 부담이라는 단점이 따른다. 수영장은 단지 내 가장 유지비가 많이 드는 시설 중 하나다. 온수 공급, 수질 관리, 안전 요원 배치 등 운영비용이 만만치 않다. 이는 곧 관리비 상승으로 이어져, 입주민 간 갈등의 씨앗이 되기도 한다. 실제로 일부 단지에서는 '수영장을 폐쇄하거나 간헐적으로만 운영하자'는 논의가 발생하기도 한다.

또한 활용률의 격차도 문제다. 자주 이용하는 주민에게는 큰 혜택이지만, 이용하지 않는 가구에게는 '괜히 관리비만 부담하는 애물단지'가 될 수 있다. 특히 수영장을 선호하지 않는 고령층이나 1인 가구 입장에서는, 굳이 필요 없는 시설에 비용을 내야 한다는 불만이 제기될 수 있다.

더 나아가 공공수영장 대비 한계도 존재한다. 단지 내 수영장은 규모가 작아 전문적 훈련이나 대규모 프로그램 운영에는 제약이 있다. 레인이 3~4개 수준인 경우가 많아 피크 시간에는 붐비기 쉽고, 시설 노후화가 시작되면 만족도가 급격히 떨어질 수 있다.

결국 단지 내 수영장은 장점과 단점이 뚜렷한 양날의 검이다. 입주민에게는 편리함과 품격을, 단지에는 프리미엄 이미지를 부여하지만, 동시에 관리비 부담과 이용률 문제라는 숙제를 안긴다. 인천의 사례가 보여 주듯, 송도의 대단지, 청라와 검단의 신도시, 구도심의 일부 단지까지 수영장은 주거문화를 업그레이드하는 중요한 상징이 되어 가고 있다. 그러나 그것을 진정한 생활의 자산으로 만들지, 아니면 관리비만 잡아먹는 애물단지로 만들지는 결국 입주민의 선택과 운영 방식에 달려 있다.

7장

인천, 공공 수영장 가까운 아파트

(연수구 옥련동 옹암체육센터)

■ 인천 공공 수영장 가까운 아파트 35곳

연번	단지명	자치구	세대수	입주연도	수영장
1	래미안송도역센트리폴3BL	연수	1,027	2027.12.	옹암체육센터
2	래미안송도역센트리폴2BL	연수	819	2028.01.	
3	래미안송도역센트리폴1BL	연수	706	2028.01.	
4	송도롯데캐슬아파트	연수	643	2012.10.	송도체육센터
5	송도캐슬앤해모로	연수	1,439	2013.09.	
6	한화포레나인천연수	연수	767	2023.09.	문학박태환수영장
7	더샵부평센트럴시티	부평	5,678	2022.05.	열우물경기장수영장
8	삼산타운주공6단지	부평	784	2004.08.	삼산월드체육관
9	삼산타운주공7단지	부평	1,314	2004.08.	
10	래미안부평	부평	1,145	2014.09.	인천여성문화회관 수영장
11	부평역화성파크드림	부평	541	2010.11.	부평남부체육센터
12	부평역해링턴플레이스	부평	1,909	2024.11.	
13	한화아파트1단지	부평	744	1997.03.	인천북부교육문화센터
14	산곡현대5차	부평	1,161	1993.11.	
15	청라SK뷰	서해	879	2011.12.	청라복합문화센터
16	청라호수공원한신더휴	서해	898	2020.06.	
17	검암풍림아이원2차	서해	718	2004.05.	서구구민체육센터
18	검암지구서해그랑블	서해	950	2003.09.	
19	인천가정A2신혼희망타운	서해	801	2026.05.	인천반다비체육센터
20	검단아이파크2차	검단	409	2010.05.	검단복지회관수영장
21	검단힐스테이트1차	검단	465	2007.01.	
22	검암역푸르지오1단지	검단	2,379	2023.06.	드림파크수영장
23	검암역푸르지오2단지	검단	2,426	2023.06.	
24	송림풍림아이원	제물포	1,355	2009.08.	송림체육관수영장
25	인천송림휴먼시아1단지	제물포	1,011	2009.07.	

26	인천두산위브더센트럴	제물포	1,321	2025.12.	인천 동구
27	인천브리즈힐	제물포	920	2021.06.	문화체육센터
28	서희스타힐스스타디움	제물포	992	2022.04.	인천도원수영장
29	창보밀레시티5단지	영종	366	2003.12.	하늘문화센터
30	영종베르힐스카이시티	영종	1,224	2025.01.	영종복합문화센터
31	영종제일풍경채디오션	영종	670	2025.08.	
32	어진마을한화꿈에그린6단지	남동	982	2007.12.	남동수영장
33	만수주공4단지	남동	2,220	1987.07.	남동국민체육센터
34	두산위브센트럴여의	미추홀	1,115	2025.05.	미추홀구국민체육센터
35	시티오씨엘4단지	미추홀	428	2025.01.	미추홀구 수영장(예정)

인천, 수영장과 함께하는 생활권

아파트의 가치는 단순히 평형이나 세대수에 의해 결정되지 않는다. 거주자의 삶의 질을 높여 주는 생활 인프라의 충실도가 중요한 기준이 된다. 그 가운데 공공 수영장은 대표적인 생활 체육 기반 시설이다. 아이들에게는 체계적인 수영 교육장이 되고, 성인에게는 체력 단련과 스트레스 해소의 장이 되며, 노년층에게는 관절에 무리가 적은 재활 운동 공간이 된다. 즉, 세대를 아우르는 보편적 생활 인프라로 기능한다.

일부 고급 단지들은 커뮤니티 시설로 자체 수영장을 갖추기도 한다. 그러나 수영장은 특성상 관리 인력과 운영비가 많이 들어가고, 안전 문제까지 고려해야 하므로 장기간 안정적으로 유지되기 어렵다. 실제로 시간이 흐르면서 이용 제한이 생기거나 관리비 부담이 커지는 경우가 적지 않다. 반면 지자체가 운영하는 공공 수영장은 전문 인력이 상주하고 체계적으로 관리되기 때문에 이용 안정성과 지속 가능성에서 훨씬 강점을 지닌다.

주거지 인근에 공공 수영장이 있다는 사실은 생활 패턴에도 의미 있는 변화를 가져온다. 멀리 이동하지 않고도 운동과 여가를 손쉽게 즐길 수 있으며, 자녀 교육과 가족 여가를 동시에 해결할 수 있다. 이는 단순한 편의 차원을 넘어, 장기적으로 주거 만족도와 아파트의 부동산 가치에 긍정적인 영향을 미친다.

■ 스티그 인사이트

아파트와 공공 수영장은 직접적인 연관이 없어 보일 수 있다. 그러나 주거지의 질을 높이는 생활 인프라라는 시각에서 보면 이야기는 달라진다. 단지 내 수영장은 관리와 비용 문제로 장기적 운영이 쉽지 않지만, 공공 수영장은 안정성과 지속성을 담보할 수 있다. 따라서 공공 수영장 인접 아파트는 단순한 체육 시설을 넘어, 건강, 교육, 여가를 아우르는 생활권 가치를 가진다. 이는 향후 인천 주거지 평가에서 중요한 차별 요소로 작용할 것이다.

1. 연수구: 국제도시와 생활체육의 결합

연수구는 송도국제도시뿐 아니라 선학, 연수, 동춘 등 전통 주거지까지 품고 있는 지역이다. 바다와 빌딩 숲의 이미지가 강한 송도와 달리, 연수구 전체로 보면 생활 체육 기반이 잘 갖춰진 생활권이라는 특징이 있다. 옹암체육센터, 문학박태환 수영장(미추홀구) 등 공공 수영장이 곳곳에 자리하고, 특히 선학동의 한화 포레나 인천연수는 문학산 조망과 수영장 인프라를 동시에 누릴 수 있는 단지다. 연수구는 이러한 생활 인프라 덕분에 '국제도시'와 '기존 생활권'이 공존하는 균형 도시로 자리매김하고 있다.

송도는 인천을 대표하는 글로벌 신도시로, 주거 이미지는 바다, 국제 업무, 고층 빌딩에 집중돼 있다. 하지만 최근에는 공공 수영장과 같은 생활 인프라가 더해지며 주거 가치의 폭이 넓어지고 있다. 송도롯데캐슬, 송도캐슬앤해모로 등 기존 단지들은 송도체육센터와 연계돼 생활체육 인프라를 공유한다. 송도는 '역세권·숲세권'보다는 '공세권·국제도시 인프라'라는 특성이 강하다. 센트럴파크와 해양공원, 국제 업무·교육시설과 함께 공공 수영장 같은 체육시설이 더해지면서, 장기적으로 주거 만족도와 프리미엄을 높이는 요소로 작용할 가능성이 크다.

2. 부평: 전통 도심과 생활 체육의 연결

부평은 인천에서 가장 서울 접근성이 뛰어난 지역으로, 산곡, 청천동 일대 재개발과 맞물려 신흥 주거타운으로 변모하고 있다. 더샵 부평센트럴시티, 래미안부평, 삼산타운 아파트들은 각각 열우물경기장 수영장, 삼산월드체육관, 인천여성문화회관, 부평남부 체육센터, 인천북부 교육문화센터와 같은 굵직한 공공 수영장과 맞닿아 있다. 부평의 경우 단순히 운동 공간을 넘어, 교육·여가·문화가 결합된 생활권으로서 가치를 인정받는다. 이는 재개발 대단지와 공공 인프라가 시너지를 내는 전형적인 사례다.

3. 청라, 검암: 신도시형 수영장 생활권

청라와 검암은 원도심 대비 주거 환경이 쾌적한 신도시 이미지가 강하다. 청라SK뷰, 청라호수공원 한신더휴, 검암 풍림아이원 등은 청라복합문화센터, 서구구민체육센터와 인접해 있어 '도시형 수영 생활권'을 형성한다. 특히 검암역 로열파크씨티 푸르지오 1·2단지는 드림파크 수영장과의 결합으로, 초대형 단지, 리조트형 조경, 수영장 생활이라는 새로운 주거 유형을 보여 준다. 이는 공항철도와 맞물려 장기적으로 안정적인 수요층을 확보할 것이다.

4. 검단: 신흥 주거지와 수영 인프라의 결합

검단은 인천 서북부의 대표적인 성장 거점이지만, 구도심과 신도시의 상황은 크게 다르다. 검단 구도심에는 검단복지회관 수영장이 자리해 주민들의 생활체육 수요를 충족시켜 왔다. 그러나 교통 측면에서는 인천1호선이나 수도권광역급행철도와는 직접적인 연계가 없어, 광역 접근성에서는 한계를 드러낸다.

반면 검단신도시는 계획 인구 18만 명을 넘는 대규모 신도시로 조성되고 있으며, 교통 호재의 중심에 있다. 수도권광역급행철도가 현실화되면 서울 접근성은 획기적으로 개선될 것이다. 하지만 아이러니하게도 공공 수영장을 비롯한 생활체육 인프라는 아직 부재하다. 현재는 일부 대단지 커뮤니티 시설이 수영장의 기능을 대체하고 있을 뿐이다.

따라서 검단은 교통망은 신도시가, 수영 인프라는 구도심이 각각 담당하는 불균형 구조를 보인다. 앞으로 검단신도시에 공공 체육시설이 확충된다면, 교통, 교육, 여가를 동시에 충족시키는 주거지로서의 완성도가 한층 높아질 것이다.

5. 검단에 필요한 생활 인프라 과제

검단신도시가 진정한 자족도시로 자리매김하기 위해서는 교통망만큼이나 생활 인프라 확충이 필수적이다. 특히 공공 수영장을 비롯한 체육, 문화시설은 신도시의 규모와 인구를 고려할 때 반드시 필요한 요소다. 신도시 주민들이 단순히 서울로 출퇴근하는 '베드타운'이 아니라, 지역 내에서 여가와 교육, 건강 관리까지 해결할 수 있어야 비로소 도시 경쟁력이 확보된다.

검단은 교통 호재라는 확실한 성장 동력을 지녔지만, 생활 인프라의 균형 발전 없이는 장기적인 주거 만족도를 담보하기 어렵다. 앞으로 신도시 계획 속에 공공 수영장을 포함한 종합 체육시설이 반영된다면, 검단은 단순한 교통 중심지를 넘어 삶의 질을 보장하는 주거지로 도약할 수 있을 것이다.

6. 제물포 · 영종 · 남동: 생활권 수영장의 생활 가치

제물포권은 송림체육관, 동구문화체육센터, 인천도원수영장 등 공공 수영장이 가까워 도심형 주거지의 단점을 상쇄한다. 영종 역시 하늘문화센터, 영종복합문화센터를 기반으로 새로운 생활 인프라를 구축 중이다. 남동구는 전통적으로 남동수영장과 국민체육센터를 중심으로 한 생활 체육의 거점이다. 어진마을 한화꿈에그린, 만수주공 등은 오래된 단지지만 공공 체육시설 접근성 덕분에 거주 만족도를 유지하고 있다.

7. 미추홀: 원도심 속 수영장 생활권

미추홀구에는 두산위브센트럴여의에 인접한 미추홀구 국민체육센터와 시티오씨엘 4단지 옆에 건립 예정인 '미추홀 수영장(가칭)'이 대표적인 공공 수영장이다. 두 시설 모두 접근성이 좋아 용현, 학익, 숭의동 주민들이 쉽게 이용할 수 있다. 미추홀구는 대단지 커뮤니티 수영장은 적지만, 공공 수영장이 밀집해 있어 관리비 부담 없이 세대별 프로그램을 이용할 수 있다는 점이 장점이다.

인천 부동산, 공공 인프라가 답이다

공공 수영장이 가까운 아파트는 단순한 편의성을 넘어 건강 · 교육 · 여가가 결합된 라이프스타일을 가능하게 한다. 단지 내 수영장은 관리와 비용 부담의 한계가 있지만, 공공 수영장은 지속 가능성이 높아 장기적인 주거 만족도를 보장한다. 특히 인천처럼 신도시와 원도심이 혼재한 도시에서는 공공 수영장 인접 여부가 주거지 선택의 중요한 차별 요소로 작용한다.

따라서 앞으로 인천 부동산 시장을 바라볼 때, 교통 호재나 재개발뿐 아니라 '공공 수영장 근접성'이라는 생활 인프라 가치도 함께 고려하는 것이 현명한 투자 전략이 될 것이다.

8장

인천, 숲세권 아파트 21곳

(e편한세상 부평 그랑힐스 아파트)

■ 인천 숲세권 아파트 21곳

연번	단지명	자치구	세대수	입주연도	산(높이)
1	계양롯데캐슬파크시티1단지	계양	1,964	2027.10.	천마산(286m)
2	계양롯데캐슬파크시티2단지	계양	1,089	2027.11.	
3	포레나루원시티	서해	1,128	2022.12.	
4	힐스테이트자이계양	계양	2,371	2024.08.	중구봉(276m)
5	한화포레나인천연수	연수	767	2023.09.	문학산(217m)
6	래미안송도역센트리폴3BL	연수	1,027	2027.12.	
7	래미안송도역센트리폴2BL	연수	819	2028.01.	
8	래미안송도역센트리폴1BL	연수	706	2028.01.	
9	부평역해링턴플레이스	부평	1,909	2024.11.	부개산(202m)
10	포레시안	남동	3,208	2011.05.	만수산(201m)
11	신검단중앙역풍경채어바니티	검단	1,425	2024.11.	금정산(156m)
12	검단신도시우미린클래스원	검단	875	2025.11.	
13	e편한세상부평그랑힐스	부평	5,050	2024.12.	장수산(128m)
14	한신휴플러스	미추홀	494	2006.09.	승학산(123m)
15	신검단중앙역풍경채어바니티2차	검단	1,734	2025.04.	황화산(119m)
16	신검단중앙역 금강펜테리움	검단	1,049	2025.11.	
17	연수서해그랑블1단지	연수	1,043	2017.11.	봉재산(103m)
18	연수서해그랑블에듀파크	연수	641	2024.03.	
19	루원호반베르디움더센트럴	서해	980	2018.01.	승학산(101m)
20	검암역로열파크씨티 푸르지오1단지	검단	2,379	2023.06.	골막산(78m)
21	검암역로열파크씨티 푸르지오2단지	검단	2,426	2023.06.	

인천 숲세권 아파트의 특징

도시와 숲은 서로 상반된 가치를 지닌 듯 보인다. 도시는 효율성과 편리함, 숲은 여유와 치유를 상징한다. 그러나 인천은 이 두 요소가 의외로 자연스럽게 공존하는 도시다. 바다와 항만의 이미지가 강한 인천이지만, 실제 지도를 펼쳐 보면 계양산, 문학산, 부개산, 만수산, 봉재산과 같은 중저산이 생활권 곳곳에 자리 잡고 있다. 이 산들은 높지 않으면서도 도심과 맞닿아 있어, '숲세권 아파트'라는 독특한 주거 유형을 가능하게 한다.

숲세권 아파트의 첫 번째 특징은 쾌적성이다. 산과 맞닿은 단지들은 사계절의 변화를 가장 가까이에서 누릴 수 있다. 봄에는 연둣빛 신록이, 여름에는 짙은 그늘이, 가을에는 단풍이, 겨울에는 설경이 일상적 배경으로 제공된다. 도심의 소음과 매연에서 벗어나, 창을 열면 푸른 숲이 보인다는 사실은 단순한 미관 이상의 가치를 가진다. 이러한 환경은 정신적 안정감과 건강한 생활습관을 유도한다. 특히 은퇴 세대에게는 '도심 속 힐링 라이프'를 가능하게 하고, 자녀 양육 세대에게는 안전한 놀이와 산책의 공간을 제공한다.

두 번째 특징은 조망과 희소성이다. 같은 평형이라도 산 조망이 확보된 세대는 수천만 원의 프리미엄이 붙는다. 인천의 경우 문학산을 마주한 래미안 송도역 센트리폴이나, 장수산 자락에 자리한 e편한세상 부평그랑힐스 같은 단지는 숲세권의 대표적인 사례다. 이런 단지들은 단순히 아파트가 아니라, '전망'을 소비하는 상품으로 자리 잡는다. 도시의 빌딩 숲이 아닌, 자연의 숲을 조망한다는 점에서 그 가치는 더욱 특별하다.

　그러나 숲세권이 장점만 있는 것은 아니다. 한계와 불편도 분명 존재한다. 산 바로 앞에 위치한 단지는 벌레의 유입, 습기, 겨울철 일조량 부족이라는 문제를 겪는다. 또 공원과 맞닿은 단지는 외부인 유동 인구가 많아 사생활 침해와 소음 문제로 이어지기도 한다. 따라서 숲세권이라 하더라도 단지 배치, 동 위치, 조망 방향에 따라 실제 거주 만족도는 크게 달라진다.

　그럼에도 불구하고 숲세권 아파트가 지닌 가치의 지속성은 무시하기 어렵다. 도시의 교통망이나 상업시설은 시대에 따라 이동하거나 변할 수 있지만, 산과 숲은 도시의 가장 안정적인 배경이다. 특히 인천은 GTX-B, 7호선 청라 연장, 제2경인선 재추진 등 교통 호재가 이어지고 있다. 숲세권 단지가 이러한 교통망과 결합할 경우, '숲세권, 역세권'이라는 복합 프리미엄을 형성하게 된다. 계양·검단·루원시티 일대가 그 대표적 사례가 될 가능성이 크다.

　결국 인천의 숲세권 아파트는 도시와 자연의 균형을 상징하는 주거 형태다. 단기적 가격 급등을 이끄는 것은 아니지만, 장기적으로는 꾸준히 수요를 확보하며 가격 방어력을 보여 준다. 부동산을 단순한 자산이 아닌 삶의 터전으로 바라본다면, 숲세권 아파트야말로 '사람답게 사는 공간'에 가장 근접한 선택지라 할 수 있다.

■ 스티그 인사이트

1. 계양롯데캐슬파크시티 1단지(천마산, 1,964세대, 2027.10.)

천마산 자락에 들어서는 대규모 브랜드 단지다. GTX-D,E 작전역 가깝고 대장홍대선 청라연장(효성역 예정)이 예정돼 있어 향후 '숲세권, GTX세권'이라는 드문 조합을 누릴 수 있다. 계양 테크노밸리와 공항경제권의 확장성이 맞물리면 직주근접 수요도 꾸준히 흡수할 것이다. 숲이 주는 쾌적성과 첨단 산업지구와의 접근성이 공존한다는 점에서 장기적 가치가 높다.

2. 계양롯데캐슬파크시티 2단지(천마산, 1,089세대, 2027.11.)

1단지와 함께 블록 단위의 대규모 타운을 형성하며, 천마산 숲세권 입지를 공유한다. 단일 단지보다 브랜드 타운으로서 더 큰 시너지를 낼 수 있다. 대규모 숲세권 단지는 '거주 선호도'와 '가격 방어력'에서 유리하다.

3. 포레나 루원시티(천마산, 1,128세대, 2022.12.)

루원시티에서 보기 드문 숲세권 단지다. 더블역세권(인천2호선·7호선 연장 예정)과 숲세권을 동시에 가진 사례로, 도심형 숲세권의 가치를 입증하고 있다.

4. 힐스테이트자이 계양(중구봉, 2,371세대, 2024.08.)

중구봉 산자락에 들어선 대단지로, 브랜드와 세대수에서 계양권을 대표할 만하다. 숲이 주는 힐링 효과와 GTX 작전역, 대장홍대선 청라 연장 논의가 맞물리면 '도시-자연-교통'이 결합된 상징적인 주거 단지가 될 것이다.

5. 한화 포레나 인천연수(문학산, 767세대, 2023.09.)

한화 포레나 인천연수는 연수구 선학동 문학산 남쪽 자락에 들어선 767세대 단지로, 인천 최초 민간공원 특례사업을 통해 조성됐다. 지하 3층~지상 23층, 9개 동 규모이며 전용 84㎡ 단일 면적으로만 구성되어 있다. '포레나' 브랜드 특유의 외관 디자인과 특화 설계가 더해져, 지역 내에서 상품성과 희소성이 동시에 부각되는 단지다.

한화 포레나 인천연수의 가장 큰 장점은 자연 친화성이다. 무주골 근린공원(약 8만 5천㎡ 규모)을 곁에 두고, 문학산 숲 조망이 가능하다. 도심과 숲이 공존하는 입지라서 '이중 숲세권'을 누릴 수 있다. 공원과 산이 주는 쾌적성과 치유적 환경은 송도, 구월, 미추홀 어디에서도 쉽게 찾기 어려운 조건이다.

단점이라면 초등학교와의 거리가 상대적으로 멀다는 것이다. 도보 통학이 쉽지 않아 학부모 수요층에게는 아쉬움이 남는다. '초품아' 입지를 중시하는 가정에게는 선택에서 후순위로 밀릴 가능성이 크다. 이 점은 숲세권과 교통 호재라는 강점에도 불구하고 실거주 선호도를 일정 부분 제약할 수 있다.

6. 래미안 송도역 센트리폴 3BL(문학산, 1,027세대, 2027.12.)

송도와 미추홀의 경계 지점에 들어서는 래미안 송도역 센트리폴은 문학산 숲 조망을 품고 있는 드문 단지다. 단순히 숲세권에 머무르지 않고, 교통 호재까지 중첩된 입지라는 점에서 주목된다. 이미 1·2·3블록 모두 조기 완판에 성공하며, '래미안' 브랜드의 파워와 시장의 높은 기대감을 입증했다.

총 2,549세대(1BL 706, 2BL 819, 3BL 1,024)의 대단지로 구성되며, 삼성물산이 시행부터 시공까지 직접 맡은 자체 사업이라는 점에서 안정성과 신뢰도가 크다. 지난해 청약 경쟁률은 평균 24.2대 1, 무려 3만 3천 건 이상의 청약이 몰리며 인천 전체 1순위 청약의 38%를 차지했다는 사실만으로도 시장의 관심도를 알 수 있다.

미래가치는 더욱 확실하다. 단지 인근 송도역은 인천발 KTX와 월곶판교선 개통이 예정되어 있다. 개통 후에는 인천에서 강릉·부산·목포까지 환승 없는 고속철 연결이 가능해지고, 송도역에서 판교역까지 직결되는 노선은 강남 접근성을 획기적으로 개선한다. 래미안 송도역 센트리폴은 '숲세권, 역세권, 광역 교통망'이라는 삼중 프리미엄을 누리게 된다.

문학산 자락이 주는 쾌적성과, 삼성물산 래미안 브랜드의 안정성, 그리고 KTX·월판선이라는 교통 혁신이 결합된 곳. 래미안 송도역 센트리폴 3BL은 단순한 신축 아파트를 넘어, 송도와 미추홀을 잇는 미래 거점 단지로 자리매김할 가능성이 높다.

7. 래미안 송도역 센트리폴 2BL(문학산, 819세대, 2028.01.)

　래미안 송도역 센트리폴 2BL은 송도역세권 도시개발사업 부지에 들어서는 3개 블록 중 하나로, 지상 최고 40층에 달하는 고층 스카이라인이 특징이다. 총 819세대 규모로 구성되며, 전용 59~95㎡ 중소형 평형 위주라 실수요층의 선호도가 높다. 특히 단지 바로 앞에는 신설 예정 초등학교와 고등학교가 자리할 예정이라, '초품아' 입지라는 점에서 젊은 세대의 교육 수요를 흡수할 가능성이 크다.

　무엇보다 이 단지는 문학산 숲세권과 송도역 광역 교통망을 동시에 품는다. 창밖으로는 문학산 숲이 펼쳐지고, 도보권에는 송도역이 있어 인천발 KTX, 월곶판교선, 경강선(송도~강릉) 등 다중 교통 호재를 누릴 수 있다. 인천에서 부산, 목포로 가는 고속철, 판교, 강남까지 환승 없는 연결망이 완성되면, 수도권 서남부 교통의 판도가 바뀔 것이다. 숲세권 아파트가 단순히 힐링 프리미엄을 넘어, 교통 대전환의 수혜지로 겹치는 드문 사례다.

8. 래미안 송도역 센트리폴 1BL(문학산, 706세대, 2028.01.)

　래미안 송도역 센트리폴 1BL은 세 블록 가운데 규모는 가장 작지만, 입지와 상품성에서 결코 뒤지지 않는다. 전용 59~84㎡, 총 706세대로 구성되어 있으며, 용적률이 비교적 낮아 단지 배치가 여유롭고 개방감이 크다. 특히 단지에서 곧바로 이어지는 문학산 등산로는 이곳을 단순한 주거 공간이 아닌 '숲과 연결된 생활 터전'으로 만들어 준다. 송도의 아파트 숲과 문학산의 자연 숲이 공존하는, 도시와 자연의 접점을 상징하는 단지라 할 수 있다.

결국 래미안 송도역 센트리폴 1BL은 소규모라는 약점을 낮은 용적률·숲 조망, 등산로 연결성으로 상쇄하며, '숲과 도시를 동시에 누리는 입지'라는 특별한 가치를 담고 있다. 장기적으로는 세 블록 중에서도 힐링 라이프를 가장 강조할 수 있는 블록으로 자리매김할 것이다.

9. 부평역 해링턴플레이스(부개산, 1,909세대, 2024.11.)

부평 도심에서 보기 드문 숲세권 단지다. GTX-B 부평역 접근성과 부개산 숲 조망을 동시에 누릴 수 있어 '역세권, 숲세권'의 대표 사례다. 도심형 재개발 단지임에도 자연 친화성을 확보했다는 점이 강력한 차별화 포인트다.

10. 포레시안(만수산, 3,208세대, 2011.05.)

만수산 자락에 붙어 있는 대규모 단지로, 구축임에도 불구하고 숲 조망 덕분에 실거주 선호도가 높다.

11. 신검단중앙역 풍경채 어바니티(금정산, 1,425세대, 2024.11.)

검단신도시는 흔히 '평지 신도시'라는 이미지가 강하다. 그래서 숲세권 단지를 찾기 어렵다는 점이 늘 아쉬움으로 꼽혔다. 그런 점에서 금정산을 곁에 둔 신검단중앙역 풍경채 어바니티는 특별하다. 1,425세대 규모, 전용 84㎡ 중대형 중심 구성으로, '숲 조망, 대단지, 가족 중심 커뮤니티'를 모두 담아낸 단지다.

커뮤니티 시설의 수준이 검단 내 최고 수준이다. 4레인 수영장과 유아풀, 사우나, 실내골프연습장, 피트니스센터, GX룸이 들어서며, 작은 도서관, 키즈카페, 스터디룸, 주민카페, 동아리실까지 전 세대를 아우르는 공간이 마련됐다. 단지 바로 옆에 금정산과 산들바람공원이 있어, 입주민들은 사실상 리조트 같은 생활 환경을 누릴 수 있다.

교통 여건 역시 미래가치를 높인다. 단지 인근에 인천1호선 신검단중앙역이 들어섰고, 서부권광역급행철도 노선이 이어질 경우 검단신도시는 서북부의 핵심 교통 허브로 도약할 수 있다. 즉, 신검단중앙역 풍경채 어바니티는 숲세권의 쾌적성과 더불어 광역 교통 호재까지 누릴 수 있는 단지다.

12. 검단신도시 우미린 클래스원(금정산, 875세대, 2025.11.)

우미린 클래스원은 검단신도시 3단계 구역에 들어서는 875세대 규모의 중형 단지다. 지하 3층~지상 29층, 11개 동으로 구성되며 전용 84㎡ 단일 평형으로만 공급된다. 규모는 대단지라 하기에는 다소 작지만, 특유의 입지 조건 때문에 소비자들의 관심을 받는다.

가장 큰 장점은 교통과 교육의 균형이다. 단지에서 도보 5~10분 거리에 인천1호선 신검단중앙역이 개통되었고 향후 서부권광역급행철도 논의와 맞물리면 서울 접근성은 크게 개선될 것이다. 또한 단지 바로 북측에는 초·중·고교와 유치원 부지가 자리해 있어, 검단 내에서도 보기 드문 '교육 밀착형 단지'라는 점에서 학부모 수요가 높다.

입지적 특성도 눈에 띈다. 동쪽으로는 금정산이 자리해 숲 조망이 가능하다. 금정산은 해발 156m로 높지 않은 동산 수준이지만, 등산로와 전망대가 잘 조성돼 있어 검단신도시를 한눈에 내려다볼 수 있다. 평지 신도시로만 인식되던 검단에서 숲세권 단지로 평가받을 수 있는 몇 안 되는 사례다. 도심형 신축 아파트에 자연 친화성을 결합한 드문 입지라는 점에서 차별화가 뚜렷하다.

주변에는 제일풍경채, 힐스테이트 검단 웰카운티 등 다른 신축 단지들이 밀집해 있어 향후 하나의 생활권을 형성할 전망이다. 이 가운데 우미린 클래스원은 지하철역과는 조금 더 떨어져 있지만, 교육시설과 더 가까운 장점을 갖는다. 즉, '교통 접근성'보다 '교육·주거 안정성'을 더 중시하는 소비층에게 매력적인 입지다.

13. e편한세상 부평그랑힐스(장수산, 5,050세대, 2024.12.)

e편한세상 부평 그랑힐스는 청천2구역 재개발을 통해 들어선 인천 최대 규모 아파트 단지다. 단일 사업지로는 인천 부평권에서 보기 힘든 미니신도시급 규모다.

e편한세상 부평그랑힐스는 장수산 숲세권에 인접해 있어 쾌적성과 조망 가치를 동시에 확보한다. 부평 도심에서 흔치 않은 '대단지, 브랜드, 숲세권' 조합이라는 점에서 미래 가치는 더욱 크다. 인근 산곡, 청천 일대에서 동시다발적으로 정비사업이 진행되고 있어, 향후 대규모 주거벨트가

완성되면 부평권의 대표 신흥 주거타운으로 자리 잡을 가능성이 높다.

부평 자체의 입지도 경쟁력이 뚜렷하다. 인천에서 서울 접근성이 가장 좋은 생활권으로, 인천 지하철 1호선과 서울 7호선이 모두 정차한다. 경인고속도로 지하화 사업까지 진행되면서 서울 서부권 진입이 한층 빨라질 전망이다. 이러한 교통망 덕분에 부평은 연수구에 이어 인천에서 두 번째로 높은 아파트 시세를 형성하고 있다.

e편한세상 부평 그랑힐스는 단순히 대단지 신축이라는 차원을 넘어, 부평 도심권 주거지도를 다시 그리는 기점이 될 것이다. 장수산 숲세권이 주는 쾌적성과, 서울과 가장 가까운 인천 생활권이라는 입지, 그리고 청천, 산곡 일대 재개발의 파급력이 맞물리며 '부평의 새로운 랜드마크'로 성장할 가능성이 높다. 대단지 브랜드에 숲세권 프리미엄까지 더해진 e편한세상 부평그랑힐스는, 앞으로 부평 부동산 시장의 기준점 역할을 하게 될 것이다.

14. 한신휴플러스(승학산, 494세대, 2006.09.)

미추홀구의 숲세권 구축 단지다. 승학산 산책로 접근성이 뛰어나 은퇴세대의 주거 선호도가 높다. 노후화에 따라 리모델링 가능성도 엿보인다.

15. 신검단중앙역 풍경채 어바니티 2차(황화산, 1,734세대, 2025.04.)

황화산 자락에 들어서는 대단지로, 검단 신도시 내에서도 숲세권 입지를 전면에 내세운다. 교통망 확충과 맞물리면 검단의 '힐링 주거 대표 단지'가 될 수 있다.

16. 신검단중앙역 금강펜테리움 센트럴파크(황화산, 1,049세대, 2025.11.)

단지명에서 '센트럴파크'를 강조하듯, 숲과 공원을 주거 브랜드의 핵심 가치로 내세운다. 검단 신도시에서 '자연 친화적 신축 아파트'라는 상징성을 확보할 단지다.

17. 연수 서해그랑블 1단지(봉재산, 1,043세대, 2017.11.)

봉재산과 맞닿아 있어 도심 속 숲세권의 전형을 보여 준다. 연수구는 송도 신도시 이미지가 강하지만, 이런 숲세권 단지는 실거주 만족도를 크게 높인다.

18. 연수 서해그랑블 에듀파크(봉재산, 641세대, 2024.03.)

숲세권과 교육 인프라를 결합해 '에듀파크'라는 브랜드를 구현했다. 자연 속 교육 환경을 원하는 수요층에게 어필할 수 있는 단지다.

19. 루원 호반베르디움 더센트럴(승학산, 980세대, 2018.01.)

루원시티 중심에 있으면서 승학산과 연결돼 있다. '도심 속 숲세권'이라는 차별성이 있으며, 준신축 장점까지 더해져 안정적 가치를 확보했다.

20. 검암역 로열파크씨티 푸르지오 1단지 (골막산, 2,379세대, 2023.06.)

검암역 로열파크씨티 푸르지오는 지상 최고 40층, 25개 동, 총 4,805 세대 규모의 매머드급 단지다. 그중 1단지는 2,379세대로, 단일 단지만 놓고도 인천 서구에서 손꼽히는 대규모 아파트다. 골막산 숲을 곁에 두고, 아라뱃길과 정서진을 가까이서 누릴 수 있는 입지 덕분에 숲세권·강세권 주거지라는 특징을 가진다.

검암역 로열파크씨티 푸르지오의 가장 큰 특징은 리조트형 주거 콘셉트다. 삼성물산 리조트 부문이 조경을 맡아 '미니 에버랜드'를 구현했고, 100만 주의 꽃과 나무를 심은 '밀리언 파크'를 조성했다. 여기에 LG 전자의 IoT 시스템, 풀무원의 삼식(三食) 서비스, 컨시어지 서비스까지 더해졌다. 단순한 주거 공간을 넘어 생활 전반을 아우르는 새로운 형태의 단지라 평가된다.

교통 측면에서는 공항철도 검암역과의 도보 접근은 어렵지만 차량·버스를 통한 접근성은 양호하며, 공항철도를 통해 김포공항·서울역·청라국제도시로 이동할 수 있다.

21. 검암역 로열파크씨티 푸르지오 2단지 (골막산, 2,426세대, 2023.06.)

1단지와 함께 4천8백 세대 규모의 메가 타운을 형성하며, 숲세권 가치가 단순한 조망 차원을 넘어 '도시 브랜드'로 확장된다. 검암 생활권의 대표 단지로 자리매김할 가능성이 크다.

9장

인천, 대형 병원 가까운 아파트

■ 인천, 대형 병원 가까운 아파트 34곳

연번	단지명	자치구	세대수	입주연도	병원
1	구월힐스테이트1단지	남동	5,076	2007.08.	가천대 길병원
2	롯데캐슬골드2단지	남동	3,384	2007.08.	
3	구월지웰시티푸르지오	남동	376	2020.12.	
4	간석래미안자이	남동	2,432	2008.10.	
5	한화포레나인천구월	남동	1,115	2023.11.	
6	간석동금호어울림	남동	1,733	2005.10.	
7	부평역해링턴플레이스	부평	1,909	2024.11.	가톨릭대학교 인천성모병원
8	e편한세상부평역센트럴파크	부평	1,500	2024.11.	
9	부평역화성파크드림	부평	541	2020.11.	
10	부평역한라비발디트레비앙	부평	385	2023.07.	
11	부평중앙하이츠프리미어	부평	413	2023.07.	
12	부평센트럴포레스	부평	704	2012.07.	
13	신흥현대아이파크	미추홀	1,330	2002.10.	인하대병원
14	용현경남아너스빌	미추홀	303	2023.05.	
15	용현엑슬루타워	미추홀	630	2011.09.	
16	용현대우	미추홀	616	2001.06.	
17	힐스테이트숭의역	미추홀	748	2025.01.	
18	송도캐슬앤해모로	연수	1,439	2013.09.	송도세브란스 병원 (개원 예정)
19	송도자이풍경채그라노블 (1~5단지)	연수	2,728	2027.06.	
20	청라모아미래도아파트	서해	418	2018.12.	청라아산병원 (개원 예정)
21	청라한양수자인레이크블루	서해	1,534	2019.01.	
22	연희대동아파트	서해	1,048	1995.05.	가톨릭관동대학교 국제성모병원
23	심곡한국아파트	서해	392	1995.02.	
24	래미안부평	부평	1,145	2014.09.	부평세림병원

25	작전현대1차	계양	570	1990.09.	한림병원
26	도두리마을동보	계양	1,276	1996.12.	인천세종병원
27	서인천월드메르디앙	서해	778	2006.07.	뉴성민병원
28	연수풍림1차	연수	769	1992.03.	인천적십자병원
29	건영	연수	970	1994.04.	나사렛국제병원
30	용현엘크루윈드포레	미추홀	870	2018.11.	현대유비스병원
31	송현주공	제물포	575	1993.05.	인천백병원
32	어진마을한화꿈에그린6단지	남동	982	2007.12.	인천힘찬종합병원
33	검단힐스테이트6차	검단	454	2013.11.	검단탑병원
34	인천검단우방아이유쉘	검단	555	2017.08.	온누리병원

*인천기독병원, 인천사랑병원, 나은병원 등은 주위에 아파트가 없어 제외함.

고령사회와 새로운 주거 키워드, '병세권'

우리 사회는 이제 고령사회를 넘어 초고령사회로 진입하고 있다. 통계청이 발표한 자료에 따르면 2025년이면 전체 인구의 20% 이상이 65세 이상 노인으로 채워진다. 2050년에는 무려 1,900만 명, 즉 국민 세 명 중 한 명꼴로 노인이 되는 시대가 도래한다. 이는 단순히 인구 구조의 변화가 아니라, 도시계획과 주거 트렌드 전반을 바꾸는 거대한 전환점이다.

그동안 부동산 시장의 핵심 키워드는 '교통망', 즉 역세권이었다. 그러나 초고령사회의 문턱에서 새롭게 주목받는 입지는 바로 '병세권'이다. 병세권 아파트란 대형 종합병원, 대학병원 등 의료시설과 가까운 단지를 뜻한다. 특히 심혈관질환, 뇌졸중, 암 등 응급 대응이 필수적인 질환의 발병률이 높은 고령층에게는 병원과의 접근성이 곧 '생명선'이 된다. 응급 상황에서 골든타임을 확보할 수 있다는 점은 그 어떤 프리미엄보다도 절대적인 가치다.

또한 병원은 단순히 치료 공간이 아니라, 지역의 생활·상업 인프라를 촉발하는 핵심 거점이기도 하다. 의료진, 환자, 보호자 등 수많은 방문자가 몰리면서 교통망이 개선되고, 상권이 활성화되며, 자연스럽게 주거 수요도 꾸준히 발생한다. 결과적으로 병세권 아파트는 '실거주 만족도'와 '투자 안정성'을 동시에 충족시키는 입지로 자리 잡고 있다.

인천 병세권의 특징과 지역별 분화

인천은 수도권 서남부의 관문 도시로, 구도심과 신도시가 공존한다. 따라서 병세권 아파트 역시 '현재형 병세권'과 '미래형 병세권'으로 양분된다.

1. 구월, 간석권 — 가천대 길병원 중심

인천 최대 규모의 대학병원인 가천대 길병원은 구월·간석 일대를 대표하는 랜드마크다. 구월힐스테이트(5,076세대), 롯데캐슬골드(3,384세대) 등 대단지 아파트들이 밀집해 있어 생활 인프라가 이미 완성 단계다. 이 지역은 의료, 상업, 행정 기능이 결합된 인천 남동권의 중심축으로, 향후에도 안정적인 병세권 수요를 유지할 가능성이 크다.

2. 부평권 ― 인천성모병원과 신규 분양 단지

가톨릭대학교 인천성모병원을 중심으로 대규모 정비사업과 신규 입
주 단지가 속속 들어서고 있다. 부평역해링턴플레이스(1,909세대), e편
한세상부평역센트럴파크(1,500세대) 등은 '병세권, 역세권'이라는 복합
프리미엄을 갖췄다. 부평은 전통적으로 인천 동서 교통의 허브이기도
해, 향후 병세권 가치가 더욱 커질 전망이다.

3. 미추홀권 ― 인하대병원과 지역 의료 집적지

인하대병원은 미추홀구를 대표하는 대학병원으로, 신흥현대아이파크
(1,330세대), 용현엘크루윈드포레(870세대) 등 주변 아파트들이 직접
적인 수혜를 본다. 특히 이 지역은 주안, 용현 일대의 도시재생 사업과
맞물려 의료·주거 인프라가 동반 상승하는 효과를 기대할 수 있다.

4. 송도권 ― 송도세브란스 개원 예정

송도는 송도세브란스병원 개원이 예정되어 있다. 송도자이풍경채그
라노블(2,728세대), 송도캐슬앤해모로(1,439세대) 등 신규·준신축 단
지들은 이미 높은 기대감을 반영하고 있다. 송도는 국제도시 브랜드에
병세권 프리미엄까지 더해져, 향후 '국제, 의료 복합도시'로 자리매김할
가능성이 크다.

5. 서해권 ― 청라아산병원과 국제성모병원

서해구에는 현재 국제성모병원이 운영 중이고, 향후 청라아산병원이 들어서면 인천 서북부 의료의 중심축으로 도약한다. 청라한양수자인레이크블루(1,534세대) 등 이미 주거 선호도가 높은 단지들은 병세권 프리미엄까지 더해질 예정이다. 청라는 금융, 산업, 레저와 의료가 결합되는 복합 신도시 모델로 성장할 전망이다.

6. 계양, 제물포권 ― 지역 기반 병원과 생활형 병세권

계양 한림병원, 인천세종병원, 제물포 인천백병원 등은 대형 대학병원 수준은 아니지만, 지역민에게 필수적인 역할을 한다. 작전현대1차, 도두리마을동보, 송현주공 등은 상대적으로 합리적인 가격대에 안정적인 의료 접근성을 확보할 수 있는 실속형 병세권 단지다.

7. 검단권 ― 신흥 생활형 병세권의 부상

검단은 신도시 개발로 빠르게 성장하는 지역이다. 검단힐스테이트6차(검단탑병원 인접), 인천검단우방아이유쉘(온누리병원 인접) 등은 아직 대형 대학병원급은 아니지만, 지역 거점 의료기관과 인접해 생활형 병세권으로 자리매김하고 있다. 특히 향후 검단 교통망 확충과 신축 아파트 입주가 맞물리면 병세권 가치 상승의 여지가 크다.

병세권 아파트의 실질적 프리미엄

병세권의 가치는 크게 세 가지로 요약할 수 있다.

첫째 응급 대응성이다. 심혈관질환, 뇌질환 등은 발병 후 수 분 단위로 생사가 갈린다. 병세권 아파트는 곧바로 응급실로 연결될 수 있어, 가족의 안전망이라는 가치를 갖는다.

둘째 생활 인프라의 집약이다. 병원 주변에는 약국, 음식점, 숙박시설, 카페, 편의시설이 집중된다. 이러한 생활 인프라는 장기적으로 주거 만족도를 높인다.

셋째 시세 방어력이다. 서울 강서구 이대서울병원 인근 단지나 광진구 건국대병원 인근 단지에서 보듯, 병세권 아파트는 시장 불황기에도 상대적으로 강한 가격 방어력을 보인다. 인천 역시 길병원과 인천성모병원 주변 단지가 대표 사례다.

인천 병세권 아파트 34곳의 의미

인천 전역에는 현재와 미래를 아우르는 병세권 단지 31곳이 있다. 이들은 구월·부평·미추홀의 '전통 병세권', 송도, 청라의 '신규 병세권', 계양, 제물포의 '생활형 병세권'으로 나눌 수 있다.

구월·부평·미추홀은 이미 의료 수요와 생활 인프라가 안정적으로 형성된 지역이다. 송도, 청라는 대형 병원 개원을 앞두고 있어 미래가치가 더욱 크다. 계양·제물포는 중견·전문병원과 연계되어 가격 대비 실거주 만족도가 높다.

검단은 최근 성장세가 두드러지는 '신흥 병세권'으로, 검단탑병원, 온누리병원과 인접한 단지들이 대표적이다. 아직 대형 대학병원급 의료기관은 없지만, 신도시 개발과 교통망 확충이 동시에 진행되면서 신축 아파트와 생활형 의료 인프라가 결합된 성장 잠재력이 크다.

즉, 병세권 아파트는 단순히 고령화 사회에 대응하는 주거 선택지가 아니라, 지역 발전과 생활 인프라 확장의 핵심 축으로 자리 잡고 있다. 인천의 병세권은 전통, 신규, 생활형, 신흥이라는 다층적 스펙트럼을 갖추고 있어, 실거주자와 투자자 모두에게 다양한 전략적 기회를 제공한다.

병세권, 고령화 시대의 새로운 투자 나침반

초고령사회 진입은 불가피한 현실이다. 이 과정에서 병세권 아파트는 단순한 선택이 아니라 필수적 입지 조건으로 부상하고 있다. 인천의 사례를 보면, 이미 완성된 병세권과 앞으로 열릴 병세권이 공존한다는 점에서 투자와 실거주의 전략적 기회가 동시에 존재한다.

앞으로 인천 부동산 시장을 분석할 때, 교통 호재나 재개발 가능성만이 아니라 '대형 병원 접근성'이라는 생활 인프라 가치를 반드시 고려해야 한다. 이는 곧 '안전한 삶, 안정적인 자산'이라는 두 가지 목표를 동시에 충족시켜 줄 수 있는 미래형 주거 전략이 될 것이다.

10장

인천, 공공도서관 가까운 아파트

■ 인천 공공도서관 가까운 아파트 — 1
(미추홀, 남동, 연수, 부평)

연번	단지명	자치구	세대수	입주연도	도서관(운영)
1	더샵 아르테	미추홀	1,146	2024.05.	주안도서관(교육청)
2	용현동금호타운1차	미추홀	1,170	1991.11.	용비도서관(구립)
3	도화역대성유니드	미추홀	265	2014.09.	수봉도서관(시립)
4	도화역금강펜테리움센트럴파크	미추홀	479	2020.11.	쑥골어린이도서관(구립)
5	구월지웰시티푸르지오	남동	376	2020.12.	중앙도서관(교육청)
6	하우스토리만수	남동	795	2020.07.	미추홀도서관(시립)
7	서창임광그대가	남동	666	2007.01.	서창도서관(구립)
8	냇마을신영지웰	남동	985	2007.10.	남동논현도서관(구립)
9	한양수자인아르디에	남동	236	2017.04.	소래도서관(구립)
10	한화포레나인천연수	연수	767	2023.09.	선학별빛도서관(구립)
11	연수영남	연수	622	1992.12.	연수도서관(교육청)
12	송도역한신더휴프레스턴	연수	652	2028.04.	연수청학도서관(구립)
13	송도현대아이파크	연수	616	2005.08.	해돋이도서관(구립)
14	송도더샵마스터뷰	연수	478	2015.07.	송도국제도시도서관(시립)
15	힐스테이트레이크송도2차	연수	889	2020.01.	인천송도복합문화도서관(시립)
16	송도풍림아이원1단지	연수	1,024	2005.07.	송도국제어린이도서관(구립)
17	힐스테이트부평	부평	1,409	2023.06.	부평도서관(교육청)
18	래미안부평	부평	1,145	2014.09.	신트리도서관(교육청)
19	부개역푸르지오	부평	1,054	2010.01.	부개도서관(구립)
20	갈산동이안	부평	414	2001.11.	갈산도서관(구립)
21	삼산미래타운주공3단지	부평	946	2000.07.	삼산도서관(구립)
22	부평금호타운	부평	2,539	1998.02.	청천도서관(구립)
23	푸른마을삼부	부평	1,020	1999.06.	부평기적의도서관(구립)
24	e편한세상부평역어반루체	부평	375	2022.05.	부개어린이도서관(구립)

■ 인천 공공도서관 주변 아파트 — 2
(서해, 검단, 계양, 제물포, 영종)

연번	단지명	자치구	세대수	입주연도	도서관
25	청라더샵레이크파크	서해	766	2013.04.	청라호수도서관 (시립)
26	청라호반베르디움3차	서해	620	2011.10.	청라국제도서관 (시립)
27	진주1단지	서해	686	1983.03.	서구도서관(교육청)
28	브라운스톤더프라임	서해	511	2024.10.	석남도서관(구립)
29	연희극동늘푸른	서해	998	1997.08.	심곡도서관(구립)
30	서인천월드메르디앙	서해	778	2006.07.	신석도서관(구립)
31	검암풍림아이원3차	서해	341	2004.07.	검암도서관(구립)
32	검단피오레대주1차	검단	917	2007.01.	마전도서관(시립)
33	인천검단아이파크	검단	573	2007.01.	검단도서관(구립)
34	검단중흥S클래스에듀파크	검단	1,448	2027.05.	검단이음도서관 (구립)
35	계양산파크트루엘	계양	369	2020.02.	계양도서관 (교육청)
36	계양임광그대가	계양	373	2009.10.	서운도서관(구립)
37	도두리마을동보	계양	1,276	1996.12.	작전도서관(구립)
38	우남푸르미아	계양	158	2011.12.	동양도서관(구립)
39	e편한세상계양더프리미어	계양	1,646	2021.10.	효성도서관(구립)
40	로얄답동맨션	제물포	166	2002.12.	율목도서관(시립)
41	화도진주공그린빌	제물포	365	2001.10.	화도진도서관 (교육청)
42	송림동동산휴먼시아1단지	제물포	310	2010.09.	송림도서관(구립)
43	금호베스트빌1단지	영종	360	2002.06.	영종도서관(시립)
44	e편한세상 영종국제도시 오션하임	영종	1,520	2018.12.	영종하늘도서관 (시립)

책과 삶이 가까운 집, 도서관 인접 아파트의 가치

주거 환경에서 '도서관'은 단순한 문화시설이 아니다. 아이들에게는 독서 습관과 학습 태도를 길러 주는 공간이 되고, 성인에게는 자기 계발과 휴식의 기회를 제공하며, 노인들에게는 여가와 사회적 관계망을 확장하는 무대가 된다. 즉, 도서관은 세대를 아우르는 공공재이자 '삶의 질'을 가늠하는 핵심 지표다. 아파트 단지가 도서관과 가까울수록 교육과 문화적 자산을 일상 속에서 손쉽게 누릴 수 있으며, 이는 곧 부동산의 가치와 직결된다. 인천처럼 신도시와 원도심이 혼재된 도시에서는 도서관의 유무가 지역 간 생활 수준 격차를 완화하는 중요한 장치로 기능한다.

원도심의 오래된 단지와 도서관의 동행

미추홀, 부평구에는 1990년대 전후에 지어진 중·대규모 단지들이 많다. 이들 단지는 신축 아파트에 비해 외관은 다소 노후화되었지만, 공공도서관이라는 생활 인프라와 맞닿아 있다는 점에서 여전히 높은 실거주 가치를 유지한다. 예를 들어 용현동금호타운1차(1991년 입주, 1,170세대)는 '용비도서관'을 품고 있고, 부평금호타운(1998년 입주, 2,539세대)은 '청천도서관'과 연결되어 있다. 도서관은 주민들의 생활과 학습의 중심지로서 기능하며, 아파트 자체가 교육과 문화의 흐름 속에서 성장해 온 셈이다. 이러한 결합은 시간이 지나도 쉽게 대체되지 않는 '생활권 프리미엄'을 만든다.

신도시에서 도서관은 '브랜드'

송도, 청라, 검단과 같은 신도시에서는 도서관 자체가 아파트의 브랜드 가치를 높이는 요인으로 작용한다. 예컨대 힐스테이트 레이크송도 2차(2020년, 889세대)는 '인천송도복합문화도서관(2026년 개관 예정)'과, 송도더샵마스터뷰(2015년, 478세대)는 '송도국제도시도서관'과 맞닿아 있다. 대규모 신축 브랜드 단지가 도서관과 결합할 때, 교육과 문화 인프라가 동시에 보장되며 학부모 세대에게 큰 매력으로 작용한다. 청라 또한 마찬가지다. 청라호반베르디움3차(2011년, 620세대)는 '청라국제도서관'을 가까이 두어 입주민들이 손쉽게 국제 자료와 교육 콘텐츠에 접근할 수 있다. 신도시에서 도서관은 단순한 편의시설이 아니라 지역 브랜드의 상징이 된다.

작은 도서관이 만드는 생활 밀착형 가치

대형 도서관 못지않게 '작은 도서관'의 가치는 크다. 지역 주민 곁에 있는 구립·어린이 도서관은 규모는 작아도 생활에 깊숙이 스며든다. 도화역금강펜테리움센트럴파크(2020년, 479세대)와 연결된 '쏙골어린이도서관', e편한세상부평역어반루체(2022년, 375세대) 옆의 '부개어린이도서관'이 대표적이다. 이들 공간은 아이들의 방과 후 돌봄, 독서 습관 형성에 직접적인 영향을 주며, 학부모들에게는 안전하고 믿을 만한 교육 파트너가 된다. 작은 도서관이 만들어 내는 생활 밀착형 가치는 단지의 실거주 만족도를 크게 끌어올린다.

교육청 · 시립 · 구립 도서관의 차이

도서관의 운영 주체에 따라 아파트와의 시너지 효과도 달라진다. 교육청 도서관은 학습과 진학 지원이 특화되어 있어 청소년이 많은 지역에서 큰 장점이 된다. 시립 도서관은 장서와 시설이 풍부하고 프로그램이 다양해 성인과 노년층이 주로 이용한다. 반면, 구립이나 어린이 도서관은 규모는 작지만 지역 주민의 모임, 돌봄, 생활 속 학습을 돕는 데 강점이 있다. 예를 들어 송도, 청라와 같은 신도시에서는 시립 도서관이 중심을 잡아 지역 전체의 교육과 문화 인프라를 뒷받침하고, 원도심의 소규모 단지들은 구립도서관을 통해 일상적 학습 공간을 확보한다.

도서관 접근성이 부동산의 새로운 척도

그동안 부동산 가치는 교통, 학군, 상권이라는 3요소가 좌우했다. 그러나 최근에는 '삶의 질'을 중시하는 흐름이 강화되면서, 공공도서관과 같은 생활 문화 인프라 접근성이 새로운 평가 기준으로 부상하고 있다.

이는 단순한 투자 가치의 문제가 아니라, 세대별로 누릴 수 있는 생활 혜택과 직결된다. 아이를 키우는 가정에는 학습과 독서 인프라가 되고, 청년과 중장년층에게는 자기 계발과 여가의 거점이 되며, 노년층에게는 사회적 관계망을 넓히는 창구가 된다. 인천처럼 도심 재생과 신도시 개발이 동시에 이루어지는 지역에서는 '도서관 접근성'이 실거주와 투자 판단 모두에서 점점 더 중요한 프리미엄 요소가 될 것이다.

11장

인천, 노인복지관 가까운 아파트

■ 인천, 노인복지관 가까운 아파트 27곳

연번	단지명	자치구	세대수	입주연도	노인복지관
1	주안파크자이더플래티넘	미추홀	2,054	2023.02.	미추홀노인복지관
2	미추홀트루엘파크	미추홀	336	2022.06.	
3	용현자이크레스트	미추홀	2,277	2023.11.	용현노인문화센터
4	인천SK스카이뷰	미추홀	3,971	2016.06.	
5	관교동부	미추홀	420	1991.09.	관교노인복지관
6	삼환관교2단지	미추홀	410	1991.11.	
7	주안역센트레빌	미추홀	1,458	2021.07.	주안노인문화센터
					미추홀노인복지센터
8	주안캐슬&더샵에듀포레	미추홀	1,856	2022.06.	남동시니어클럽
9	삼산타운1단지	부평	1,873	2005.06.	부평구노인복지관
10	부평역화성파크드림	부평	541	2020.11.	부평남부노인문화센터
11	부평산곡푸르지오	부평	765	2011.10.	산곡노인문화센터
12	부평동아1단지	부평	2,475	1986.09.	부광노인대학
13	광명아파트	계양	288	1989.12.	계양구노인복지관
14	e편한세상계양더프리미어	계양	1,646	2021.10.	효성노인문화센터
15	대동	남동	560	1992.04.	남동구노인복지관
16	만수주공1단지	남동	516	1985.10.	만수노인문화센터
17	유천	연수	788	1993.09.	연수구노인복지관
18	송도역한신더휴프레스턴	연수	652	2028.04.	청학노인복지관
19	송도에듀포레푸르지오	연수	1,406	2016.08.	송도노인복지관
20	현광	서해	138	1989.10.	서구노인복지관
21	범양파크	서해	510	1990.08.	가좌노인문화센터
22	연희삼성	서해	421	1997.06.	연희노인문화센터
23	검단2차우방아이유쉘	검단	380	2018.06.	검단노인복지관
24	경남아너스빌	제물포	408	2005.04.	중구노인복지관
25	인천두산위브더센트럴	제물포	1,321	2025.12.	동구노인복지관
26	송현동솔빛마을주공1차	제물포	2,711	2003.04.	송현노인복지관
27	영종베르힐스카이시티	영종	1,224	2025.01.	영종노인복지관

초고령사회와 복세권의 가치

대한민국은 이미 초고령사회에 진입했다. 2050년에는 65세 이상 인구가 약 1,900만 명에 이를 것으로 전망된다. 이렇게 되면 사회·경제·문화의 중심축은 자연스럽게 노년층으로 이동한다. 주거 환경 역시 예외가 아니다.

그동안 부동산 시장의 프리미엄 입지 조건은 주로 '역세권', '학세권', 최근에는 '병세권'으로 요약되었다. 하지만 초고령사회에서는 여기에 또 하나의 키워드가 추가된다. 바로 '복세권(노인복지관세권)'이다.

노인복지관은 단순한 여가시설이 아니다. 건강 증진 프로그램, 평생학습, 취미 활동, 사회참여 기회까지 제공하는 고령 친화 생활 플랫폼이다. 의료기관이 긴급 상황에서 생명을 지켜 주는 역할을 한다면, 복지관은 일상 속 삶의 질을 지켜 주는 안전망이다. 특히 혼자 사는 고령자나 은퇴 이후 사회적 관계망이 약화된 노인에게는, 복지관이 곧 '제2의 거실', '사회적 가족'의 역할을 한다.

■ 권역별 특징과 해설

① 미추홀구

인천에서 가장 많은 노인복지관이 밀집해 있는 지역이다. 전통적인 주거지와 최근 신축 대단지가 공존하는 구조 덕분에 고령층의 선택지가 가장 다양하다.

주안파크자이더플래티넘, 용현자이크레스트, 인천SK스카이뷰 같은 대규모 신축 단지는 복지관과 가까워, 단지 내 입주민뿐만 아니라 주변 지역 노인 인구까지 흡수하는 거점 역할을 한다.

특히 주안역센트레빌은 한 단지에서 주안노인문화센터과 미추홀노인복지센터에 동시에 접근할 수 있는 보기 드문 사례다. 이는 노인들에게 다양한 프로그램을 선택할 기회를 제공하고, 생활 반경 내에서 교류할 수 있는 커뮤니티 폭을 넓혀 준다.

② 부평구

부평은 전통적인 주거지이자 인천 교통의 핵심 허브다. 삼산타운1단지, 부평역화성파크드림, 부평산곡푸르지오 등이 대표적이며, 부평구노인복지관, 부평남부노인문화센터, 산곡노인문화센터와 밀접하다.

특히 부평 일대는 GTX-B 노선과 7호선 호재로 젊은 층 유입도 많다. 따라서 복지관 인근 아파트들은 '젊은 세대와 고령 세대 공존형 주거지'로 발전할 수 있다. 노인복지관이 단순히 노인을 위한 시설이 아니라, 세대 간 교류의 장으로 진화할 수 있는 가능성을 보여 주는 곳이다.

③ 계양구

계양은 서울과 가까운 입지에도 불구하고 상대적으로 중견 아파트 단지가 많다. 광명아파트, e편한세상계양더프리미어 등이 대표 사례다. 이 지역은 계양구노인복지관, 효성노인문화센터와 연계되어 있다.

계양권 복지관세권의 특징은 대규모 신축보다는 지역 기반형 복지관세권이라는 점이다. 즉, 지역 주민들이 오랜 기간 거주하면서 자연스럽게 복지관 중심의 생활권을 형성했고, 복지관이 곧 지역 커뮤니티 허브로 자리 잡았다.

④ 남동구

남동구는 대동, 만수주공1단지처럼 1980~1990년대 준공된 아파트와 복지관이 맞닿아 있다. 이는 곧 원도심 고령층 수요와 직접적으로 연결된다는 의미다.

특히 최근 들어 미추홀구에 위치한 주안캐슬&더샵에듀포레가 남동시니어클럽과 가까워 주목받고 있다. 이곳은 노인복지관과 신축 아파트가 결합된 대표 사례로, 세대 간 단절이 아닌 신·구 세대의 조화가 이루어지고 있다는 점에서 의미가 크다.

⑤ 연수구

연수구는 유천, 송도에듀포레푸르지오, 송도역한신더휴프레스턴 등이 복지관과 연계된다. 특히 송도는 국제도시라는 브랜드 속에서도 송도노인복지관이 자리 잡으면서, 글로벌 도시와 로컬 커뮤니티의 균형을 잘 보여 준다.

송도는 젊은 맞벌이 가구가 많아 고령층 비중은 낮지만, 복지관이 조성됨으로써 세대 균형을 맞추고 있다. 즉, 송도의 복지관세권은 고령층

만을 위한 것이 아니라, 다세대 공존형 도시 운영 모델의 상징이 되고
있다.

⑥ 서해구(청라, 가좌, 연희)

서구는 현광, 범양파크, 연희삼성이 복지관과 인접해 있다. 특히 가
좌·연희권의 경우, 소규모 아파트 단지가 지역 복지관과 결합하여 생
활 밀착형 복지관세권을 보여 준다.

청라는 국제업무, 산업, 금융 중심지라는 이미지가 강하지만, 청라노
인복지관을 중심으로 신도시형 복지관 인프라가 갖춰지고 있다. 이는
원도심과 신도시가 동시에 복지관을 중심으로 균형을 이루고 있다는
점에서 주목할 만하다.

⑦ 검단구

검단은 신도시 개발로 빠르게 성장 중인 지역이다. 현재는 검단2차우
방아이유쉘이 검단노인복지관과 가까운 대표 사례다. 아직은 복지 인
프라가 초기 단계지만, 신도시 교통망 확충과 인구 유입이 가속화되면
서 고령층 인구 역시 빠르게 늘어날 것이다.

따라서 검단은 향후 '성장형 복지관세권'으로, 지금은 작은 복지관이
지만 향후 확대, 재편을 통해 수도권 서북부의 고령친화 주거 거점으로
발전할 가능성이 크다.

⑧ 제물포구(중·동구 포함)

경남아너스빌, 인천두산위브더센트럴, 송현동솔빛마을주공1차 등이 대표적이다. 제물포권은 인천 원도심이자 고령층 인구 비율이 높은 곳이다. 따라서 노인복지관의 실질적 수요 기반이 가장 큰 권역 중 하나다.

특히 송현동솔빛마을주공1차처럼 대규모 단지가 복지관과 인접한 경우, 단지 주민의 복지관 활용도가 매우 높다. 이는 복지관이 단순한 공공시설이 아니라, 주거와 생활을 직접 연결하는 핵심 거점이 될 수 있음을 보여 준다.

⑨ 영종구

영종은 섬이라는 지리적 특성상 생활 인프라가 부족하다는 이미지가 있었다. 하지만 영종베르힐스카이시티와 영종노인복지관이 맞닿아 있으면서, 섬 기반 복지관세권의 새로운 모델을 보여 주고 있다.

향후 청라하늘대교 개통과 신도시 개발이 본격화되면, 영종의 고령층 인구는 더욱 늘어날 것이다. 따라서 영종은 고립된 섬이 아니라, 복지와 연결된 국제도시형 주거지로 자리매김할 가능성이 높다.

■ 노인복지관 프로그램과 활용

노인복지관은 단순한 노인 여가 시설이 아니라, 다기능 복합 커뮤니티 센터다.

① 건강증진 프로그램: 밴드 근력 체조, 요가, 경락 파스요법, 탁구 등으로 기초체력 유지와 건강관리 지원
② 평생학습 프로그램: 한글, 영어, 중국어, 일본어 회화, 인문학 강좌, 서예, 캘리그래피 등으로 지적 만족감 충족
③ 여가·취미 프로그램: 장수댄스, 고전무용, 민요, 하모니카, 색소폰, 풍물, 우쿨렐레, 도자기, 한지공예 등 다양한 취미 활동
④ 정보화 교육: 컴퓨터 활용, 스마트폰 사용, 키오스크 적응 등 디지털 격차 해소
⑤ 특화 프로그램: 행복 어르신 공동밥상, 어르신 해설사 양성, 원예·타로 심리 상담 등 지역별 특화형 서비스

대부분 무료 또는 저렴하게 제공되며, 신청 절차도 간단하다. 주민등록상 해당 구에 거주하는 만 60세 이상이라면 누구나 회원증을 발급받고 바로 프로그램에 참여할 수 있다.

복지관세권, 행복한 노년의 주거 조건

고령화 사회에서 아파트의 가치는 단순히 교통, 교육, 상업 인프라만으로 평가되지 않는다. 이제는 '의료(병세권)와 복지관(복세권)'이 결합된 곳이 진정한 고령친화 주거지로 자리 잡는다.

인천은 각 구마다 최소 1~2개의 복지관이 설치되어 있어, 주거 선택 시 복지관 접근성을 기준으로 삼을 수 있는 환경이 잘 마련되어 있다.

특히 송도, 청라, 검단, 영종 같은 신도시 지역에서도 복지관 인프라가 확충되면서, '신도시=젊은 도시'라는 기존 이미지를 넘어 전 세대 친화형 도시로 발전하고 있다.

결국 '병세권, 복세권'은 초고령사회에서 아파트 입지를 평가하는 새로운 나침반이다. 병원 접근성이 건강을 지켜 주는 조건이라면, 복지관 접근성은 행복한 노년을 보장하는 조건이다. 인천의 사례는 주거 공간이 단순한 집을 넘어, 삶 전체를 설계하는 지혜로운 선택이 되어야 함을 잘 보여 준다.

12장

인천, 영재고, 과학고, 특목고 정리

(인천 포스코 고등학교)

■ 인천 영재, 과학, 국제, 외국어, 자사고 8개 학교 분석

연번	학교명	유형	위치	설립	개교	모집인원
1	인천과학예술영재학교	영재학교	연수(송도)	공립	2016	75명
2	인천포스코고	자사고	연수(송도)	사립	2015	240명
3	인천국제고	국제고	영종	공립	2008	138명
4	인천하늘고	자사고	영종	사립	2011	225명
5	인천과학고	과학고	영종	공립	1994	80명
6	인천진산과학고	과학고	부평	공립	2013	80명
7	인천외고	외국어고	부평	사립	1985	225명
8	미추홀외고	외국어고	남동	공립	2010	192명

1. 인천과학예술영재학교
(연수구 송도/공립/2016/모집 75명)

○ 정체성: 수학, 과학, 정보 위에 인문·예술을 결합한 융합 영재학교. '정답'보다 질문과 탐구 과정을 중시

○ 전형: ① 학생기록물 → ② 영재성검사 → ③ 융합역량 다면평가(정원 내 75명, 정원 외 소수), 지역인재 배정 있음.

○ 교육: 연구 중심 프로젝트, 학제 간 캡스톤, 메이킹/코딩·예술 협업, 의·약학 진학 제한 정책으로 학교 목표(창의 연구자 양성) 분명

○ 적합한 학생: 한 주제를 오래 파고들고, 실패 기록과 협업까지 배움의 스토리가 뚜렷한 학생

○ 전원 기숙사 생활, 4인 1실, 영재학교 특성상 전국단위 학생 모집, 연구 · 융합 활동이 많아 기숙 중심 운영

2. 인천포스코고
(연수구 송도/자사고(사립)/2015/모집 240명)

○ 정체성: 자율형 사립고. '스스로 세우고 실행하는 학습'을 중심에 둔 자기주도학습형 운영
○ 전형: 1단계 교과성적 + 출결(60) → 2단계 면접(40) 합산. 정원 내 240명(글로벌미래인재 96명, 포스코 임 · 직원자녀 96명, 사회통합 48명), 정원 외 소수, 한 전형만 지원
○ 교육: 심화 · 융합 과목, 탐구/세미나, 진로 맞춤 학습계획. 자기소개서에 어학점수, 대회, 자격증 기재 불가(불이익)
○ 적합한 학생: 내신 · 출결 안정, 계획 → 실행 → 회고가 습관화된 학생, 팀 프로젝트 경험이 있는 학생
○ 기숙사 없음.

3. 인천국제고
(영종구/공립/2008/모집 138명)

○ 정체성: 국제, 사회과학 특화 공립 특목고. 다언어, 세계시민, 정책,

경제, 국제협력에 강점

○ 전형: 자기주도학습전형. 1단계 영어 내신(4개 학기) + 출결 → 2단계 면접(자기주도, 인성), 합산 선발, 사회통합(기회균등 우선) 운영

○ 교육: 심화 영어, 제2외국어, 토론·글쓰기, 모의유엔/정책 탐구, 지역, 해외 연계 활동(연도별 상이)

○ 적합한 학생: 영어 학업 안정, 시사, 인문사회에 관심 높고 글쓰기/토론을 좋아하는 학생

○ 전원 기숙사 생활, 4인 1실, 국제고 특성상 심화 외국어·탐구 활동이 많아 기숙 중심 운영

4. 인천하늘고
(영종구/자사고(사립)/2011/모집 225명)

○ 정체성: 전인, 리더십, 외국어, 수학탐구를 균형 있게 키우는 자사고. 기숙형 프로그램과 공동체 활동이 탄탄(세부는 연도별 상이)

○ 전형: 일반 자사고와 유사한 자기주도학습 중심(서류, 면접 체계). 사회통합 병행

○ 교육: 심화 선택과목, 체계적 생활지도, 비교과(동아리, 탐구, 봉사)

○ 적합한 학생: 기본기, 생활 관리가 좋은 학생, 공동체 생활과 리더십 활동에 적극적인 학생

○ 전원 기숙사 생활, 4인 1실, 기숙형 자사고로서 생활관 중심의 공동체, 리더십 프로그램이 운영됨.

5. 인천과학고(영종구/공립/1994/모집 80명)

○ 정체성: 인천의 전통 과학고. 수학·과학 심화, 실험·연구 트랙 표준이 잘 갖춰짐.
○ 전형/교육: 과고 공통 트랙(수학·과학 심화, R&E, 과학전람회·탐구대회, 대학·연구기관 연계)
○ 적합한 학생: 수학·과학 내신/경시 역량이 안정적이고 실험과 연구를 좋아하는 학생
○ 전원 기숙사 생활, 2인 1실 또는 3인 1실, 과학고 표준 모델에 따라 합숙 환경에서 심화·탐구 활동

6. 인천진산과학고(부평구/공립/2013/모집 80명)

○ 정체성: 일반고에서 전환된 신설 과학고로 연구 인프라, 메이킹 환경을 꾸준히 확장
○ 전형/교육: 과고 표준 커리큘럼에 공학적 문제해결, 프로토타이핑 등 실습형 강점(운영 내용은 연도별 상이)
○ 적합한 학생: 수학·과학 기반, 공학적 만들기/프로젝트에 흥미 높은 학생
○ 전원 기숙사 생활, 4인 1실, 실험·연구 중심 활동 때문에 늦은 시간까지 연구하는 경우가 많음.

7. 인천외국어고(부평구/사립/1985/모집 225명)

○ 정체성: 전통 외고. 영어 중심, 제2외국어(중·일·프·독 등 학교 편제에 따름) 심화
○ 전형: 자기주도학습전형
　① 1단계: 영어 내신(중2·중3 성적, 학교 반영 지침에 따름) + 출결
　② 2단계: 면접(자기주도, 인성), 사회통합전형(기회균등·사회다양성) 병행.
○ 교육: 토론, 에세이, 통번역 기초, 문화, 지역학, MUN·스피치 등 언어 기반 인문사회 프로그램
○ 적합한 학생: 언어학습 지속력, 읽고 쓰고 발표하는 활동을 즐기는 학생
○ 희망 학생에 한해 기숙사 운영, 남학생 8인 1실, 여학생 4인 1실

8. 미추홀외국어고(남동구/공립/2010/모집 192명)

○ 정체성: 공립 외고. 지역 연계와 공공성, 탄탄한 어학 교육의 균형
○ 전형: 자기주도학습전형
　① 1단계: 영어 내신(4개 학기) + 출결
　② 2단계: 면접(자기주도·인성), 사회통합전형(기회균등 우선 선발) 운영.
○ 교육: 영어, 제2외국어 심화, 시사·지역학, 프로젝트형 활동(학

년·연도별 운영 상이)

○ 적합한 학생: 꾸준한 어학 루틴과 팀 프로젝트에 강한 학생, 공공·지역 활동 관심 높은 학생

○ 전원 기숙사 생활, 남학생 4인 1실, 여학생 2인 1실, 공립 외고 특성상 심화 어학·프로젝트 활동을 저녁까지 이어 갈 수 있도록 기숙 중심 운영

■ 스티그 인사이트

1. 연구·메이킹·융합: 인천과학예술영재학교 ▶ 질문·탐구 스토리 필수
2. 자기주도·균형형 인문·이공: 인천포스코고/인천하늘고 ▶ 내신·출결, 면접 대비
3. 국제·사회과학·언어: 인천국제고 ▶ 영어내신 4학기 안정, 논리 면접
4. 순수 이공·연구중심: 인천과학고/인천진산과학고 ▶ 수학·과학 심화·R&E
5. 언어 특화·인문사회 진로: 인천외고/미추홀외고 ▶ 제2외국어·글쓰기·토론

그럼 내 아이는 특목고가 맞을까? 일반고가 맞을까?

자녀의 진로를 고민하는 부모라면 한 번쯤은 '우리 아이를 특목·자사

고에 보내야 할까, 아니면 일반고가 더 나을까?'라는 질문 앞에 서게 된다. 답은 단순히 '좋다' '나쁘다'의 문제가 아니라, 아이의 성향과 성장 방향, 그리고 가정의 준비 정도에 따라 달라진다.

특목·자사고는 뚜렷한 목표와 자기주도성을 지닌 아이에게 잘 맞는다. 수학·과학, 외국어, 국제학 등 특정 분야를 깊이 탐구하며 난관 속에서도 끈기 있게 도전하는 아이, 내신과 출결을 안정적으로 관리하면서 스스로 학습 루틴을 세워 가는 아이, 그리고 팀 프로젝트나 연구 활동 속에서 즐겁게 협업하는 아이는 특목·자사고에서 더 큰 성장을 기대할 수 있다. 단순히 '좋은 대학에 가야 한다'는 수준을 넘어 '나는 이 분야에서 연구자가 되고 싶다', '이 주제를 깊이 파고들고 싶다'는 목표 의식이 분명한 아이라면 과학고·영재학교, 국제고·외고, 그리고 자사고에서 자기 색깔을 한층 선명하게 키워 갈 수 있다.

반면, 아직 진로와 전공이 확실하지 않고 다양한 가능성을 탐색하고 싶은 아이에게는 일반고가 더 적합할 수 있다. 비교적 덜 치열한 내신 경쟁 환경에서 대학 입시를 안정적으로 준비할 수 있고, 동아리, 세특, 봉사활동 등 교내 활동을 통해 차근차근 학생부를 쌓아 가는 과정도 의미 있다. 성적이나 생활 습관이 아직 완전히 자립적이지 않아 교사의 세심한 관리가 필요하다면, 일반고의 체계 속에서 균형 잡힌 성장을 이루는 편이 더 안전하다.

현실적인 요소도 빼놓을 수 없다. 특목·자사고가 대학 입시에 무조건 유리한 것은 아니다. 실제로 일반고 최상위권과 특목고 중위권이 같은 대학에서 만나기도 한다. 따라서 중요한 것은 '합격률'이 아니라 '성장의 방식'이다. 또한 아이가 경쟁 속에서 성취감을 느끼는지, 아니면 안정적 환경에서 자기 페이스를 유지할 때 더 잘 성장하는지를 반드시 따져야 한다. 여기에 더해, 기숙사 생활과 방과 후 탐구, 각종 대회 준비에 필요한 시간, 비용, 정서적 지원을 부모가 감당할 수 있는지도 중요한 변수이다.

특히 인천의 경우 인천과학예술영재학교, 인천과학고, 인천진산과학고, 인천국제고, 인천하늘고, 미추홀외고 등 6개 교가 전원 기숙사 생활을 의무화하고 있다. 즉, 단순히 학교에 보내는 것을 넘어 아이가 기숙사라는 독립적 환경 속에서 자기 관리를 해낼 수 있는지, 부모가 떨어져 지내는 생활을 뒷받침할 준비가 되어 있는지도 중요한 고려 요소가 된다. 기숙사 생활은 자율성과 공동체성을 동시에 요구하기 때문에, 아이의 성향에 따라 성장의 기회가 될 수도, 큰 부담이 될 수도 있다.

결국 선택의 기준은 명확하다. 아이가 이미 자기 흥미와 집요함, 자기주도성을 드러내고 있고, 기숙사 생활을 통해 한 단계 더 성숙할 준비가 되어 있다면 특목·자사고의 문을 두드려도 좋다. 그러나 아직 탐색 단계이거나, 내신 안정과 종합적 성장을 우선하고 싶다면 일반고가 현명한 선택이 될 수 있다. 중요한 것은 어느 길을 가든 '우리 아이에게 맞는 성장의 무대'를 마련해 주는 것이다.

13장

인천, 세미 전원생활 가능한 6곳

(연수구 동춘동 소암마을)

▪ 인천 세미 전원생활 가능한 6곳

연번	단지명	자치구	특징
1	송도 잭니클라우스 GC 단지 내	연수구 송도	골프장 조망, 오션뷰, 고급 단독주택 단지
2	동춘동 소암마을	연수	송도 생활권, 봉재산 숲세권, 쾌적한 주거환경
3	청라 단독주택	서해	국제도시 청라 입지, 쾌적한 신도시 주거지
4	영종 단독주택	영종	오션뷰, 공항·관광지 인접, 성장 잠재력
5	논현 단독주택	남동	산업·상업지역과 주거지 혼재, 생활 편의성
6	서창 단독주택	남동	택지지구 기반, 생활 인프라 안정적, 교육환경 양호

인천 단독주택, 존재와 거주의 미학

인천에서 단독주택은 아파트 위주의 주거 구조 속에서도 여전히 독자적인 가치를 지닌다. 대표적인 사례로 꼽히는 곳 중 하나가 송도 잭니클라우스 GC 단지 내 주택이다. 이곳은 골프장 조망과 오션뷰를 동시에 누릴 수 있는 고급 단독주택 단지로, 국제도시 송도의 위상과 맞물려 '인천 속의 상류 주거지'라는 독보적 이미지를 형성한다. 일반 아파트가 제공하지 못하는 프라이버시와 품격 있는 생활이 가능하다는 점에서 희소성이 높다.

비슷한 연수구 내에서도 성격은 달라진다. 동춘동 소암마을은 송도 생활권에 속해 있으면서도 봉재산을 끼고 있는 숲세권 입지로 유명하다. 아파트 밀집 지역에서 벗어나 쾌적한 자연 환경을 누릴 수 있다는 점에서 도심 속 힐링 주거지로 평가받는다. 특히 송도 학군과 인프라를 공유할 수 있다는 점에서, 단독주택임에도 생활 편의성을 크게 해치지 않는 것이 장점이다.

청라국제도시 단독주택지는 또 다른 방향성을 보여 준다. 청라는 국제업무단지, 스타필드, 호수공원 등 현대적 도시 인프라가 결합된 신도시다. 이곳의 단독주택은 '신도시 단독주택'이라는 특수성을 지닌다. 즉, 전통적인 단독주택지와 달리 깔끔한 도로망과 계획적인 생활권 속에 자리 잡고 있어, 쾌적하면서도 세련된 주거환경을 원하는 수요층에게 어필한다.

한편, 영종 단독주택지는 인천국제공항을 중심으로 한 글로벌 관문도시의 성격을 담고 있다. 바다와 맞닿아 있는 오션뷰 입지는 물론, 관광산업과 교통 인프라 확충의 수혜 가능성이 크다. 다만 공항 소음이나 개발 지연이라는 변수도 존재해, 투자와 거주의 성격을 동시에 고려해야 하는 지역이다.

논현동 단독주택지는 남동구의 산업, 상업, 주거 기능이 혼재된 독특한 입지다. 주변에 아파트 단지가 많음에도 불구하고 일부 지역에는 단독주택 수요가 꾸준히 존재한다. 이는 생활 편의성과 교통 접근성이 뛰어나고, 남동산단과 논현지구 상업시설의 풍부한 생활 인프라를 공유할 수 있기 때문이다.

마지막으로 서창지구 단독주택지는 남동구의 안정적인 택지지구 기반 위에서 성장했다. 계획적으로 조성된 신도시형 단독주택지로서, 안정적인 생활 인프라와 교육환경이 뒷받침된다. '서창 신도시 생활권 속 단독주택'이라는 점에서 가족 단위 수요층에게 인기가 높다.

이처럼 인천의 단독주택들은 각 지역의 성격과 개발 배경에 따라 저마다의 차별화된 장점을 지닌다. 송도의 고급화, 동춘의 숲세권, 청라의 신도시형, 영종의 오션뷰, 논현의 생활 편의성, 서창의 안정적 기반은 인천 단독주택 시장의 다층적 가치를 보여 준다. 결국 단독주택을 선택한다는 것은 단순히 집을 고르는 차원을 넘어, 생활 방식과 가치관을 반영하는 선택임을 잘 보여 주는 사례라 할 수 있다.

▣ 스티그 인사이트

도심 속 단독주택, 선택의 무게

도심 속 단독주택은 언제나 '희소성과 불편함'이라는 두 얼굴을 함께 지니고 있다. 아파트가 절대적인 주거 형태로 자리 잡은 인천에서 단독주택은 더더욱 특별한 존재다. 그러나 그 특별함이 곧 장점이자 단점으로 작용한다는 점에서, 단독주택은 단순한 집이 아니라 삶의 태도를 선택하는 행위라 할 수 있다.

무엇보다 프라이버시와 독립성은 단독주택의 가장 큰 매력이다. 옆집과의 벽 하나를 사이에 두고 살아야 하는 아파트와 달리, 단독주택은 경계가 분명하고 생활의 간섭이 적다. 마당과 정원을 가꿀 수 있고, 반

려동물과의 생활에도 제약이 적다. 도시 속에서도 자연을 가까이 두고자 하는 이들에게 단독주택은 하나의 해방구다. 송도의 잭니클라우스 GC 단지나 동춘동 소암마을 같은 곳은 바로 이런 욕망을 충족시키는 공간이다.

또한 차별화된 경관과 입지 역시 장점이다. 골프장 조망이나 오션뷰, 숲세권과 같은 자연 환경은 단독주택이 아니면 누리기 힘든 요소다. 아파트의 획일적인 동·호수 배치와 달리, 단독주택은 집마다 위치와 방향에 따라 삶의 풍경이 달라진다. 이는 거주자가 자기만의 '생활 미학'을 구현할 수 있는 드문 기회다.

그러나 단독주택은 동시에 여러 불편함과 비용 부담을 감수해야 한다. 가장 두드러진 것은 관리와 유지의 문제다. 아파트는 관리사무소를 통해 일괄적으로 시설을 유지하지만, 단독주택은 지붕 수리, 외벽 관리, 배수 시설까지 모두 개인이 책임져야 한다. 시간이 지날수록 유지비와 보수비는 적지 않은 부담으로 돌아온다.

또한 보안 문제 역시 단독주택의 약점이다. 아파트 단지는 경비 시스템과 출입 통제가 체계적이지만, 단독주택은 상대적으로 취약하다. 특히 도심 속 단독주택은 외부인의 접근이 용이하기 때문에, CCTV나 보안 시스템을 개별적으로 설치해야 하는 경우가 많다.

교통과 편의시설 측면에서도 양면성이 존재한다. 청라나 서창, 논현처럼 계획도시형 단독주택지는 생활 인프라와 신도시적 편리함을 누릴 수 있지만, 영종처럼 산업, 관광지와 맞닿은 곳은 교통 불편, 개발 지연과 같은 변수를 피하기 어렵다. 이는 '쾌적함'과 '불편함'이 끊임없이 줄다리기하는 구조를 만든다.

결국 도심 속 단독주택은 삶의 주도권을 스스로 쥐고자 하는 사람들의 선택이다. 관리와 비용, 보안과 불편함이라는 단점을 감수하면서도, 프라이버시와 경관, 자기만의 생활 방식을 누릴 수 있다는 장점은 여전히 강력하다. 단독주택은 단순한 주거의 한 형태가 아니라, '나는 어떤 방식으로 살 것인가?'라는 철학적 질문에 대한 응답이다.

14장

인천, 입주 성공한
지역주택조합 아파트

(e편한세상 송도 아파트)

■ 인천, 입주 성공한 지역주택조합 아파트 14곳

연번	단지명	자치구	세대수	조합설립	입주연도
1	더샵송도마리나베이	연수	3,100	2016.08.	2020.07.
2	e편한세상송도	연수	2,708	2015.07.	2018.10.
3	송도동일하이빌파크포레아파트	연수	281	2016.08.	2019.03.
4	서희스타힐스스타디움 센트럴씨티	미추홀	992	2017.05.	2022.04.
5	용현오션뷰경남아너스빌	미추홀	303	2017.08.	2023.09.
6	힐스테이트숭의역	미추홀	748	2018.05.	2025.01.
7	행복마을누리움아파트	남동	84	2004.10.	2006.07.
8	서창임광그대가아파트	남동	666	2003.06.	2007.01.
9	만수남광하우스토리	남동	795	2016.07.	2020.08.
10	서희스타힐스부평센트럴	부평	571	2015.03.	2021.04.
11	e편한세상부평역어반루체	부평	375	2017.04.	2022.05.
12	계양임광그대가아파트	계양	373	2004.12.	2009.10.
13	계양하늘채파크포레	계양	546	2017.10.	2023.04.
14	북청라하우스토리	서해	430	2016.11.	2022.02.

지역주택조합, 흔히 '지주택'이라 불리는 이 사업 방식은 늘 극단적인 평가를 받는다. '시세보다 저렴하게 내 집을 마련할 수 있다'는 기대와 '열에 아홉은 실패한다'는 불신이 공존한다.

인천의 사례는 이 두 목소리가 모두 진실임을 잘 보여 준다.

성공한 단지는 왜 성공했는가?

인천에서 지금까지 추진된 지주택은 약 70~80여 곳이다. 그러나 조합 설립인가까지 간 곳은 27곳뿐이고, 실제 입주에 성공한 단지는 단 14곳이다. 추진된 곳 대비 성공률은 17.5%를 겨우 넘는다. 그럼에도 이 14곳은 완공과 입주라는 성과를 냈다. 무엇이 달랐을까?

첫째, 토지 구조가 단순했다.

빌라 수백 채가 엉켜 있는 곳이 아니라, 소수 지주가 소유한 창고 부지(부평 어반루체, 용현 오션뷰), 학교 부지(만수 남광[문일여고], 서희 부평센트럴[문곡고]), 혹은 택지개발지구(서창 임광, 계양 하늘채)였다.

송도 마리나베이나 e편한세상 송도는 아예 도시개발사업 구역에서 진행되어 토지 확보의 난관을 피해 갔다.

둘째, 브랜드 건설사가 참여했다.

포스코건설, DL이앤씨, 현대건설 같은 메이저 건설사가 시공을 확정지으면서 조합원 모집은 물론 금융 조달까지 순탄해졌다. 지주택의 가장 큰 불신, 즉 '과연 이게 끝까지 갈 수 있을까?'라는 의문에 브랜드의 힘이 답을 준 것이다.

셋째, 입지의 미래가치가 분명했다.

송도는 국제도시 개발이라는 거대한 서사가 있었고, 부평, 계양과 미추홀은 역세권과 도시재생이라는 무대에 서 있었다.

마지막으로, 조합 운영의 안정성이다.

계양 임광그대가의 경우, 조합 내 분쟁이 크지 않았고, 추가분담금도 예측 가능한 범위에서 관리되었다. 다른 많은 지주택들이 갈등과 소송으로 무너진 것과 대조적이다.

실패와 지연, 그리고 교훈

성공한 14곳만 보면 지주택은 꽤 괜찮은 방식처럼 보인다. 그러나 뒤집어 보면, 같은 시기에 35곳 이상은 아직 인가조차 받지 못했거나, 수년째 지연되다 무산됐다.

지주택이 실패한 이유는 분명하다. 토지 소유자가 수백 명이라 동의율을 채우지 못했고, 조합장은 불투명한 운영으로 신뢰를 잃었다. 설령 출발했더라도, 공사비와 금융비용이 늘어나며 추가분담금은 눈덩이처럼 불어났다. '시세보다 저렴하다'던 말은 순식간에 무너지고, 조합원들은 일반 분양가보다 더 비싼 집을 떠안거나, 최악의 경우 빈손이 되었다.

지주택에 접근할 때의 자세

인천의 사례가 주는 교훈은 명확하다. '지주택은 예외적 성공, 실패가 일반'이다. 성공한 단지는 모두 특수한 조건을 갖췄다. 소수 지주, 학교나 창고 부지, 도시개발지구, 브랜드 건설사, 안정적 운영. 이 다섯 가지 중 세 가지 이상이 충족되지 않는다면, 성공 가능성은 거의 없다고 보는 것이 냉정한 현실이다.

따라서 투자자가 지주택을 고려한다면 먼저 물어야 한다.

"이 부지는 토지 구조가 단순한가?"

"브랜드 건설사가 확정되었는가?"

"도시계획과 맞물려 있는가?"

"조합 운영은 투명한가?"

"추가분담금 리스크는 관리 가능한가?"

이 질문에 자신 있게 '예'라고 답할 수 없다면, 그 지주택은 대부분의 실패 사례에 가까워질 것이다.

지주택은 한국 부동산 시장의 오랜 그림자다. 실패한 이들의 눈물 속에서, 드물게 빛나는 성공 사례가 나온다. 인천의 14곳은 그런 '예외적인 성공'을 보여 준다. 그러나 그 빛을 좇기 전에, 그늘 속에 사라진 수많은 단지를 기억해야 한다. 지주택은 늘 싸게 보이지만, 결국 가장 비싼 집이 될 수도 있다. '예외에 기대기보다, 원칙을 따져야 한다.' 이것이 인천 지주택이 우리에게 남긴 가장 값진 교훈이다.

15장

2040년, 인천이 그리는
미래의 얼굴

바닷바람이 스치는 동인천역 앞 골목길에서 시작해 송도의 유리 빌딩 숲을 거쳐 강화도의 들녘에 이르기까지, 인천은 오래된 시간과 새로운 미래가 공존하는 도시다. 이제 인천은 '어디서나 살기 좋은 글로벌 도시'라는 이름표를 달고, 스스로의 운명을 다시 써 내려가고 있다.

먼저 눈에 띄는 변화는 도심의 판도다. 한때 쇠락을 걱정하던 동인천이 '도심'으로 격상되며, 도시의 심장으로 다시 뛰게 된다. 낡은 건물과 좁은 골목은 역사와 문화로 재해석되어, 단순한 개발이 아닌 '재생'이라는 방식으로 새 옷을 입을 것이다. 과거 철길 주변에 형성된 원도심은 이제 국제 교류와 관광의 무대로 탈바꿈하며, 오래된 도시의 숨결이 새로운 활력으로 변해 간다.

또 하나의 주목할 이름은 강화군 길상면이다. 강화 남단에 위치한 이 마을은 그동안 도시계획의 지도에서 변두리에 머물러 있었지만, 이제는 '지역 중심'이라는 새로운 역할을 부여받았다. 길상은 단순히 지리적 거점이 아니라, 농업과 관광, 국제 교류를 이어 내는 작은 매듭점이 될 것이다. 강화의 시간이 인천의 미래와 직조되는 순간이다.

인천의 성장축도 새롭게 그려졌다. 과거 '평화벨트'라는 이름은 사라지고, 대신 국제성장 축이 자리한다. 강화-길상-영종-송도-시흥을 잇는 이 축은 바이오 산업, 스마트 농업, 국제공항과 항만을 연결하며 인천을 세계와 이어 주는 동맥이 된다. 이는 단순한 도시계획이 아니라, 인천이 세계 속에서 어떤 역할을 맡을 것인지에 대한 선언과도 같다.

생활권별 미래도 흥미롭다. 제물포구와 미추홀구로 이루어진 중부 생활권은 '워터프런트'라는 이름으로 다시 태어난다. 낡은 항만은 바닷바람을 품은 친수공간으로 바뀌고, 개항장은 역사문화의 무대로 재조명

된다.

영종은 공항이라는 단일 기능을 넘어 항공정비산업과 관광 거점으로 확장된다. 송도와 연수는 GTX와 KTX 송도역을 발판 삼아 글로벌 창업 도시, 바이오 산업의 본산으로 도약한다.

부평과 계양은 오래된 주택지의 재개발, 계양신도시와 지식산업 벨트 조성으로 새로운 균형을 꿈꾼다.

청라와 검단은 금융과 자족 기능을 강화하며, 철도망 확충이 곧 미래의 열쇠가 된다. 그리고 고령화와 인프라 부족에 시달리던 강화와 옹진은, 이제는 '지역 거점'과 '정주 여건 개선'이라는 목표를 품게 되었다.

2040년 인천은 단순히 건물과 길이 늘어나는 도시가 아니다. 구월, 송도, 부평, 동인천 네 개의 도심이 서로 다른 빛깔로 도시의 균형을 잡고, 길상 같은 새로운 중심이 도시의 지도를 다시 쓰고 있다. 도시재생과 글로벌 성장축, 그리고 생활권별 맞춤 전략은 인천을 단단하게 묶어 주는 실타래가 될 것이다.

아마도 15년 뒤, 우리는 다시 동인천역 앞에 서서 오래된 적산가옥과 새로 들어선 문화공간을 함께 바라볼 것이다. 송도의 빌딩 사이로는 세계 각국의 연구자와 기업가가 모여들고, 강화 길상에서는 농업과 관광이 어우러진 새로운 활력이 피어날 것이다. 인천의 미래는 멀리 있지 않다. 이미 오늘, 계획 속에서 천천히 현실이 되고 있다.

4부

스티그가 추천하는
아파트

1장

미래가치 PICK
— 숨겨진 보석 같은 신흥 투자 단지

(신검단중앙역 풍경채 어바니티1차 아파트)

■ 숨겨진 보석 같은 신흥 투자 단지 5곳

연번	단지명	자치구	세대수	입주연도	지하철역
1	시티오씨엘3단지	미추홀	977	2024.12.	수인분당선 학익역 (2028년 개통 예정)
2	해링턴스퀘어 산곡역	부평	2,475	2028.06.	서울지하철 7호선 산곡역
3	래미안송도역 센트리폴3블록	연수	1,024	2027.12.	수인분당선, KTX, 월판선 송도역
4	신검단중앙역 풍경채어바니티	검단	1,425	2024.11.	인천지하철 1호선, 서부권광역급행철도 신검단중앙역
5	루원시티 SK리더스뷰	서해	2,378	2022.01.	인천지하철 2호선, 서울지하철 7호선 가정역, 가현역

부동산 투자에서 가장 중요한 것은 '현재의 가격'보다 '미래의 변화'다. 지금 당장은 생활 인프라가 부족하거나 교통망이 미완성되어 저평가된 단지라도, 시간이 흐르며 교통, 산업, 생활 인프라가 완성되면 시장은 그 가치를 재평가한다. 투자자는 바로 그 시차(Time Lag) 속에서 기회를 포착한다.

인천은 수도권 서부의 메가시티로 도약하는 과정에 있으며, 곳곳에 '숨겨진 보석 같은 신흥 단지'가 존재한다. 이 단지들은 현재의 불편을 감내할 수 있는 투자자에게 향후 몇 년 뒤 확실한 보상으로 돌아올 가능성이 높다. 여기서는 인천에서 특히 주목해야 할 다섯 곳의 신흥 투자 단지를 살펴본다.

1. 시티오씨엘 3단지(미추홀구)

977세대/2024. 12. 입주/수인분당선 학익역(2028년 개통 예정)

① 입지(교통) ─ 학익역 초역세권, KTX 송도역 연계

　시티오씨엘은 과거 동양화학 부지를 포함한 원도심 전면 재개발 프로젝트로, 1만 3천 세대가 넘는 '도심 속 신도시' 규모로 조성된다. 그중에서도 3단지는 학익역 신설을 단지 앞에서 직접 누릴 수 있는 입지적 상징성을 지닌다. 학익역은 단순한 지하철 신설역이 아니라, 송도역과 한 정거장 거리라는 점에서 의미가 크다. 송도역은 향후 KTX, 월판선, 경강선이 집결하는 철도 허브로 진화하기 때문에, 3단지 입주민들은 서울과 수도권은 물론 전국 고속철도망까지 연결되는 광역 교통 프리미엄을 확보할 수 있다.

② 브랜드 상품성 ─ 도심 속 신도시의 상징 단지

　시티오씨엘은 단지별이 아니라 전체가 하나의 거대한 통합 브랜드 타운으로 형성된다. 때문에 입주민들은 단지 내 대형 커뮤니티, 특화 조경, 생활 편의시설을 공유할 수 있어 신도시급 주거 편의를 누리게 된다. 3단지는 학익역 초역세권 입지를 기반으로, 단순한 '신축 아파트'가 아니라 원도심 재개발 성공 모델로 상징성이 더욱 크다.

③ 성장성 ─ 원도심 리뉴얼의 대장주

현재는 혼재된 주거 환경, 원도심 특유의 상권 미비, 일부 고속도로 소음이라는 약점이 있다. 그러나 이는 동시에 '저평가 요인'이기도 하다. 교통망 확충, 상권 형성, 용현·학익 도시개발사업과의 시너지까지 겹치면, 3단지는 5~10년 내 인천 원도심의 브랜드 신도시 대장주로 재평가될 가능성이 높다.

2. 해링턴스퀘어 산곡역(부평구)

2,475세대/2028.06. 입주 예정/서울지하철 7호선 산곡역

① 입지(교통) ─ 강남 직결 7호선 초역세권

부평 산곡동은 오랫동안 빌라와 소규모 공장이 혼재한 지역으로, 주거 선호도에서 불리한 평가를 받아 왔다. 그러나 서울지하철 7호선 산곡역 개통으로 상황이 근본적으로 바뀌었다. 이제 부평에서 서울 강남권까지 환승 없는 직결 이동이 가능해졌고, 이는 산곡동을 인천 동부권에서 가장 강력한 교통 프리미엄 지역으로 끌어올리는 결정적 요인이다.

② 브랜드 상품성 ― 초대형, 브랜드 단지

해링턴스퀘어 산곡역은 2,475세대라는 초대형 규모에 브랜드 프리미엄까지 결합된 단지다. 규모의 힘은 단지 내 커뮤니티 시설, 관리 효율성, 안정적 시세 형성에서 뚜렷한 장점을 발휘한다. 특히 주변 빌라·저층 주거와의 격차는 입주 이후 더욱 선명해지며, 산곡동의 새로운 주거 기준점으로 기능할 것이다.

③ 성장성 ― 공병단 부지 개발, 산곡 재개발 시너지

산곡역 일대는 단순한 역세권을 넘어선 복합 개발 축으로 성장할 가능성이 크다. 공병단 부지 개발은 대규모 상업, 업무, 공공 기능이 결합된 신생활권을 열어 줄 것이다. 산곡6구역을 비롯한 재개발 구역들이 순차적으로 완성되면, 산곡동은 노후 이미지에서 벗어나 서울 강남 직결 신흥 벨트의 대표 거점으로 자리 잡게 된다.

3. 래미안 송도역 센트리폴3블록(연수구)

1,024세대/2027. 12. 입주 예정/수인분당선, KTX, 월판선 송도역

① 입지(교통) ― 트리플 환승 허브 송도역

송도역은 수인분당선을 비롯해 인천발 KTX, 월판선, 경강선 등이 집결하는 전국 철도망 허브다. 특히 이 단지는 송도국제도시보다는 송도역세권 원도심과 맞닿아 있어, 국제도시 핵심지와는 거리가 있지만 전국 단위 접근성에서는 독보적인 장점을 가진다.

② 브랜드 상품성 — 10년 만의 인천 '래미안'

삼성물산이 시행과 시공을 맡은 인천 첫 래미안 단지다. AI 기반 스마트홈, 전기차 화재 대응 솔루션, 통합 내진 패키지, 피트니스센터, 사우나, 골프연습장 등 최첨단 상품성과 고급 커뮤니티가 결합돼 '래미안' 브랜드 가치를 극대화한다. 특히 인천에서 10년 만에 공급되는 래미안이라는 희소성만으로도 시장의 관심을 끌고 있다.

③ 성장성 — 송도역세권 도시개발의 랜드마크

래미안 송도역 센트리폴은 송도국제도시 내부가 아니라 송도역세권 도시개발사업의 첫 번째 프로젝트다. 2,500세대 이상 복합 개발과 상업시설, 학교, 공원 조성이 함께 진행되며, 원도심과 국제도시 사이의 생활권을 잇는 교두보 역할을 하게 된다. 삼성 계열사, 글로벌 바이오기업의 확장, 국제학교, 글로벌 캠퍼스 학군과의 연계로, 향후에는 송도국제도시 프리미엄을 외곽까지 확장하는 랜드마크 단지로 자리매김할 전망이다.

4. 신검단중앙역 풍경채 어바니티(검단구)

1,425세대/2024.11. 입주/인천1호선과 서부권광역급행철도 신검단중앙역

① 입지(교통) — 검단의 교통 오지 탈피

검단은 오랫동안 '교통 오지'라는 약점을 안고 있었다. 서울 진입에 1시간 이상 걸리고, 버스 의존도가 높아 주거 선호도에서 불리했다. 그러나 인천1호선 연장 개통으로 상황이 급변했다. 신검단중앙역은 향후 서부권광역급행철도(GTX급)가 예정돼 있어, 서울 접근성이 비약적으로 개선될 예정이다.

② 브랜드 상품성 — 신도시 대장 단지

풍경채 브랜드가 대규모 단지로 들어서며, 검단 신도시 내 주거 안정성을 높인다. 신축 브랜드 대단지 특유의 커뮤니티 시설, 설계 효율성, 관리 체계는 기존 검단 단지와 뚜렷한 차별화를 만든다.

③ 성장성 — 검단 신도시 성숙기의 중심

현재 상권은 미비하고 생활 기반은 형성 단계다. 그러나 교통망 확충과 함께 신도시 내 상업, 업무 기능이 확장되면, 주거, 교육, 상권이 균

형 잡힌 자족형 생활권으로 성장할 것이다. 특히 풍경채 어바니티는 검단에서 교통 호재를 가장 직접적으로 누릴 수 있는 대표 수혜 단지로 평가된다.

5. 루원시티 SK리더스뷰(서해구)

2,378세대/2022. 01. 입주/인천2호선 가정역, 서울7호선 가현역(예정)

① 입지(교통) — 더블 역세권 입지

루원시티는 청라와 가좌, 석남을 잇는 서구 신흥 중심지다. SK리더스뷰는 인천2호선과 7호선을 모두 이용할 수 있는 더블 역세권 입지를 차지한다. 이는 루원시티 전체에서 가장 큰 교통 프리미엄이자, 서울 접근성 개선의 핵심 기반이다.

② 브랜드 상품성 — 루원시티의 랜드마크 단지

2,300세대가 넘는 대규모 단지로, 루원시티의 시세를 리딩하는 대표 랜드마크다. 브랜드 프리미엄과 대단지 커뮤니티 시설은 입주 안정성을 높이고, 루원시티 내 다른 단지의 가격 기준점을 형성한다.

③ 성장성 ─ 신흥 서구 중심지의 기준점

입주 초기에는 상권 미성숙이 한계였지만, 점차 상업, 업무 시설이 확충되며 생활 인프라가 안정되고 있다. 특히 7호선 연장이 현실화되는 시점에는 서울 접근성이 대폭 강화되며, SK리더스뷰는 단순한 아파트 단지를 넘어 서구 주거지도의 기준점으로 자리매김할 것이다.

◼ 스티그 인사이트

이 다섯 단지는 공통적으로 '현재는 불편, 미래는 기회'라는 투자 공식이 적용된다. 시티오씨엘 3단지는 도시재생, 교통 신설의 대표 사례, 해링턴스퀘어 산곡역은 강남 직결 노선 초역세권의 상징, 래미안 송도역센트리폴은 브랜드, 교통 허브 결합, 신검단중앙역 풍경채 어바니티는 검단 교통 리스크 해소 단지, 루원시티 SK리더스뷰는 루원시티 시세 리더라는 위상을 확보할 것이다.

이 단지들의 공통점은 현재 생활 인프라나 교통망이 미완성이라 시장에서 저평가되어 있지만, 2027~2030년 사이 주요 호재가 완성되는 순간, 강력한 가격 재평가를 맞이한다는 것이다.

부동산 투자는 '완성된 가치'를 사는 것이 아니라, '완성될 가치'를 선점하는 것이다. 지금은 숨겨진 보석처럼 빛을 발하지 못하지만, 시간이 흐르면 인천의 미래 시세 지도를 새로 그릴 주인공이 될 단지들이다.

2장

실수요자 PICK
— 인천, 학군과 교통 그리고
편의시설 다 갖춘 실거주 단지 5곳

(에코메트로5단지 한화꿈에그린 아파트)

■ 인천, 학군과 교통 그리고 편의시설 다 갖춘 실거주 단지 5곳

연번	단지명	자치구	세대수	입주연도	지하철역
1	송도글로벌파크베르디움	연수	1,153	2017.11.	인천지하철1호선 테크노파크역
2	힐스테이트자이계양	계양	2,371	2024.08.	인천지하철1호선 작전역
3	검단신도시 우미린더시그니처	검단	1,268	2022.01.	인천지하철1호선 아라역
4	에코메트로5단지 한화꿈에그린	남동	1,052	2010.12.	수인분당선 소래포구역
5	힐스테이트부평아파트	부평	1,409	2023.06.	국철1호선 백운역

부동산에서 실수요자의 선택 기준은 투자자와 다르다. 투자자는 미래 가치 상승과 시세차익을 우선 고려한다면, 실수요자는 매일의 생활을 지탱할 교통, 학군, 편의시설을 중시한다. 출퇴근 시간이 줄어드는 역세권 입지, 자녀 교육을 뒷받침할 학군, 안정적인 생활 인프라가 결합되어야 '내 집 마련 후 오래 살고 싶은 단지'가 된다.

인천은 신도시와 원도심, 재개발 지역이 공존하는 도시 구조 덕분에 실거주 여건이 우수한 단지가 고르게 분포해 있다. 특히 최근 몇 년 사이에는 교통 호재, 브랜드 대단지 공급, 생활권 업그레이드가 맞물리면서, 실수요자들이 안심하고 선택할 수 있는 단지들이 속속 등장하고 있다.

여기에서는 학군, 교통, 편의시설 삼박자를 고루 갖춘 인천 대표 실거주 단지 5곳을 살펴본다.

1. 송도글로벌파크베르디움(연수구)

1,153세대/2017.11. 입주/인천1호선 테크노파크역/인천송명초등학교 초품아

① 입지(교통) ― 송도 핵심 업무지구 직주근접

송도글로벌파크베르디움은 송도 5공구의 중심축에 위치해, 인천1호선 테크노파크역을 도보로 이용할 수 있는 역세권 단지다. 이를 통해 인천 도심은 물론, 서울과의 연계성도 안정적으로 확보된다. 특히 테크노파크역 일대는 글로벌 캠퍼스와 송도 바이오 클러스터, IT·연구시설이 밀집한 업무 중심지와 맞닿아 있어, 직장과 주거가 가까운 '직주근접'의 이상적인 조건을 갖췄다. 자차를 통한 제3경인고속도로, 수도권순환고속도로 진입도 수월해 광역 교통 편의성 역시 뛰어나다.

② 학군과 생활 ― 국제학교 학군, 중심 상권 접근성

단지 인근은 송도의 교육 인프라 핵심 축과 연결되어 있다. 인천송명초를 비롯해 송도국제도시 내 명문 초·중학교가 가까이 있으며, 국제학교인 채드윅과 연세대 국제캠퍼스가 인접해 글로벌 교육 환경의 직접적 혜택을 누릴 수 있다. 학군 선택지의 다양성과 국제적 교육 프리미엄은 젊은 학부모 수요층에게 강력한 매력 요소다.

생활 인프라 역시 이미 성숙한 단계다. 현대프리미엄아울렛, 홈플러

스, 트리플스트리트 등 송도를 대표하는 대형 상업, 문화 시설과 가깝고, 도보권 내 근린 상권도 활성화되어 있다. 이로 인해 입주민들은 쇼핑, 여가, 문화생활을 한 번에 해결할 수 있는 '원스톱 생활권'을 누리고 있다.

③ 성장성 ─ 송도의 안정된 중대형 단지

송도글로벌파크베르디움은 송도 5공구 핵심 주거벨트의 한가운데 자리해 있다. 이 입지는 향후 송도가 국제업무, 바이오 클러스터, 글로벌 캠퍼스 등 첨단 산업과 국제도시로 성장해 나가는 과정에서 안정적으로 수요를 흡수할 수 있는 구조다.

단지는 1,153세대 규모의 중대형 단지로, 주거 규모와 브랜드 안정성을 바탕으로 실수요와 투자 수요 모두에게 꾸준히 선택받고 있다. 입주 이후에도 가격 변동성이 크지 않고, 지역 내 프리미엄을 대표하는 단지로 자리매김해 왔다.

앞으로도 송도는 국제도시 브랜드를 강화하며 글로벌 비즈니스 허브로 도약하고 있다. 이 과정에서 송도글로벌파크베르디움은 '송도의 안정성과 프리미엄을 동시에 대표하는 중핵 단지'로 부각될 가능성이 크다. 즉, 단순히 현재의 입주 편의성을 넘어 미래 송도의 시세 지도와 생활권 재편 과정에서도 중심적인 역할을 하게 될 것이다.

2. 힐스테이트자이계양(계양구)

2,371세대/2024.08. 입주/인천1호선 작전역/효성동초등학교 초품아

① 입지(교통) — 계양 중심축, 수도권 광역급행철도 수혜권

힐스테이트자이계양은 인천1호선 작전역 도보권 입지로, 이미 인천 내부 이동은 물론 부평, 송도 등 주요 생활권과의 접근성이 뛰어나다. 더 나아가 수도권광역급행철도 교통망 확충 시, 서울 도심 및 강남권과의 연결성이 크게 강화될 것으로 기대된다. 이는 단순한 인천-서울 연결을 넘어, 수도권 전역을 아우르는 광역 생활권의 한 축으로 계양이 도약하는 계기가 될 수 있다.

② 학군과 생활 — 계양 명문 학군, 중심 생활권

명현중학교, 효성고등학교 등 전통적으로 학부모 선호도가 높은 학군이 자리하고 있다. 또한 계양구청, 이마트, CGV, 체육시설 등 관공서와 상업, 편의시설이 밀집해 있어 생활 인프라가 안정적으로 완결된 지역이다. 즉, 교육, 행정, 문화, 소비가 모두 가까이에 있는 '균형 생활권'을 실수요자가 누릴 수 있다.

③ 성장성 — 계양 최대 규모 브랜드 단지의 위상

힐스테이트자이계양은 자이와 힐스테이트라는 국내 최상위 브랜드가 결합된 2천 세대 이상 대규모 단지로, 이미 지역의 랜드마크 단지로 자리 잡았다. 향후 수도권광역급행철도 개통이 현실화되면 계양의 교통환경은 획기적으로 달라질 것이다. 서울 도심뿐 아니라 강남권까지 직결되는 교통 프리미엄이 더해질 경우, 계양의 주거 중심축으로서 위상은 더욱 강화된다.

또한 계산, 작전 재개발과 효성, 박촌 생활권 정비사업 등 계양 전반의 도시 리뉴얼이 병행되면서, 힐스테이트자이계양은 단순한 주거 단지가 아니라 '교통, 학군, 브랜드' 삼박자가 맞물린 계양의 시세 리딩 단지로 자리매김할 가능성이 높다. 안정적인 실수요 기반 위에 투자 수요까지 흡수하며 장기적으로 높은 가치 상승을 견인할 것으로 보인다.

3. 검단신도시우미린더시그니처(검단구)

1,268세대/2022.01. 입주/인천1호선 아라역

① 입지(교통) ─ 인천1호선 연장 효과 직격

검단신도시는 오랫동안 '교통 불리 지역'이라는 꼬리표를 달고 있었다. 서울 도심 진입까지 1시간 이상 소요되는 교통 여건이 신도시의 가장 큰 약점으로 꼽혔다. 그러나 인천1호선 연장이 현실화되면서 이 한계는 상당 부분 해소되었다. 아라역 개통으로 부평, 계양, 인천 도심권으로의 접근이 용이해졌고, 향후 서부권광역급행철도와 연계 논의가 구체화되면 서울 접근성은 더욱 강화될 전망이다. 이러한 교통망 개선은 검단신도시가 '서울 배후 신도시'로 자리 잡는 데 결정적 변수가 되고 있다.

② 학군과 생활 — 신도시형 학군, 신흥 상권

검단우미린더시그니처는 신도시의 장점을 고스란히 담고 있다. 단지 바로 옆에 초등학교와 중학교가 배치돼 있어 '안심 통학권'을 제공하고, 쾌적하고 체계적인 교육 환경이 마련돼 있다. 이는 학부모 수요층에게 매우 중요한 요소로 작용한다.

생활 인프라 측면에서도 신흥 상권이 빠르게 형성되고 있다. 아직은 초기 단계라 대규모 상업시설이 완비되지는 않았지만, 젊은 실수요자들의 유입으로 상권 활성화 속도가 빠르다. 특히 검단신도시 중심 상권과 연계될 경우, 마트, 복합문화시설, 근린상권이 균형 있게 자리 잡아 신도시다운 자족형 생활권을 갖출 수 있다.

③ 성장성 — 신도시 초기에 자리 잡은 대장 단지

우미린더시그니처는 검단신도시 1단계 조성기에 공급된 대표 단지로, 브랜드, 세대수, 입지의 삼박자가 모두 맞아떨어진다. 1,200세대가 넘는 대규모 단지로서 커뮤니티 시설과 단지 관리 효율성이 뛰어나며, 브랜드 신뢰도 역시 높다.

입주 초기부터 실수요자들이 꾸준히 유입되며 안정적인 가격 흐름을 보였고, 검단신도시 내에서 시세 리딩 단지 역할을 수행하고 있다. 특히 검단이 아직 성장 과정에 있는 신도시라는 점을 고려하면, 교통망 확충과 상권 성숙이 본격화되는 시점에 이 단지의 가치는 더욱 부각될 것이다. 단순히 초기 입주 단지를 넘어, 검단 전체의 주거 이미지를 끌어올리는 '대장 단지'로서 상징성을 확보하고 있다는 점이 중요하다.

따라서 검단우미린더시그니처는 현재는 안정적 실거주 수요를 흡수하는 단지이지만, 중장기적으로는 검단 신도시 성숙기의 대표 프리미엄 단지로 재평가될 가능성이 높다.

4. 에코메트로 5단지 한화꿈에그린(남동구)

1,052세대/2010. 12. 입주/수인분당선 소래포구역/원동초등학교 초품아

① 입지(교통) — 역세권, 광역도로망 접근성

에코메트로 5단지는 소래포구역 도보 생활권에 위치해 있다. 수인분당선을 이용하면 서울과 수원, 판교 등 수도권 주요 거점으로 환승 이동이 가능하다. 특히 신분당선과의 연계를 통해 향후 강남 접근성까지 확대될 수 있어 교통적 잠재력이 크다. 차량 이용 시에는 제2경인고속도로, 영동고속도로와 가까워 자차 이동이 편리하며, 송도, 경기 시흥, 서울 동남권까지 빠르게 접근할 수 있다. 역세권과 도로망의 이중 장점

은 부동산 가치 안정에 중요한 기반이다.

② 학군과 생활 — 교육, 쾌적 주거 환경

단지 인근에는 원동초, 고잔중, 고잔고, 미추홀외고 등 전통 학군이 형성돼 있어 자녀 교육 환경이 안정적이다. 학부모 수요층 입장에서는 통학 여건이 우수하고, 비교적 쾌적한 교육 분위기를 기대할 수 있다. 또한 에코메트로 단지 특유의 계획적인 도시 설계와 근린공원이 함께 조성돼 '공원 품은 아파트'라는 장점이 있다. 특히 소래포구와 소래습지생태공원과 가까워 주말 여가 생활이 풍부하며, 도심 속에서도 자연 친화적 주거 환경을 누릴 수 있다. 생활 인프라는 홈플러스, 전통시장, 병원 등 이미 안정적으로 자리 잡아 실거주 만족도가 높다.

③ 성장성 — 남동구 대표 성숙 단지의 위상

2010년 입주한 단지로 벌써 10년 이상의 주거 역사를 지닌 만큼, '검증된 단지'라는 프리미엄이 있다. 1,000세대가 넘는 대단지라 관리 효율성이 높고, 커뮤니티 시설도 비교적 잘 갖춰져 있다. 무엇보다 남동구의 상징적 신도시 단지로서 지금까지 안정적인 선호도를 유지하고 있다.

특히 소래포구 일대가 관광, 레저 중심지로 발전하면서, 상권 확장과 도시 이미지 개선이 동시에 진행되는 점은 중장기적으로 긍정적인 요소다. 에코메트로 5단지 한화꿈에그린은 남동구에서 '실거주 안정성, 향후 재평가 가능성'을 동시에 품은 단지라 평가할 수 있다.

5. 힐스테이트부평 아파트(부평구)

1,409세대/2023.06. 입주/국철1호선 백운역/신촌초등학교 초품아

① 입지(교통) ─ 1호선 직결, GTX-B 연계성

  힐스테이트부평은 1호선 백운역 도보권 입지로, 서울과 수도권 전역으로 직결되는 강력한 교통망을 갖췄다. 특히 부평역과의 근접성이 크다. 부평역은 GTX-B 노선이 예정돼 있어 향후 개통 시 여의도, 서울역, 청량리 등 서울 주요 업무지구까지 단숨에 연결된다. 교통망 개선에 따른 '시간 단축 효과'는 실수요자뿐 아니라 투자 수요까지 끌어들이는 강력한 요인이 될 것이다.

② 학군과 생활 ─ 명문 학군, 성숙 상권

  부평은 전통적으로 학군 강세 지역으로, 부평서중, 부평서여중, 부광고 등 전통 명문 학군이 인근에 자리한다. 자녀 교육 환경 측면에서 안정성이 확보돼 있고, 인천외고, 인천진산과학고까지 더해져 교육 프리미엄도 일정 부분 갖췄다. 생활 인프라는 이미 성숙 단계다. 부평문화의거리, 롯데백화점, 대형 마트, 영화관, 병원 등이 모두 가까워 신도시 단지에서는 쉽게 경험하기 어려운 '완결형 생활권'을 제공한다.

③ 성장성 — 부평의 신규 랜드마크 대단지

힐스테이트부평은 부평에서 보기 드문 대규모 힐스테이트 브랜드 단지로, 상품성과 입지 프리미엄을 동시에 갖췄다. 신축 단지라는 점에서 기존 노후 아파트와 차별화가 뚜렷하며, 브랜드 파워와 대규모 커뮤니티 시설은 장기적 시세 안정성을 뒷받침한다. 향후 GTX-B 개통이 현실화되면 교통 프리미엄이 더해져, 실수요뿐 아니라 투자 수요에서도 높은 관심을 받을 것이다.

결국 힐스테이트부평은 부평의 학군, 상권, 교통의 삼박자를 모두 충족시키며, 향후에는 지역의 새로운 주거 기준점으로 자리매김할 가능성이 크다.

▣ 스티그 인사이트

집을 고를 때, 투자자는 시세차익을 먼저 본다. 하지만 실수요자는 조금 다르다. 매일 살아가야 하는 공간이기에, 그 선택의 기준은 생활에 있다. 출퇴근 시간을 줄여 주는 교통망, 자녀 교육을 뒷받침할 학군, 일상 속 편의를 책임지는 상권과 공원 같은 생활 인프라. 이 세 가지 요소가 고루 충족될 때, '오래 살고 싶은 집'이 된다. 이번에 꼽은 다섯 개 단지는 공통적으로 이러한 완결형 생활권을 지향한다는 점에서 특별하다.

먼저 송도글로벌파크베르디움은 글로벌캠퍼스와 바이오 클러스터 바로 옆에 자리 잡아 직주근접성을 누린다. 국제학교 학군과 성숙한 상권까지 갖춘 송도 생활권에서, 안정된 실거주 대표 단지로 자리매김했다. 계양의 힐스테이트자이계양은 수도권 광역급행철도 수혜를 기대할 수 있는 입지에 더해 명문 학군과 완성된 생활 인프라가 결합되어, 교통, 학군, 브랜드 삼박자를 모두 충족한다.

검단 우미린 더시그니처는 신도시 초기에 자리 잡은 대장 단지로, 인천1호선 연장 직격 수혜와 함께 초·중학교 초품아 환경을 갖췄다. 아직 성장 단계에 있지만, 실거주자 입장에서는 안전성과 교육 환경이 매력이다. 남동구의 에코메트로 5단지 한화꿈에그린은 소래포구역 역세권에 공원과 생태 환경이 어우러진 단지로, '검증된 실거주 안정성'을 상징한다. 마지막으로 힐스테이트부평은 부평 중심지에서 교통, 학군, 상권 삼박자가 모두 갖춰진 신축 대단지로, 부평의 새로운 주거 기준점이 되고 있다.

물론 고려해야 할 리스크도 있다. 교통 호재가 아직 확정되지 않은 경우 과도한 기대는 금물이며, 신도시 단지의 경우 상권이 성숙되기까지 시간을 필요로 한다. 원도심 단지는 블록별 환경 차이가 크므로 세부 입지와 동과 라인의 선택이 중요하다. 하지만 장기적으로 보았을 때, 교통망 개선과 생활권 업그레이드가 동시에 진행되면 이들 단지는 체류가치가 곧 자산가치로 전환되는 과정을 경험하게 될 것이다.

결국, 이 다섯 곳은 '지금 사서 오래 사는' 관점에서 후회할 가능성이 가장 낮은 인천의 대표 실거주 단지다. 집은 단순히 투자 수단이 아니라 삶의 기반이다. 본인의 출퇴근 동선, 자녀 교육, 생활 취향에 맞춰 선택한다면, 이 다섯 단지는 실수요자에게 가장 합리적이고 안정적인 답이 될 것이다.

3장

투자자 PICK
― 인천, 시세차익과 갭투자 유망 단지 5곳

(주안캐슬앤더샵 에듀포레 아파트)

■ 인천, 시세차익과 갭투자 유망 단지 5곳 (전세가율 70% 이상 단지)

연번	단지명	자치구	세대수	입주연도	특징
1	힐스테이트푸르지오주안	미추홀	2,958	2023.06.	초품아, 아파트 주변 이주 수요 풍부
2	주안캐슬앤더샵에듀포레	미추홀	1,856	2022.07.	초품아, 도품아
3	e편한세상부평역 센트럴파크	부평	1,500	2024.12.	인천지하철1호선 동수역 직결
4	가재울역트루엘에코시티	서해	1,218	2023.08.	인천지하철2호선 가재울역
5	부개역푸르지오	부평	1,054	2010.01.	초품아, 도품아, 국철1호선 부개역

인천은 지금 원도심 리뉴얼, 신도시 성숙, 광역교통 확장이 동시에 전개되는 드문 시장이다. 특히 전세가율 70% 안팎의 단지들이 다수 포진해 있어, 적은 실투금으로 진입 가능한 갭투자 효율 구간이 형성돼 있다.

추천단지 5곳은 공통적으로 ① 역세권 ② 브랜드, 대단지 프리미엄 ③ 풍부한 임대 풀을 갖췄다. 이는 곧 '전세 세팅 용이 → 공실 리스크 축소 → 안정적 보유'라는 선순환을 만든다.

물론 변수도 있다. 교통, 정비 호재는 현실화까지 시간이 걸리고, 동, 라인별 입지 차이에 따라 수익률이 달라질 수 있다. 따라서 확정된 현재 가치인 역세권, 생활 인프라, 학군, 의료 접근성을 최소한의 방어막으로 삼고, 호재는 '보너스'로 보는 보수적 접근이 필요하다.

결국 인천 갭투자의 매력은 단순히 저렴함이 아니라, 현재 가치와 미래 기대 사이의 균형이다. 안정적인 전세 수요를 기반으로 효율적인 수익 구조를 만들 수 있는 이 시장은, 지금 투자자들에게 흔치 않은 기회를 제공한다.

1. 힐스테이트 푸르지오 주안(미추홀구)

2,958세대/2023.06. 입주/주안초등학교 초품아, 대단지 커뮤니티, 원도심 리뉴얼 코어

① 입지(생활)

　힐스테이트 푸르지오 주안은 미추홀구 주안동 중심 생활권의 대단지로, 입지적 안정성이 돋보인다. 단지 바로 옆에 초등학교가 위치한 초품아 단지이면서, 학부모 선호도가 높은 교육 인프라가 잘 형성되어 있다. 여기에 공공기관, 병원, 대형마트, 전통시장, 백화점 등 생활 인프라가 이미 성숙해 있어 별도의 대규모 개발을 기다릴 필요 없이 곧바로 완결된 생활권을 누릴 수 있다.

　교통 측면에서는 인천2호선 시민공원역과 국철1호선 주안역을 버스로 연결할 수 있다. 이를 통해 인천 도심과 부평, 서울로의 접근성을 확보할 수 있으며, 주요 도로망과도 가까워 차량 출퇴근 동선이 안정적이다. 즉, 원도심의 생활 편리성과 신축 단지의 상품성을 동시에 갖춘 입지라 평가할 수 있다.

② 임대수요

힐스테이트 푸르지오 주안은 신축 선호가 뚜렷한 미추홀구 내에서 가장 큰 대단지 아파트라는 점에서 임대수요가 꾸준히 유입된다. 특히 주변에는 노후 아파트와 다세대 주택이 많아, 이주 및 갈아타기 수요가 풍부하다. 학령기 자녀를 둔 가정들이 초품아 입지와 대단지 커뮤니티를 선호하면서 전세 풀(pool)의 안정성이 높다. 또한 대단지라는 규모적 이점 덕분에 임대 물량이 많음에도 불구하고 공실 리스크는 낮고, 회전율과 재계약 비율이 높아 장기적으로 안정적인 임대 시장을 형성할 수 있다. 이는 곧 투자자가 갭투자 시 전세 세팅에 유리하게 작용하는 요소다.

③ 투자 포인트/리스크

투자 측면에서 힐스테이트 푸르지오 주안은 전세가율이 높아 초기 실투금이 적게 들어가는 갭투자 효율이 높다. 이미 입주가 완료된 신축 대단지이므로 상품성과 브랜드 가치가 입증되었고, 주안 생활권 내 리더십 단지로 자리 잡으면서 안정적인 시세를 형성 중이다. 특히 원도심에서 보기 드문 대규모 힐스테이트, 푸르지오 복합 브랜드 단지라는 점은 향후에도 프리미엄 요소로 작용할 가능성이 크다.

다만 주안동 일대는 아직까지 일부 블록이 정비사업 진행 중이거나 노후 주택가와 혼재되어 있어, 환경적 편차가 존재한다. 이에 따라 투자자는 동·라인 선택 시 도로 소음, 상가 접근성, 일조권 등 세부적인 요소까지 꼼꼼히 점검해야 한다. 또 원도심 이미지 개선 속도는 재개발·재건축 진척도에 좌우되므로, 장기적 관점에서 접근하는 것이 바람직하다.

종합적으로 힐스테이트 푸르지오 주안은 원도심의 풍부한 생활 인프라와 신축 대단지 프리미엄, 안정적인 전세 수요가 결합된 단지다. 단기적으로는 전세 수요 기반 갭투자 효율이 높고, 중장기적으로는 주안 생활권 재정비와 원도심 이미지 개선에 따라 추가적인 시세 리레이팅을 기대할 수 있는 투자 유망 단지로 평가된다.

2. 주안캐슬앤더샵에듀포레(미추홀구)

1,856세대/2022.07. 입주/구월서초등학교 초품아, 주안도서관 도품아, 브랜드 대단지

① 입지(생활)

주안캐슬앤더샵에듀포레는 미추홀구 주안 도심권과 구월동 경계부에 위치한 대단지 신축 브랜드 아파트다. 단지 바로 옆 초등학교가 배치된 '초품아 단지'로, 자녀 통학 편의성이 뛰어나 학부모 수요층의 선호도가 높다. 단지 인근에는 공공도서관, 체육시설, 공원 등이 고르게 분포해 있어 교육과 문화, 여가 생활이 모두 가능한 주거 환경을 갖췄다.

교통 여건도 점차 강화되고 있다. 현재는 인천2호선 석바위시장역 생활권과 가까워 도심권 이동이 용이하며, 다양한 버스 노선을 통해 부

평, 송도, 주안역 등 주요 생활권과 연계된다. 여기에 더해 향후 GTX-B 인천시청역 개통 시, 서울 여의도, 용산, 서울역까지 단시간 이동이 가능해지면서 광역 접근성이 획기적으로 개선될 전망이다. 이는 주안과 구월 생활권 전체를 묶는 교통 프리미엄을 형성하고, 단지의 가치 상승에도 직접적인 영향을 줄 것으로 보인다.

② 임대수요

주안캐슬앤더샵에듀포레는 입주 초기부터 학령기 자녀를 둔 가정 중심으로 전세 수요가 활발했다. '브랜드 신축 대단지'라는 상징성과 함께, 초품아 입지, 도서관, 문화시설 접근성 등이 장기 거주형 실수요층을 끌어들이는 요인으로 작용하고 있다. 특히 원도심 내 재개발, 재건축 구역에서 꾸준히 발생하는 이주 수요가 단지로 흡수되면서 공실 리스크가 낮고, 전세 회전율도 안정적으로 유지된다.

또한 교육, 생활 인프라가 결합된 입지는 단기 전세 수요보다는 장기 거주 성향을 가진 임차인을 선호하게 만들어, 안정적인 임대 수익 기반을 제공한다. 이런 점에서 갭투자를 고려하는 투자자에게 매력적인 조건을 갖췄다.

③ 투자 포인트/리스크

주안캐슬앤더샵에듀포레는 브랜드 대단지 신축이라는 상품성과 교육·문화 인프라라는 생활 프리미엄이 동시에 결합된 단지다. 단지 바로 옆 초등학교와 인근 공공도서관, 체육시설, 공원이 제공하는 생활 여건은 안정적 실수요를 뒷받침한다. 향후 GTX-B 인천시청역 개통으로 서울 도심 및 강남권 접근성이 획기적으로 개선되면, 교통 프리미엄까지 더해져 전세가율 상승과 함께 갭투자 효율이 크게 높아질 가능성이 크다. 또한 원도심 재개발 수요와 연계된 전세 풀도 안정적으로 유지될 전망이라, 불황기에도 비교적 탄탄한 가격 방어력을 기대할 수 있다.

단기적으로는 교통 여건의 한계가 아쉬운 부분이다. 현재로서는 인천 2호선 석바위시장역과 버스 노선 의존도가 높아, 실거주 만족도 측면에서 일부 불편이 따를 수 있다. 또한 단지 인근 일부 블록은 여전히 노후 주거지가 혼재해 있어 원도심 특유의 환경 편차가 존재한다. 다만, 이 부분은 재개발, 정비사업이 진행됨에 따라 점차 개선될 것으로 보이며, 투자자는 입주 초기 이미지 관리와 동과 라인별 입지 차이를 꼼꼼히 점검할 필요가 있다.

3. e편한세상 부평역 센트럴파크 (부평구)

1,500세대/2024.12. 입주/인천1호선 동수역, GTX-B 부평역, 가톨릭대학교 인천성모병원

① 입지(생활)

e편한세상 부평역 센트럴파크는 부평역과 동수역을 동시에 생활권으

로 누릴 수 있는 입지에 자리한다. 특히 단지와 직접 연결되는 인천1호선 동수역 직결 구조는 대중교통 편의성을 극대화하는 차별화 포인트다. 직결역 단지는 날씨나 안전 문제와 무관하게 안정적으로 지하철을 이용할 수 있어 실수요자 선호도가 높고, 장기적으로도 가치가 잘 유지되는 경향이 있다.

부평역은 GTX-B 노선 예정 역으로, 향후 개통 시 서울역, 여의도, 청량리까지 단시간에 직결되는 수도권 광역 교통망의 핵심 거점이 된다. 동수역 직결이라는 현재의 확정된 교통 강점에 GTX-B라는 미래 호재까지 더해지면, 이 단지는 단순한 부평 생활권을 넘어 수도권 전역과 연결되는 광역 가치를 확보하게 될 것이다.

생활 인프라는 이미 원도심의 성숙한 환경을 고스란히 누린다. 부평문화의거리, 롯데백화점, 전통시장, 대형마트 등 상업시설이 잘 자리 잡고 있으며, 병원, 학원가, 문화시설까지 쉽게 접근이 가능하다. 특히 단지에서 가까운 가톨릭대학교 인천성모병원은 대형 종합병원으로, 의료 인프라 안정성을 더해 실거주 만족도를 높여 준다. 신도시 단지들이 아직 완비하지 못한 완결형 생활권, 의료 프리미엄이 동시에 구축돼 있다는 점이 실수요자뿐 아니라 임차 수요층에게도 강력한 매력으로 작용한다.

② 임대수요

부평은 전통적으로 학령기 인구와 근로 수요가 풍부해, 신축 대단지 공급 시 곧바로 전세 수요가 충족되는 구조를 갖고 있다.

특히 e편한세상 부평역 센트럴파크는 브랜드 신축, 대단지(1,500세대)라는 이중 강점을 지녀 초기 전세 시장에서 선호도가 높다. GTX-B라는 대형 교통 호재와 맞물려 장기 거주 수요층이 꾸준히 유입되고 있으며, 대규모 단지 특유의 회전율과 재계약 안정성 덕분에 공실 리스크도 낮은 편이다. 실제로 입주 직후부터 활발한 전세 거래가 이어지고 있으며, 인근 재건축, 재개발 이주 수요까지 흡수해 안정적인 전세 풀을 유지하고 있다.

③ 투자 포인트/리스크

e편한세상 부평역 센트럴파크는 '동수역 직결 프리미엄, GTX-B 예정 호재, 원도심 완성 생활권, 대형 병원 인접'이라는 4대 축을 모두 확보했다. 입주 초기 전세가율이 높게 형성되면서 갭투자 효율이 상승했고, 장기적으로 GTX-B 개통 시 서울 접근성이 획기적으로 강화되면 추가 시세 재평가를 기대할 수 있다. 여기에 대형 의료 인프라 접근성은 고령화 시대에 실수요, 임대 수요를 더욱 안정적으로 뒷받침할 수 있다.

다만, 입주 초기라는 특성상 단기간 시세 흐름은 분양가 대비 기대치와 실제 거래가의 괴리가 발생할 수 있다. 인근 부평권역에 이미 공급된 신축 단지들과의 경쟁 속에서 가격 조정이 나타날 수 있으며, 원도심 특유의 환경 편차 노후 주거지 혼재, 상권 과밀, 교통량에 따른 소음 등도 변수다. 따라서 매수자는 교통 동선, 층, 향 등 미시적 요소까지 꼼꼼히 점검할 필요가 있다.

4. 가재울역 트루엘 에코시티(서해구)

1,218세대/2023.08. 입주/인천2호선 가재울역, 함봉산 숲세권

① 입지(생활)

 가재울역 트루엘 에코시티는 인천2호선 가재울역 도보권에 위치한 단지로, 교통 접근성과 주거 쾌적성을 동시에 확보한 것이 특징이다. 인천2호선을 통해 인천 도심과 부평, 주안 등 주요 생활권으로 이동이 수월하며, 향후 루원시티와 청라국제도시와의 연계성이 강화되면 서울 접근성도 보완될 가능성이 높다. 특히 단지가 서구 내 신흥 주거벨트의 중심축에 자리 잡고 있어, 청라·루원시티의 생활 인프라를 함께 공유할 수 있는 장점이 있다.
 단지 주변은 공원과 주거지가 어우러져 '숲세권'에 가까운 주거 환경을 제공한다. 이는 대단지 아파트가 흔히 겪는 밀집도와 소음 문제를 완화하며, 실거주 만족도를 높여 준다. 가재울 생활권 자체는 아직 상권 성숙도가 낮지만, 루원시티 상권이 확장될수록 시너지 효과를 누릴 수 있다.

② 임대수요

 가재울역 트루엘 에코시티는 청라와 루원시티 신축 단지들에 비해 상대적으로 합리적인 가격대에 공급되었다. 이 때문에 직장인, 신혼부부, 젊은 실수요자 중심으로 전세 수요가 활발히 유입되고 있다. 특히 '역세

권, 대단지'라는 조건 덕분에 전세 수요 풀을 안정적으로 흡수하고 있다.

루원시티와 청라국제도시의 신축 단지들이 전세 가격을 견인하는 상황에서, 상대적으로 저렴하면서도 생활 인프라 접근성이 좋은 가재울역 트루엘 에코시티는 임차인 입장에서는 가성비가 뛰어난 대안이 된다. 대단지 특유의 회전율과 재계약 안정성도 공실 리스크를 낮추는 요소다.

③ 투자 포인트/리스크

인천2호선 역세권 입지, 루원시티, 청라와의 인접 효과, 합리적인 분양가와 가격 메리트가 결합된 단지다. 장기적으로 루원시티와 청라의 상권·교통·산업 인프라가 확장되면, 가재울역 트루엘 에코시티는 '상대적 저평가 단지'에서 '갭 메우기 단지'로 재평가될 가능성이 크다.

다만, 단지 브랜드 인지도가 자이, 힐스테이트, 푸르지오 등 최상위 브랜드에 비해 약하다는 점은 단기 시세 방어력 측면에서 아쉬운 부분이다. 또한 주변 상권 성숙까지 시간이 걸리므로, 초기에는 생활 편의성이 일부 부족할 수 있다. 따라서 투자자는 향후 루원시티와 청라의 상권 확장 흐름을 면밀히 관찰하면서 중장기적 접근이 필요하다.

5. 부개역 푸르지오(부평구)

1,054세대/2010.01. 입주/국철1호선 부개역/부개서초등학교 초품아, 부개도서관 도품아

① 입지(생활)

부개역 푸르지오는 국철1호선 부개역 도보권에 위치한 역세권 단지다. 1호선을 통해 서울과 인천 도심으로 직결되는 교통 편의성이 뛰어나며, 부평역과의 접근성도 우수하다. 특히 인천의 대표 생활권인 부평 중심지와 직결되어 있어 직장, 교육, 상업 인프라를 모두 활용할 수 있다.

단지 옆에 초등학교가 자리한 '초품아 단지'이면서, 인근에 공공도서관이 위치해 자녀 교육 환경이 우수하다. 학부모 수요층 입장에서는 안정성과 학군 프리미엄을 동시에 누릴 수 있는 조건이다. 또한 입주 10년 이상이 지난 성숙 단지인 만큼 생활 인프라가 이미 충분히 검증되었다. 대형마트, 백화점, 학원가, 공공기관이 인접해 있어 실거주 편의성이 높고, 도보 10분 생활권 내에서 대부분의 생활을 해결할 수 있다.

② 임대수요

부개역 푸르지오는 1호선 역세권 교통망과 초품아 조건을 바탕으로 안정적인 전세 수요를 유지해 왔다. 신축 단지에 비해 매매가격은 합리적이면서도 생활 인프라가 성숙해 있어, 실거주자와 임차인 모두 꾸준히 찾는 단지다.

특히 학부모 수요와 장기 임차를 선호하는 임대 수요층이 결합하면서 전세가율이 높은 편이다. 이는 소액 갭투자에도 유리한 환경을 제공한다. 재개발, 재건축으로 인한 이주 수요까지 흡수할 수 있어 임대 수요 기반은 두텁다.

③ 투자 포인트/리스크

부개역 푸르지오는 이미 검증된 생활권과 안정적인 전세 수요를 기반으로, 갭투자 효율성이 높은 단지다. 특히 1호선 직결 교통망과 원도심 기반의 안정성은 불황기에도 가격 방어력을 제공한다. 신축 단지에 비해 가격 부담이 적으면서, 안정적인 전세가율 덕분에 자본 투입 대비 효율적인 투자가 가능하다.

다만 2010년 입주 단지로서 준신축 대비 상품 경쟁력이 다소 떨어지는 점은 감안해야 한다. 커뮤니티 시설이나 일부 단지 시설의 노후화는 장기적으로 리모델링 수요를 불러올 수 있다. 신축 브랜드 단지들과의 비교에서는 상대적 열위에 놓일 수 있으므로, 매수자는 가격 경쟁력과 안정적인 전세가율을 중심으로 판단하는 것이 바람직하다.

■ 스티그 인사이트

갭투자의 본질은 가격이 아니라 전세 수요다. 인천은 전세가율 70% 안팎의 단지가 많아, 적은 실투금으로 안정적인 진입이 가능하다. 다만 성공을 위해서는 몇 가지 원칙이 필요하다.

첫째 전세 수요가 확실한지 확인해야 한다. 둘째 직결·도보 역세권은 불황기에도 버팀목이 된다. 셋째 초품아와 대형 생활편의는 장기 임차인을 고정한다. 넷째 대단지, 브랜드는 회전율, 재계약률에서 유리하다. 다섯째 동, 라인 디테일이 임대 속도를 좌우한다.

이를 적용하면, 힐스테이트 푸르지오 주안은 원도심 상권, 대단지 신축 → 전세 탄력 최상, 주안캐슬앤더샵 에듀포레는 교육, 도서관 인프라 → 장기 임차 안정성, e편한세상 부평역 센트럴파크는 동수역 직결, GTX-B 부평역, 성모병원 → 삼중 프리미엄, 가재울역 트루엘 에코시티는 2호선 역세권, 저평가 → 갭 메우기 후보, 부개역 푸르지오는 1호선, 초품아와 검증된 생활권 → 소액 갭 안정형이다.

결국 핵심은 현재 확정된 가치다. 역세권, 생활 인프라, 학군, 의료 같은 요소가 기본 방어막이 되고, 교통, 정비 호재는 그 위에 얹는 '보너스'일 뿐이다. 인천은 지금, 전세 안정성과 미래 모멘텀이 함께 존재하는 드문 갭투자 기회를 제공한다.

4장

저평가 아파트 PICK
― 인천, 저평가 아파트 단지 5곳

(검단신도시 디에트르더힐 아파트)

■ 인천, 저평가 아파트 단지 5곳

연번	단지명	자치구	세대수	입주연도	특징
1	검단신도시디에트르더힐	검단	1,417	2022.09.	초중고 인접, 단지 내 수영장
2	용현엘크루윈드포레	미추홀	870	2018.11.	초품아
3	인천시청역힐스테이트	남동	746	2024.06.	인천지하철1,2호선 인천시청역
4	구월유승한내들퍼스티지	남동	860	2016.12.	이마트트레이더스, 전재울근린공원
5	송도베르디움더퍼스트	연수	1,834	2017.02.	초품아, 직주근접

　인천 부동산 시장은 교통 호재와 도시 재생, 신도시 성숙이 동시에 전개되며 빠른 변화를 겪고 있다. 하지만 이런 흐름 속에서도 상대적으로 제 가치를 인정받지 못한 단지들, 즉 '저평가 아파트'가 존재한다. 저평가의 원인은 다양하다. 교통망이 아직 완전히 연결되지 않았거나, 브랜드 인지도가 상대적으로 낮거나, 입주 초기라는 이유로 시세 형성이 보수적으로 이뤄진 경우다. 그러나 이러한 요인들은 시간이 지나며 해소되거나 오히려 반전의 기회를 만든다.

　아래 다섯 단지는 공통적으로 ① 안정적인 실수요 기반 ② 상대적 시세 디스카운트 ③ 중장기 재평가 모멘텀을 갖췄다. 실거주자는 합리적 가격에 안정성을 확보할 수 있고, 투자자는 향후 리레이팅 가능성을 기대할 수 있는 단지들이다.

1. 검단신도시 디에트르 더힐(검단구)

1,417세대/2022.09. 입주/초·중·고 인접, 단지 내 수영장 커뮤니티

 검단은 오랫동안 '교통 불리 지역'이라는 이미지로 저평가돼 왔다. 그러나 인천1호선 연장 아라역 개통, 수도권광역급행철도, 5호선 연장 논의 등 광역 교통망 확충이 가시화되면서 점차 개선 국면에 들어서고 있다. 디에트르 더힐은 검단신도시 내에서도 상위 브랜드 단지로 꼽히며, 단지 바로 옆 초·중·고가 배치된 초품아 입지와 단지 내 수영장 커뮤니티를 갖춘 것이 특징이다.

 특히 같은 생활권의 호반, 우미린, 금호어울림 등 인근 단지들과 비교했을 때, 상품성과 입지 조건에 비해 시세 갭이 여전히 크게 남아 있다는 점이 주목할 만하다. 즉, 실수요자 입장에서는 안정적인 주거 환경을 누리면서도 합리적인 가격에 매수할 수 있고, 투자자 입장에서는 향후 교통 호재와 도시 성장성에 따라 가치 재평가 여력이 충분한 단지로 평가된다.

2. 용현 엘크루 윈드포레(미추홀구)

870세대/2018.11. 입주/용마루초등학교 초품아(2028.09. 개교 예정), 원도심 리뉴얼 수혜

용현 엘크루 윈드포레는 미추홀구 용현·학익 도시개발지구와 맞닿아 있어, 원도심 리뉴얼의 직접적인 수혜가 기대되는 단지다. 단지 옆 초등학교는 2028년 9월 개교 예정으로, 향후 안정적인 '초품아 입지'가 확보될 예정이다. 이는 학부모 실거주 수요를 더욱 강화시킬 요인이다. 이미 단지 내에는 헬스장, 카페 등 생활형 커뮤니티 시설이 마련되어 있고, 주변 근린상권도 발달해 있어 실거주 만족도가 높은 편이다.

그럼에도 불구하고 이 단지는 미추홀구라는 지역 이미지와, 인접 학익동 대규모 도시개발지구에 비해 상대적으로 낮은 주목도로 인해 저평가 상태에 놓여 있다. 실제로 준신축임에도 불구하고 20년 된 아파트와 유사한 가격 수준에서 평가되는 경우가 많다.

앞으로 원도심 재생사업이 본격화되면, 용현 엘크루 윈드포레는 주변 노후 주거지 대비 우수한 상품성과 쾌적성을 바탕으로 가치 재평가를 받을 가능성이 크다.

3. 인천시청역 힐스테이트(남동구)

746세대/2024. 06. 입주/인천지하철 1, 2호선, GTX-B 환승역(인천시청역)

인천시청역 힐스테이트는 남동구의 행정, 상업 중심부인 구월동에 위치한 브랜드 신축 단지다. 인천지하철 1호선과 2호선이 만나는 더블 환승역 인천시청역을 도보 생활권으로 두고 있으며, 이는 현재 인천에서 누릴 수 있는 교통 입지 중 최상급이라 할 수 있다. 여기에 GTX-B 인천시청역이 개통되면 서울 여의도·서울역·청량리까지 단시간에 이동 가능한 수도권 광역 교통의 허브로 거듭나게 된다. 결국 이 단지는 '현 교통 편의성, 미래 광역 프리미엄'을 동시에 내재한 드문 입지라 할 수 있다.

생활 인프라 측면에서도 길병원, 홈플러스, 로데오거리 상권, 중앙공원 등이 가까워 행정, 의료, 쇼핑, 문화가 모두 집약된 완결형 생활권을 제공한다. 교육 여건도 우수 학군과 학원가 접근성이 좋아, 실거주 만족도가 높게 평가된다. 즉, 출퇴근, 교육, 생활 편의성이 고르게 확보된 전형적인 '중심 생활권 단지'다.

그럼에도 불구하고 인천시청역 힐스테이트는 2024년 6월 입주한 신축 단지라는 특성상 아직 가격 형성이 보수적이다. 초기 전세가율이 높아 매매가 상승 압력이 제한적이고, 인근 구월, 간석권의 기존 대단지들과의 가격 조율 과정이 진행 중이기 때문이다. 그러나 이는 단기적인 '입주 초기 디스카운트'로 볼 수 있으며, 장기적으로는 교통 호재와 생활 프리미엄을 감안할 때 저평가 구간에 해당한다.

앞으로 GTX-B가 현실화되면 인천시청역은 송도, 부평, 검단과 함께 인천의 핵심 축으로 자리 잡을 가능성이 높다. 인천시청역 힐스테이트는 이러한 변화의 중심에 위치한 신축 브랜드 단지로서, 남동구 내에서 안정적인 거점 단지 역할을 수행할 것이다. 단순히 신축 프리미엄에 그치지 않고, ① 교통 허브, ② 행정 중심지, ③ 브랜드 단지라는 삼중 요소를 갖추고 있어 장기적으로 시세 재평가 가능성이 높다. 즉, '남동구 대표급 실거주 단지'로서 거주 안정성과 투자 잠재력을 동시에 확보할 수 있는 시점이라 평가된다.

4. 구월 유승 한내들 퍼스티지 (남동구)

860세대/2016.12. 입주/이마트 트레이더스, 전재울근린공원 인접

　구월 유승 한내들 퍼스티지는 남동구 구월동에 자리한 중대형 단지로, 생활 인프라의 완결성과 주거 쾌적성을 동시에 갖춘 아파트다. 단지 인근에는 이마트 트레이더스와 전재울근린공원이 있어 대형 상권과 녹지 인프라를 모두 누릴 수 있다. 특히 트레이더스와 같은 광역형 상업시설은 단순한 쇼핑 편의성을 넘어 생활권 전반의 활력을 높여 주는 요소이며, 전재울근린공원은 원도심 단지에서 쉽게 확보하기 어려운 쾌적성을 제공한다.

　구월지구 자체가 인천 원도심의 대표적인 생활 거점으로서 교육, 상업, 행정 인프라가 모두 집적되어 있음에도 불구하고, 구월동은 상대적으로 대형 브랜드 대단지보다는 준신축, 중소형 단지 위주로 형성되어 왔다. 이 때문에 생활 인프라 대비 가격 평가가 보수적으로 형성되어 있고, 이는 구월 유승 한내들 퍼스티지 역시 저평가 단지로 남아 있는 이유다.

　2016년 입주 단지로서 상품성 측면에서는 여전히 준신축급 경쟁력을 보유하고 있다. 세대 규모 또한 860세대로, 관리 효율과 커뮤니티 형성이 원활한 중규모 단지라는 장점이 있다. 인근에는 초·중학교가 고르게 분포해 있어 학부모 수요층이 꾸준히 유입되며, 구월 중심 상권과 행정타운 접근성도 뛰어나 실거주 만족도가 높다.

　특히 인근 신축 단지들과 비교했을 때 가격대가 확연히 낮은 편이어

서 실수요자는 상대적 가격 메리트를, 투자자는 향후 가격 재평가 가능성을 기대할 수 있다. 원도심이라는 입지 특성상 생활 편리성은 이미 검증된 상태이며, 대학병원, 대형 학원가 등이 집적된 구월 생활권과 직결되어 있어 향후에도 안정적인 수요 기반이 유지될 전망이다.

따라서 구월 유승 한내들 퍼스티지는 ① 신축 대비 합리적인 진입 가격, ② 원도심 생활 완결성, ③ 준신축 상품성이라는 삼박자가 맞물린 단지다. 실거주자 입장에서는 안정성과 생활 편리성을 동시에 잡을 수 있고, 투자자 입장에서는 저평가된 현 시세에서 중장기적으로 추가 가치 상승을 기대할 수 있는 단지라 할 수 있다.

5. 송도 베르디움 더퍼스트(연수구)

1,834세대/2017.02. 입주/초품아, 송도 5공구 직주근접 입지

송도 베르디움 더퍼스트는 송도 5공구 주거벨트에 자리한 1,800세대 이상 대규모 단지다. 2017년 입주한 준신축급 아파트로, 단지 옆 초등학교를 품은 '초품아 단지'라는 점에서 학부모 실수요층의 선호도가 높다. 이는 송도 내 안정적인 전세·매매 수요를 뒷받침하는 핵심 요인이다.

입지적 강점은 송도의 직주근접성이다. 5공구는 글로벌캠퍼스, 송도 바이오 클러스터, 국제업무단지와 인접해 있어 직장과 학교 접근성이 뛰어나다. 특히 삼성바이오로직스, 셀트리온, 연세대 국제캠퍼스 등과 가까워, 연구직, 전문직 종사자들의 수요를 흡수하는 최적지다. 송도에

서 가치가 가장 안정적으로 유지되는 축은 '국제업무·바이오 클러스터 직주근접권'인데, 베르디움 더퍼스트는 그 조건을 충족한다.

다만, 브랜드 인지도 측면에서는 비메이저 브랜드라는 한계가 있다. 같은 송도 내 자이, 더샵, 힐스테이트와 비교할 때, 입지와 준신축, 대단지라는 조건에도 불구하고 상대적으로 낮은 시세를 형성하고 있다. 그러나 1,800세대가 넘는 대규모 단지 특성상 관리 효율, 커뮤니티 활성화, 임대 수요 흡수력이 높아, 브랜드 약세를 일정 부분 상쇄할 수 있다.

앞으로 송도의 국제도시 브랜드가 확장되고, 바이오, 국제업무 클러스터가 지속 성장하면서 직주근접 단지의 프리미엄은 더욱 강화될 전망이다. 이 과정에서 베르디움 더퍼스트는 현재의 브랜드 디스카운트가 점차 해소되며 시세 재평가 가능성이 커질 수 있다.

종합하면, 송도 베르디움 더퍼스트는 ① 직주근접, 초품아 입지, ② 대규모 단지라는 안정성, ③ 브랜드 디스카운트 해소 모멘텀을 동시에 갖춘 단지다. 현재는 상대적으로 저평가 상태이지만, 송도의 국제도시 위상 강화와 직주근접 수요 확대라는 중장기 성장성에 힘입어, 실거주와 투자 모두에서 매력적인 선택지로 평가된다.

■ 스티그 인사이트

부동산 시장에서 저평가 단지를 고르는 일은 단순히 '값이 싸다'는 이유만으로는 충분하지 않다. 오히려 중요한 것은 왜 저평가되어 있는가, 그리고 그 저평가가 해소될 여지가 있는가다. 이를 위해서는 세 가지

원칙이 필요하다.

첫째, 생활 기반이 이미 갖춰져 있는가를 살펴야 한다. 초등학교, 병원, 대형 상권이 가까이 있는 단지는 실수요가 두텁게 뒷받침된다. 이러한 생활 기반은 단기적인 가격 변동에도 불구하고 꾸준히 수요를 유지시킨다.

둘째, 상대 가격 갭을 확인해야 한다. 인근 유사 입지나 상품과 비교해 10~20% 이상 가격이 벌어져 있다면, 단순한 저가가 아니라 '상대적 저평가'로 볼 수 있다. 이는 향후 시장이 균형을 찾아가는 과정에서 자연스러운 재평가 가능성을 내포한다.

셋째, 성장 모멘텀을 내재하고 있는지가 중요하다. 교통 호재, 원도심 재생, 신도시 성숙과 같은 요인은 시간이 흐르면서 가치를 끌어올리는 동력으로 작용한다. 아직은 시장에 온전히 반영되지 않았더라도, '시간이 해결해 줄 카드'가 있는 단지는 결국 제 가치를 인정받는다.

이 원칙을 토대로 선정된 다섯 개 단지는 저마다의 강점과 저평가 요인을 동시에 지니고 있다.

검단 디에트르 더힐은 초·중·고를 모두 품은 초품아 입지와 단지 내 수영장을 갖췄음에도, 검단 교통 리스크로 인해 시세가 눌려 있다. 그러나 교통망 개선이 본격화되면 가장 먼저 재평가될 단지다.

용현 엘크루 윈드포레는 준신축 단지임에도 불구하고 미추홀구 이미지와 낮은 주목도로 20년 된 아파트와 비슷한 평가를 받고 있다. 그러나 초품아 예정과 원도심 리뉴얼 수혜로, '싼 값에 준신축을 사는 기회'가 될 수 있다.

인천시청역 힐스테이트는 더블 환승역과 GTX-B 예정이라는 교통 허브 프리미엄에도 불구하고, 입주 초기라 시세가 보수적으로 형성되어 있다. 그러나 장기적으로는 남동구 대표급 단지로 자리 잡을 가능성이 크다.

구월 유승 한내들 퍼스티지는 트레이더스와 공원 인접이라는 생활 완결성을 갖췄음에도, 구월동의 준신축·중소형 이미지에 묻혀 저평가돼 있다. 생활 기반이 단단한 만큼 안정적인 갭투자형 단지라 할 수 있다.

송도 베르디움 더퍼스트는 송도 5공구 직주근접 입지와 1,800세대 대단지라는 강점을 지녔음에도, 메이저 브랜드가 아니라는 이유로 시세가 낮다. 그러나 직주근접 프리미엄이 부각되면 브랜드 디스카운트는 해소될 수 있다.

결국 저평가 단지는 단순히 값이 낮은 아파트가 아니다. 그것은 현재의 생활 기반은 이미 튼튼하지만, 미래 가치가 아직 가격에 반영되지 않은 아파트다. 인천의 검단, 미추홀, 남동, 연수에 걸쳐 분포한 이 다섯 단지는 모두 '저평가에서 재평가로 넘어갈 수 있는 확실한 카드들을 쥐고 있다. 따라서 단기적 시세 변동보다는 중장기적 관점에서 접근한다면, 실거주와 투자를 겸할 수 있는 합리적 선택지가 될 것이다.

5부

스티그의
부동산 투자와 철학

1장

공자의 눈으로 본 경매 이야기

결국은 투기

투자(投資)가 '오늘을 묻고 내일을 기다리는 일'이라면 투기(投機)는 '내일을 팔아 오늘을 사는 일'이다. '오늘을 묻는다는 것'은 당장의 기회에 편승해 이익을 좇기보다는 자산의 가치가 오를 때까지 기다리는 것이고, '내일을 팔아 오늘을 사는 일'이란 시간을 앞질러 결과만 얻으려는 욕망이다. 뉘앙스만 놓고 본다면 투기가 단연 부정적이다.

나는 이런 추상적인 표현보다는 직관적인 것을 더 좋아한다.

"내가 하면 투자, 남이 하면 투기"

20여 년 전 경매 열풍이 한창일 때 경매에 관한 책 몇 권을 읽고 ○○대학교 평생교육원에 개설된 경매 강의를 들은 후 본격적으로 경매에 참여했다. 당시 부천에는 중동 주공아파트 재건축 이주 수요로 인해 준공 5년 이내 빌라가 인기가 꽤 많았다.

인천지방법원 부천지원의 경우 1회 유찰될 때마다 최저매각가격이 감정가에서 30%씩 차감된다. 예를 들어 감정가 1억 원 빌라는 1회 유찰시 7천만 원(1억×0.7), 2회 유찰 시 4천9백만 원(7천만 원×0.7)이다. 부천지원의 경우 그 당시 경매에 참여한 모든 사람의 응찰가격을 불러주었다.

경매 물건	스티그 응찰가격	차순위 응찰가격	차이
부천 원종동 ○○빌라	40,165,000원	40,160,000원	5,000원

위 물건은 차순위매수인과 불과 5천 원 차이로 낙찰받은 빌라이다. 낙찰받아서 도배, 장판, 새시까지 하고도 1,000만 원 조금 못 되게 수익이 발생했던 것으로 기억한다.

차순위 응찰자와 불과 5,000원 차이밖에 안 나게 낙찰받을 수 있었는지를 설명하자면, 나는 법정에서 나와 비슷한 물건에 참여하는 사람들의 이름과 그들이 응찰 가격(낙찰받으려고 하는 희망 가격)을 적을 때 사용하는 숫자의 패턴을 엑셀로 정리했다. 자주 경매에 참여하는 사람들의 이름은 귀에 익었고 그들의 응찰 가격과 즐겨 사용하는 숫자의 패턴을 아래와 같이 표로 정리했다.

응찰자	숫자 패턴	스티그 전략
A 씨(소사동 관심)	응찰가 500원으로 끝남	600원에 응찰
B 씨(원종동 관심)	응찰가 160,000원으로 끝남	165,000원에 응찰
C 씨(송내동 관심)	응찰가 500,000원으로 끝남	556,000원에 응찰

물론 A, B, C 씨 세 사람이 같은 물건에 응찰하지는 않았다. 가령 내가 소사동 빌라에 응찰하면 A도 참여하였고 B와 C도 비슷했다. 몇 번의 패찰 끝에 원종동 빌라가 눈에 띄었고 B도 반드시 참여할 거라는 생각이 들었다. 예상컨대 낙찰가는 80% 넘을 것이고 B는 4,016만 원에 응찰할 것이라는 확신이 들었다.

예상대로 나는 원종동 빌라를 5,000원 차이로 낙찰받았다. 내 이름과 차순위자 이름을 호명할 때 법정 여기저기서 탄성이 터져 나왔다.

"공자께서 말씀하시길, 뜻을 도에 두고, 덕을 근거로 하며, 인에 의

지하고, 예를 즐겨야 한다(子曰 志於道 據於德 依於仁 遊於藝)."

『논어(論語), 술이편(述而篇)』

도(道)에 뜻을 둔다는 것은 돈을 좇지 않는다는 것이며, 돈에 지배당하지 않는다는 것이다. 돈이나 권력은 그 자체가 악이 아니라 삶의 목적이 될 때 늘 문제가 된다. 공자는 가난했지만 벼슬을 구걸하지 않았고, 세상이 부르면 도를 펼치고, 세상이 어지러우면 책을 읽고 제자를 가르쳤다.

경매가 악은 아니다. 경매를 대하는 태도가 악할 뿐이다. 경매 제도가 시장 실패로 생긴 자산을 재분배하는 시스템이지만 단기 매매로 시장 질서를 왜곡하고 채무자의 신변에 과도한 위협을 가한다면 경매 참여자의 태도는 분명 악한 것이다.

공자는 기다림, 절제를 기반으로 '그 길이 옳은가'를 우리에게 물을 뿐이다? "내가 하는 것이 투자일지라도, 남들 눈에는 투기로 보일 수 있음을 명심하자."

돌이켜 보면 그때 나의 부동산 투자는 6개월 이내에 이익을 내려고 했던 투기였다. 악했다.

그러므로 악에게 지지 말고 선으로 악을 이기십시오(롬 12:21).

어진 자는 근심하지 않는다: 서천 땅에서 배운 논어

충청남도 서천은 행정구역상 충남의 끝자락이지만, 생활권으로만 보면 전라북도 군산이 가깝다. 이처럼 지역적으로 경계에 있는 지역은 행정과 생활의 이중성이 교차한다. 실제로 서천에 직장을 둔 일부 사람들은 더 큰 도시인 군산에 거주하며 출퇴근한다. 자연스럽게 생활 반경은 군산으로 흘러가고, 서천은 군산의 배후지 역할을 하게 된다.

15년 전쯤, 나 역시 그 경계에서 하나의 결정을 내렸다. 은퇴 후 조용한 삶을 꿈꾸며 서천의 한 토지를 낙찰받은 것이다. 지목은 '묘지'였지만, 전원생활을 위한 가능성을 품고 있는 땅이었다. 면적은 약 660제곱미터(200평)로, 전체 약 2,000제곱미터(600평) 중 일부 지분이었다. 입찰에는 두 명이 응했고, 나는 최저매각가격인 약 450만 원보다 조금 높은 500만 원에 낙찰받았다.

낙찰 절차는 그리 간단치 않았다. 서천에는 법원이 없어 충남 홍성까지 가야 했고, 응찰 후 최고가매수인으로 선정되어 신고를 마쳤다. 그런데 법원을 나서려는 순간, 차순위자가 조용히 말을 걸어왔다. 그는 뜻밖의 정보를 전했다. 해당 토지는 3명이 공유하고 있었고, 이번 경매는 그중 한 명의 지분만이 경매로 나온 것이었다. 그들은 모두 6촌 간이었고, 나머지 두 사람은 '공유자의 우선매수권'이란 개념조차 잘 몰랐다고 했다.

그 말을 듣고 마음이 조금 복잡해졌다. 예상은 했지만 앞으로의 상황이 순탄치 않을 수도 있겠다는 예감이 들었다. 공유 지분을 낙찰받는다는 것은, 종종 그 지분 전체를 온전히 활용할 수 없다는 뜻이기도 하다. 다른 공유자들의 의사와 상황에 따라 내 소유권을 쉽게 행사하지 못할 수 있기 때문이었다.

"지혜로운 자는 미혹하지 않고, 어진 자는 근심하지 않으며, 용기 있는 자는 두려워하지 않는다(子曰 知者不惑 仁者不憂 勇者不懼)."

『논어(論語), 자한편(子罕篇)』

이 문장은, 경매라는 불확실하고 복잡한 세계 속에서 우리가 어떤 자세로 있어야 하는지를 일깨워 준다. '지자불혹(知者不惑)' — 나는 이 거래의 구조와 리스크를 명확히 이해해야 했고, '인자불우(仁者不憂)' — 다른 공유자들과의 관계에서 성급하거나 조급하지 않아야 했다. 마지막으로 '용자불구(勇者不懼)', 즉 용기 있게 상황을 직시하고 정면 돌파할 자세가 필요했다.

그 후 두 공유자에게 직접 연락을 취했다. 협상과 조율을 시도했지만, 서로 간의 조건이 맞지 않아 결국 2017년 '공유물분할청구의 소'를 제기하기로 결정했다. 단지 이기려는 목적이 아니라, 내 권리를 명확히 하고 향후 분쟁을 피하기 위한 선택이었다. 재판 과정은 시간이 오래 걸렸다. 준비서면과 답변서를 성실히 제출하며, 나는 판사님에게 '분할을 통해 문제를 정리하자'는 입장을 일관되게 유지했다.

그러던 중, 사건은 반전의 국면을 맞는다. 소 제기 1년 후, 담당 판사의 조정으로 내가 낙찰받았던 500만 원짜리 토지를 2,000만 원에 두 공유자에게 매각하게 된 것이다. 이는 단순한 금전적 수익을 넘어, 나로서는 '관계와 법리, 그리고 인내'의 조화를 통해 얻은 결실이었다. 물론 두 공유자도 나에게 토지를 되찾아 온전히 땅을 관리할 수 있게 되었다.

그 땅은 단지 묘지 지목의 황무지가 아니었다. 현황 도로가 있어 건축이 가능했고, 대도시인 군산과 인접해 향후 전원주택지로도 매력적인 입지였다. 당초 나는 은퇴 후 삶의 일부를 그곳에서 그릴 생각으로 낙찰받았지만, 결과적으로는 예상치 못한 4배의 수익을 남기고 토지를 매각하게 된 것이다.

그러나 이 이야기를 단순히 '성공적인 경매 투자 사례'로만 보아서는 안 된다. 중요한 것은 내가 경매라는 과정에서 혼란에 빠지지 않았고, 근심에 매몰되지 않았으며, 두려움에 무너지지 않았다는 점이다. 이는 『논어』의 가르침이 내 마음의 기준이 되어 주었기 때문이다.

"지자불혹(知者不惑)" — 지혜로운 자는 미혹하지 않는다

경매는 늘 불확실성과 함께한다. 감정가와 시세의 괴리, 권리의 중첩, 임차인의 점유, 법리의 복잡함, 그리고 사람들의 욕망까지 얽혀 있다. 이런 상황에서 투자자는 숫자나 정보만으로 움직이기 쉽지만, 결국 더 중요한 것은 '분별하는 힘'이다. 순간의 이익에 눈이 가려 본질을 놓친다면, 발걸음은 쉽게 미혹에 빠진다.

공자는 "지혜로운 자는 미혹하지 않는다"고 했다. 미혹하지 않는다는 것은 단순히 흔들리지 않는 고집이 아니라, 사물의 구조와 원리를 꿰뚫어 보는 힘이다. 경매에서 지혜로운 자란, 가격의 유혹보다 권리의 무게를 먼저 따지고, 소문보다 법리를 확인하며, 조급함보다 원칙을 앞세우는 사람이다.

결국 좋은 경매는 '싸게 낙찰받는 것'이 아니라, 문제의 뿌리를 읽고 흐름을 분별하며, 길을 잃지 않는 태도를 견지하는 일이다. 그렇게 얻은 결실은 단지 금전적 이익이 아니라, 내 마음을 지탱하는 지혜의 힘이 된다.

"인자불우(仁者不憂)" — 어진 자는 근심하지 않는다

공자는 "어진 자는 근심하지 않는다"고 했다. 어진 자란, 결국 사람을 중심에 두고 일의 본질을 꿰뚫는 자다. 경매에서도 마찬가지다. 수익뿐 아니라, 함께하는 이해관계자들을 존중하고 조율하며 기다릴 수 있는 인내심, 이것이 '경매에서 배우는 논어'의 핵심이 아닐까?

결국 경매의 참된 가치는 '값싸게 손에 넣는 것'에 있지 않다. 얽힌 사정을 풀어내고, 관계 속 사람들을 헤아리며, 마땅한 도리를 따라 정리해 가는 데 있다. 그 과정 끝에 얻는 수익은 단순한 금전적 이익이 아니라, 삶을 성숙하게 하는 철학적 결실이다.

"용자불구(勇者不懼)" — 용기 있는 자는 두려워하지 않는다

공자는 "용기 있는 자는 두려워하지 않는다"고 했다. 두려워하지 않는다는 것은 무모하게 뛰어드는 일이 아니다. 상황을 직시하고, 위험을 인정하며, 그럼에도 불구하고 한 발 더 내딛는 결단이다. 경매에서의 용기란, 불확실한 문제를 덮어 두지 않고 정면으로 마주하며, 때로는 소송의 길을 택하더라도 책임 있게 끝까지 가는 태도다.

결국 좋은 경매는 '안전해 보이는 길'을 택하는 것이 아니라, 위험을 정확히 직시하고, 그 앞에서 두려움에 휘둘리지 않는 선택을 하는 일이다. 그렇게 얻은 결실은 단순한 수익이 아니라, 나 자신이 흔들림 없는 사람으로 단련되는 과정이 된다.

2장

Миний ээж хөөрхөн
(우리 엄마가 제일 예뻐요)

(스티그의 어머니)

《Сарнай(장미)》와 《Миний ээж хөөрхөн(우리 엄마가 제일 예뻐요)》은 내가 제일 좋아하는 몽골 노래이다. 두 노래 모두 'О.Гансувд(간숩드)'라는 여자 가수가 불렀다. 'Сарнай'는 몽골어로 장미라는 뜻으로 유목민의 나라답게 광활한 초원, 끝없는 하늘 속에서 살아가는 유목민들이 자연과 교감하며 감정을 솔직하게 표현하는 문화가 고스란히 배어 있는 노래이다.

《Миний ээж хөөрхөн》이라는 노래는 어머니에 대한 사랑과 따뜻함, 가볍고 밝은 흥겨운 분위기, 노래에 웃음과 흥이 스며 있는 노래로 몽골 사람 대부분 이 노래를 좋아한다.

2017년 여름 나는 몽골에 있었다. 교육부 파견으로 3개월 동안 몽골 학생들에게 한국어와 한국문화를 가르쳤다. 내가 파견됐던 곳은 수도인 울란바타르에서 약 60km 떨어진 준모드라는 작은 도시였다. 그곳에서 기타를 치며 《고향의 봄》, 《오빠 생각》 등의 한국 동요로 한국어를 가르쳤고 몽골 학생들의 관심을 끌기 위해 몽골 노래도 배웠다. 그때 만난 노래가 《Сарнай》와 《Миний ээж хөөрхөн》이다.

우리나라에서 어머니를 모티브로 한 노래 중 가장 많이 알려진 노래는 아마 《어머니의 마음》일 것이다.

《어머니의 마음》 양주동 작사 이흥렬 작곡

낳실 제 괴로움 다 잊으시고
기를 제 밤낮으로 애쓰는 마음
진자리 마른자리 갈아 뉘시며

손발이 다 닳도록 고생하시네

하늘 아래 그 무엇이 넓다 하리오

어머님의 희생은 가이 없어라

《Миний ээж хөөрхөн》 몽골 민요

Мэлмий дүүрэн мандсан нар шиг

(두 눈 가득 떠오른 태양처럼)

Миний ээжий наддаа ганцхан

(저에겐 오직 한 분, 저의 어머니)

Мишээл дүүрэн дэлгэрсэн цэцэг шиг

(미소 가득 피어난 꽃처럼)

Миний ээжий хамгийн хөөрхөн

(저의 어머니가 세상에서 가장 예뻐요)

우리나라의 《어머니의 마음》은 어머니의 사랑을 깊고 묵직하게 표현한다. 말없이 희생하던 어머니의 존재를 뒤늦게 깨닫고, 그 사랑 앞에 눈물짓는 후회와 감사의 정서가 깔려 있는 반면 몽골 노래 《**Миний ээж хөөрхөн**》은 어머니를 향한 직설적이고 따뜻한 노래이다. 어린 시절의 추억과 함께 어머니의 모든 행동을 '사랑스럽고 예쁜' 것으로 기억하며, 감탄과 존경의 감정을 노래한다.

경매로 어머니께 빌라를 사 드린 적이 있다. 소사동에 있는 준신축 빌라로 방 2개 거실이 있는 집이었다. 2년 남짓 그곳에 사셨는데 참 좋아

하셨다. 그때 주위 분들에게 아들이 집 사 줬다고 자랑을 많이 하셨더 랬다.

> "효도와 공경은 인의 뿌리이다(孝弟也者, 其爲仁之本與)."
>
> 『논어(論語), 학이편(學而篇)』

집을 고르고 단순히 부모님께 용돈을 드리는 것을 넘어서, 부모님의 거주 환경을 개선하고 배려하는 것이 진정한 효이다. 좋은 환기, 조용한 환경, 병원과의 거리 등 부모님이 거주하시는 집을 중심으로 한 투자는 단순한 재산 증식이 아닌 '효도의 실천'이 될 수 있다.

연세 드신 부모님이 이사를 원하실 경우, 가장 먼저 고려해야 할 것은 의료 접근성이다. 집에서 500m 이내에 내과, 정형외과, 약국 등이 위치해 있어야 일상적인 진료나 처방을 받기에 편리하다. 또한, 응급상황에 대비해 대학병원이나 종합병원 응급실까지 차량으로 15분 이내에 도착할 수 있는 거리라면 더욱 안심할 수 있다.

노년기에는 작은 증상도 빠르게 대응하는 것이 중요한 만큼, 가까운 의료기관의 유무는 입지 선정의 핵심 기준이 된다.

둘째는 커뮤니티 활동이 가능한 노인복지관이다. '병원은 아플 때 가는 곳이만 복지관은 안 아플 때 가는 곳'이다. 고령자의 가장 큰 위험 중 하나는 사회적 고립이다.

복지관은 또래 친구를 만나고, 소속감을 느끼며, 정기적인 대화를 나눌 수 있는 공간이다. 고립을 줄이면 우울증, 치매 위험도 크게 낮아진다.

또한 복지관에서는 하는 실버 요가, 라인댄스, 건강체조 등의 운동 프로그램은 신체기능 유지에 필수적이다. 이곳에서는 영양 교육, 건강검진, 치매 예방교육 등도 제공한다.

셋째는 자녀와의 거리이다. 가까운 곳에 부모님과 함께 사는 것이 가장 이상적이지만, 현실적으로 여의치 않을 경우에는 최소한 자동차로 1~2시간 이내에 거주하는 것이 바람직하다. 최근에는 사회가 점점 글로벌화되면서 외국에서 거주하거나 외국인과의 결혼으로 자녀가 타지에 사는 경우도 많아졌다. 이런 상황에서는 정기적인 방문이 가능한 거리, 영상통화 등 디지털 소통이 원활한 환경을 마련해 드리는 것이 중요하다. 부모님의 정서적 안정과 고립 방지를 위해, 자녀와의 물리적·심리적 거리 모두를 고려한 주거 선택이 필요하다.

어머니는 2024년 2월, 조용히 소천하셨다. 전에 꽃다발 한 번 드린 적 없던 아들은, 이제야 봉안당에 계신 어머께 꽃 한 송이를 바친다. 나는 몽골에서 '우리 엄마가 세상에서 제일 에쁘다'는 사실을 비로소 깨달았다. 어리석게도, 너무 늦게. 그토록 많은 봄날을 지나왔건만, 그어느 봄날에도 어머니께 꽃을 드린 기억이 없다. 살아 계실 때는 몰랐다. 어머니가 얼마나 고운 분이셨는지. 어머니가 얼마나 고운 사랑을 주셨는지.

1년에 몇 차례 전남 장흥에 계신 장모님을 뵈러 간다. 이번 여름에 처음으로 장모님께 꽃다발을 사 드렸다. 이제 한 분밖에 안 남은 어머니를 위해.

■ 용돈보다 중요한 효도, 부모님의 거주 환경 체크 리스트

순번	구분	핵심 요소	세부 내용	기대 효과
1	의료 접근성	근거리 의료	집 500m 이내 내과, 정형외과, 약국 등 위치	일상 진료 · 처방 편리
		응급 대응	대학병원 · 종합병원 응급실까지 차량 15분 이내	긴급 상황 대응 가능
2	노인 복지관	사회적 교류	또래 친구, 정기적 모임 · 대화	고립감 해소, 정서적 안정
		건강 · 여가	실버 요가, 라인댄스, 건강체조	신체 기능 유지
		예방 관리	영양 교육, 건강검진, 치매 예방교육	질환 조기 예방
3	자녀와의 거리	근거리 거주	이상적인 것은 같은 아파트 단지 내 거주 현실적인 것은 차량 1~2시간 이내	정기적 방문 · 교류 용이
		원격 소통	영상통화 · 디지털 소통 환경	해외 · 타지 거주 시도 정서적 연결 유지

3장

묘지 정리하는 남자,
묘정남(墓整男)

나는 지리산 자락을 품은 경상남도 함양에서 1967년 7월에 태어났다. 출생 연도를 굳이 밝히는 이유는 그해 겨울, 생후 6개월도 채 되지 않아 우리 가족이 경기도 부천으로 삶터를 옮겼기 때문이다. 내 의지와는 상관없이.

기본증명서를 떼어 보면 내 출생지는 '경상남도 함양'으로 적혀 있다. 그러나 초·중·고 유년 시절 대부분을 부천에서 보낸 나로서는 부천이 고향이고, 때로는 '부천 출생'이라고 소개하곤 한다. 독자 여러분의 너그러운 양해를 바란다.

내가 자란 부천은 서울의 대표적인 베드타운, 즉 위성도시다. 1979년 초등학교 6학년이던 시절, 1학기에는 네 반이었지만, 우리 학교로 전학 오는 학생들이 급격히 늘어나면서 2학기부터는 다섯 반으로 한 개 반이 증설되었다. 5반이 신설될 때는 기존 1~4반에서 약 15명 정도씩 이동해 새 반을 꾸렸다. 지금도 동창 모임에 나가면 5반 친구들은 자신이 원래 몇 반 출신이었는지를 말하며 웃곤 한다.

그 시절 친구 한 명이 현재 장의사(葬儀師)로 일하고 있다. 한때는 장례식장까지 운영할 정도로 사업 수완이 뛰어났지만, 지금은 주로 기존 봉분(封墳)을 파묘(破墓)하거나 이장, 개장, 벌초 등 장묘 관련 전문 업무를 하고 있다.

세상일이란 아무리 실력이 뛰어나도 남들이 몰라주면 소용없다. 결국 자신을 알리는 것이 중요하다. 친구는 블로그를 운영하고 있었지만 시대 흐름에 맞게 유튜브 채널을 개설해 보라고 제안했다. 컴퓨터와는 거리가 먼 그였기에, 나는 친구 대신 채널을 관리해 주기로 했다.

채널 이름은 '묘지 정리하는 남자'의 줄임말, 즉 〈묘정남(墓整男)〉이라

붙였다. 처음엔 카메라 앞에서 어색해하던 그도, 이제는 스스로 촬영하고 멘트를 능숙히 한다. 하지만 영상 편집은 여전히 내 몫이다.

어느 날, 〈사장님 이야기〉라는 유튜브 채널에서 연락이 왔다. 자영업자들의 삶을 조명하는 콘텐츠인데, 친구의 파묘 현장을 촬영하고 싶다는 제안이었다. 친구는 나에게 의견을 물었고, 나는 주저 없이 말해 주었다.

"좋은 기회야. 〈묘정남〉을 세상에 알릴 수 있잖아." 그렇게 촬영이 이뤄졌고, '이런 경우는 처음입니다...'라는 제목의 영상은 60년 넘은 묘를 파묘하며 벌어진 이야기를 담아, 지금은 120만 회가 넘는 조회수를 기록하고 있다.

한 인간의 삶이, 흙과 비와 시간 속에 묻혀 있다가 영상이라는 또 하나의 형식으로 다시 깨어난 셈이다. 그 이야기의 시작에 함께 있었다는 것이, 내겐 소중한 자산이다.

내가 친구의 유튜브 채널을 무료로 운영해 주는 이유는 단 하나다. 〈묘정남〉이 잘되면, 그 덕분에 우리 초등학교 동창 몇몇이 함께 먹고살 수 있기 때문이다. 같은 반에서 도시락을 나눠 먹고, 운동장에서 땀 흘리며 자란 그 친구들 중에는 지금도 경제적으로 넉넉지 못한 삶을 살아가는 이들이 있다.

파묘 작업은 혼자서 감당하기엔 고된 일이다. 삽을 들고, 흙을 걷어 내고, 때로는 무거운 마음까지 함께 옮기는 일이기 때문이다. 그래서 묘정남은 형편이 어려운 친구들을 불러 함께 일한다. 일자리를 나누고, 일거리를 나누고, 그렇게 삶의 무게를 함께 나눈다. 그 마음이 나는 참 좋다. 선하다.

〈묘정남〉 채널은 아직은 사람들의 입에 자주 오르내리는 이름은 아니다. 그러나 그는 묵묵히, 그리고 꾸준히 파묘 현장의 이야기를 영상으로 담아내고 있다. 산 자의 기록이자, 죽은 자와 이별하는 의식의 기록이기도 하다.

나는 믿는다. 조상 묘를 정리하며 마음을 다잡는 사람들, 수목장이나 산골을 고민하는 이들, 그들이 언젠가 유튜브에서 이 영상을 만나게 될 거라고. 조회수가 전부는 아니다. 정말 필요한 사람은 이 영상을 찾을 것이고, 그 사람은 결국 〈묘정남〉에게 연락할 것이다.

그날이 오기를, 나는 조용히 편집 프로그램 앞에 앉아 또 하나의 영상에 숨을 불어넣는다.

> 공자께서 말씀하셨다. "군자는 '의'를 으뜸으로 삼는 사람이다(子曰 君子義以爲上)."
>
> 『논어(論語), 양화편(陽貨篇)』

의(義)는 이익(利)을 따지지 않고 마땅한 도리를 따르는 것을 말한다. 돈을 받지 않고 친구를 돕는 행위는 이익보다 '의리'와 '도리'를 따르는 모습이다.

공자가 말한 이익보다는 도리를 따르는 행위는 부동산 투자에도 적용할 수 있다. 예를 들어 경매로 낙찰받은 집에 세입자가 살고 있을 때, 단지 '법적으로 내 권리'라고만 주장하며 내쫓기보다, 세입자의 상황을 이해하고 협의하며 해결하려는 자세가 '의(義)'를 좇는 태도이다.

경매의 꽃은 '명도(明渡)'라고 한다. 부동산 경매는 낙찰로 끝나지 않는다. 실제 권리를 확보하고, 물건을 점유해 사용할 수 있게 되는 순간이 바로 '명도'가 완료될 때이다. 따라서, 명도를 성공적으로 마쳐야만 투자로서 결실을 맺는다.

하지만 명도는 사람과 마주하는 심리전의 영역이다. 전 소유자, 세입자, 무단 점유자 등과의 협상이 필요하며, 때로는 감정의 골이 깊은 분쟁으로 번지기까지 한다. 그렇기 때문에 명도는 법과 사람, 절차와 감정이 교차하는 복합적 과정이다.

나는 지금까지 10여 차례에 걸쳐 부동산 경매를 통해 명도 절차를 진행해 왔다. '명도'란 한마디로 부동산을 실제 점유하고 있는 사람에게 그 점유를 넘겨받는 일, 즉, 물리적으로 부동산을 인도받는 과정을 말한다.

경매 절차에서 소유권은 법원의 매각 허가 결정과 동시에 낙찰자에게 이전되지만, 점유권은 별개의 문제다. 그 부동산에 누가 살고 있는지, 어떤 권리로 점유하고 있는지에 따라 명도의 방식과 난이도는 달라진다. 대체로 세입자가 점유하고 있는 경우라면 그리 어렵지 않은 편이다. 왜냐하면, 임차인이 배당을 받기 위해서는 '명도확인서'를 낙찰자에게 받아야 하기 때문이다. '명도확인서'란 낙찰자가 임차인의 퇴거를 확인하고 서명해 주는 문서인데, 이 문서가 있어야만 임차인은 경매 절차상 배당금을 지급받을 수 있다. 즉, 명도를 해줘야 돈을 받을 수 있는 구조인 것이다. 그래서 임차인과의 명도는 어느 정도 명확한 이해관계 위에 놓여 있고, 대부분은 일정 협의나 이사비 지급을 통해 순조롭게 마무리된다.

하지만 언제나 예외는 있는 법이다. 가장 어려운 경우는 전 소유자 본인이 집을 계속 점유하고 있는 상황, 특히 그 안에 어린 자녀들까지 함께 거주하고 있는 경우다.

나는 그런 장면을 한번 겪은 뒤로, 명도란 단어를 쉽게 입에 올릴 수 없게 되었다. 그 집은 오래되고 낡았지만 누군가에겐 분명 삶의 중심이었다. 낙찰을 받고 현장을 확인하러 간 날, 계단을 오르는데 아이들의 웃음소리가 문밖으로 흘러나왔다. 나는 그제야 깨달았다. 내가 지금 이 집에서 법적으로는 '소유자'지만, 현실에서는 그들의 삶에 침입한 사람일 수 있다는 사실을.

경매법상 낙찰자는 매각허가결정이 확정된 이후 대금 완납을 완납하면 법적 소유자가 된다. 하지만 그 집에 아직 거주하는 사람이 자진해서 나가지 않는 한, 소유권만으로는 현실적인 점유를 회복할 수 없다. 이럴 경우, 법원에 '점유이전금지가처분'과 '인도 명령'을 신청한다. 물론 최후에는 경찰과 집행관을 통한 강제집행 절차도 고려해야 한다.

그러나 나는 그 집의 상황을 그렇게까지 몰아붙이고 싶지 않았다. 특히, 아이들의 눈에 '세상은 힘으로만 돌아가는 곳'이라는 인상을 남기고 싶지 않았다. 그래서 문을 두드렸다. 낙찰받은 사람이라고 밝히고, 당장의 퇴거를 요구하지 않겠노라고 말했다. 다만, 합리적인 시간 내에 이사할 수 있도록 협의하자고 제안했다. 필요하다면 이사비용도 일부 지원할 수 있다고 말했다.

며칠 뒤, 우리는 거실의 작은 테이블에 마주 앉았다. 계약서가 아닌 사람과 사람 사이의 이야기를 꺼냈다. 아이들의 학교, 이사 갈 동네, 전세 보증금 분쟁 가능성까지.

그날의 대화는 협상이 아니라 이해와 설득, 그리고 배려의 자리였다.

결국 일정 기간 안에 자진 퇴거를 하기로 합의했고, 나는 별도의 명도 확인서를 받았다. 강제집행 없이, 그 집도, 나도, 그리고 그 가족도 비극 없이 마무리할 수 있었다.

나는 이 경험을 통해 명도가 단순한 행정 절차가 아니라는 것을 배웠다. 그것은 법과 감정, 권리와 사정이 교차하는 자리이며, 누구에게는 새로운 시작이지만, 누군가에게는 삶의 마지막 공간을 떠나는 일이 될 수도 있다.

또한 재개발 예정지를 선점하고 정보 비대칭을 악용해 매도자를 불리하게 해 협상하는 행위는 이익은 많이 남길 수 있지만 '의롭지 않은 투자'다.

예전에 지인 중 한 명인 A가 오래된 저층 빌라가 밀집한 동네를 돌며 재개발 추진이 시작되기 전 단독주택 몇 채를 헐값에 사들였다. 그는 동네 노인들에게 "이 동네는 아무도 관심 없는 지역"이라며 가격이 오르지 않을 것처럼 이야기하고 급매를 유도했다. 하지만 A는 이미 재개발 구역 지정 고시 예정 문서를 입수한 상태였고, 몇 개월 뒤 해당 지역은 정비구역으로 지정되면서 토지 가치는 수직 상승했다.

A는 적은 돈으로 큰 차익을 얻었지만, 정보를 모른 채 집을 판 고령의 노인들은 뒤늦게 허탈감에 빠졌다. A의 투자는 이익은 컸지만, 결코 '의로운 투자'는 아니다. 이것은 정보 비대칭을 악용한 착취에 가까운 거래였기 때문이다.

자신의 투자로 인해 지역 공동체가 파괴되는 것을 방치하지 않고, 장기적 관점에서 지역의 가치를 높이는 방향으로 접근하는 것이 '의(義)'를 우선하는 투자라 할 수 있다.

나는 전셋집을 내놓을 때마다 스스로에게 묻는다. 전세의 특성상 전세는 가수요가 없기 때문에 시세보다 조금이라도 저렴하면 빨리 계약될 확률이 높다.

"정말 이 시세가 적당한가?"

집 근처에선 비슷한 크기의 집이 4억 1~2천만 원에 나왔다. 중개사는 "4억만 받아도 금방 나간다"고 말했지만, 나는 3억 8천만 원에 내놓았다.

왜냐고 묻는다면, 그 돈이 내 삶을 크게 바꾸진 않지만, 2천만 원이 누군가의 한숨을 줄여 줄 수 있기 때문이다. 실제로 집을 보러 온 부부는 아이를 키우는 맞벌이 부모였고, 계약을 마친 날, 남편은 "이 집 덕분에 학원비 걱정을 덜게 됐다"고 말했다. 그 말을 듣는 순간, 나는 2천만 원이 참 잘 빠져나갔다는 생각이 들었다. 투자는 '의(義)'를 따르는 순간, 돈을 넘어서 '사람'과 '신뢰'를 남긴다.

"군자는 이익보다 마땅함을 먼저 생각한다." 오늘 우리가 실천할 수 있는 의로운 투자의 길은, 바로 그런 군자의 태도에서 시작된다.

4장

층계참(層階站) 부동산 투자

알베르 까뮈의 『페스트』는 계단참의 죽은 쥐로 위기의 시작을 알린다.

> "오랑시에서 처음 이상한 일이 생긴 것은 4월 16일이었다. 리외 박
> 사는 진찰을 마치고 진찰실에서 나와 계단을 내려오다가 층계참에서
> 죽은 쥐 한 마리를 발견했다."

『페스트』, 알베르 까뮈

이 문장은 단순한 묘사가 아니라, 현실의 이면이 드러나는 첫 신호이다. 부동산 투자에도 층계참이 있다. 위기를 간파하고 투자의 방향을 결정할 수 있는 곳.

나는 계단을 오르다 중간에 마주치는 층계참을 좋아한다. 잠깐 숨을 고를 수 있는 공간. 올라갈 방향을 다시 한번 가늠할 수 있는 여유. 그 짧은 평지에서 뒤를 돌아보거나 앞을 바라보면, 조금 전까지는 보이지 않던 것들이 비로소 시야에 들어온다.

부동산 투자도 그렇다. 모든 일이 그렇지만, 특히 부동산은 속도보다 방향이 중요하다. 계단을 오르듯 무작정 올라가기만 하다간, 어느 순간 방향을 잘못 잡았다는 것을 깨닫고서야 발을 멈추게 된다.

그런데도 많은 투자자들은 쉬는 것을 두려워한다. '지금 아니면 기회를 놓친다'는 강박, '남들 다 사는데 나만 안 사면 뒤처진다'는 불안감이 그렇게 만든다. 하지만 나는 말하고 싶다. 투자에도 층계참이 필요하다.

나는 50대 중반에 공인중개사 자격증을 취득했다. 교직에 있으면서 법을 공부한다는 건 결코 쉬운 일이 아니었다. 기억력과 판단력이 예전 같지 않음을 인정하는 데도 용기가 필요했다. 그래서였을까, 나는 더욱

'쉬어 가는 법'을 배워야 했다. 한 번에 뛰어오르기보다 계단 하나하나를 오르되, 그 중간마다 멈춰 숨을 고르고, 다음을 살폈다.

그건 단지 공부의 방식이 아니라, 삶의 방식이었고, 결국 부동산 투자에도 그대로 적용되었다. 내가 아는 한 투자자는 한때 급등한 지역의 소형 아파트를 세 채나 샀다가, 규제와 금리 인상으로 자금 압박을 견디지 못하고 모두 손절매했다. 그는 한 번도 멈추지 않았다. 오직 '오른다'는 믿음 하나로 내달렸고, 결국 방향을 잃었다.

반대로 또 다른 투자자는 좋은 입지를 오래 관찰하고, 그 동네의 사람들과 분위기, 변화의 조짐까지 살핀 후에야 한 채를 샀다. 그리고는 몇 년을 기다렸다. 그 기다림은 단순한 시간의 흐름이 아니라, 층계참에서 세상을 바라보는 일이었다.

층계참은 단순한 구조물이 아니다. 그것은 속도를 늦추되 방향을 잃지 않기 위한 장치다. 부동산 시장이 과열될수록, 누군가는 잠시 걸음을 멈추고 그 과열의 온도를 느껴야 한다. 모든 조건이 좋아 보이는 순간에도, 무엇이 빠져 있는지 조용히 물어야 한다. 그 질문을 던질 수 있는 곳이 바로 층계참이다.

나는 오늘도 한 계단을 올라선다. 그리고 그 중간에서 다시 멈춰 선다. 숨을 고르고, 바라보고, 질문한다.

"이 길이 맞는가?"

"지금은 멈춰야 할 때인가?"

"지금 이 집, 이 동네, 이 가격, 이 방향은 나와 맞는가?"

투자는 마라톤이 아니라 등산이다. 그렇다면 층계참은 나를 더 멀리 데려가는 쉼표다. 그 쉼표를 무시한 사람은 길을 잃고, 그 쉼표에서 배운 사람은 결국 정상을 밟는다. 그리고 나는 이 순간, 공자의 한마디를 떠올린다.

> 공자께서 말씀하시길 "말만 번지르르하고 얼굴빛만 좋은 사람은, 참
> 된 어짊이 드물다(子曰 巧言令色, 鮮矣仁)."
>
> 『논어(論語), 학이편(學而篇)』

투자도 마찬가지다. 겉으로 보기에 화려한 말과 반짝이는 전망 뒤에 진실은 숨겨 있다. 속도를 높이기 전에, 수익을 좇기 전에, 먼저 나의 마음과 자세를 돌아봐야 한다. 그것이 부동산 투자에서의 '仁(인)'이며, 그것이 층계참에 서는 이유다.

빠른 수익을 말하는 달콤한 정보, 지나치게 긍정적인 전망은 진실을 가리기 쉽다.

공자가 경계한 '번지르르한 말'은 지금 우리 시대의 '과잉정보'와 통한다. 그래서 멈추어야 한다. 그래서 층계참이 필요하다.

5장

호밀밭의 파수꾼

"어린애들이 절벽에서 떨어지는 것을 내가 다 받아 준다면, 나는 정
말로 파수꾼이 될 수 있을 텐데."

『호밀밭의 파수꾼』, 제롬 데이비드 샐린저

『호밀밭의 파수꾼』의 홀든은 내면적 소망, 즉 세상의 어른됨, 부조리
상처로부터 순수함을 지키고자 한다.

부동산에도 지식과 경험이 부족한 사람들, 누군가의 말만 믿고 움직
이는 이들이 적지 않다. 사회 초년생 또는 세상 물정에 어두운 청장년
층 등 정보의 비대칭으로 인해 전세 사기, 지역주택조합(이하 지주택),
협동조합형 민간임대주택 피해를 당하는 사람들이 존재한다.

유튜브를 운영하면서 지주택 관련 영상을 10여 개 만들었다. 물론 입
주까지 마친 모범적인 지주택도 있지만 여전히 조합 출자금을 사업비
로 탕진해 버린 곳도 있었다.

나름대로 절벽에 서 있는 아이들을 구하겠다는 홀든의 마음으로 지주
택이라는 레몬마켓 시장에 발을 내딛고 열심히 공부하고 현장 영상을
만들어 올렸다. 객관적인 사실에 근거해 영상을 만들려고 해당 지주택
문제를 다룬 신문기사를 참고도 했다.

그러던 어느 날 내 전화번호를 어떻게 알았는지 해당 기사를 작성한
기자가 지주택 관련 영상을 내려 줄 것을 부탁해 왔다. 지주택 관련 사
람들이 조직적으로 신문사에 민원을 넣어 기사를 내릴 수밖에 없었다
고 했다. 자기 기사(記事)를 내렸으니 그 기사를 단순히 참고한 내 영상
도 내리는 것이 맞다고 했다. 나는 그럴 수 없다며 전화를 끊었다.

이후 양복을 빼입은 젊은이가 내가 근무하는 학교에 찾아왔다. 내 이

름을 정확히 말하고 만나고 싶다고 했다. 나는 유튜브에서 내 본명을 이야기한 적이 한 번도 없다. 졸업생인가 해서 물었더니 아니라 했다. 그리고 한적한 곳에서 이야기하고 싶다고 했다.

"장○○ 선생님, 맞으시죠?"

"네, 맞습니다."

"저는 ○○지주택 일을 하는 사람인데 스티그 님 유튜브 영상 때문에 사업을 할 수가 없습니다. 스티그 님 영상을 봤다며 계약금 환불을 요청하는 사람이 많습니다. 영상을 내려 주셨으면 합니다." 지주택 관계자가 애원조로 말했다.

"그럴 수 없습니다. 제가 보기에 그 지역은 단독보다는 다세대가 많아 사업지의 땅을 매입하는 데 오래 걸릴 수밖에 없습니다. 재개발에서 시간은 비용인데 아무리 생각해도 피해자가 계속 나올 것 같아 영상을 내릴 수 없습니다." 나는 단호하게 거절했다.

일주일 후 그들은 스티그가 학교에서 근무시간에 유튜브 영상을 만든다며 교육청에 민원을 넣었다.

나는 학교에서 유튜브 영상을 만들지 않는다. 내 스튜디오는 집에 있다. 하지만 교육청에서는 민원이 들어오면 조사해야 하고 민원이 반복될 경우 징계를 내릴 수밖에 없고. 공무원에게 민원이 들어오는 것 자체가 품위유지 위반이라고.

이 글을 쓰고 있는 지금도 내 유튜브 계정에는 지주택 관련 영상이 비공개 처리되어 있다. 내가 교사의 신분을 벗어나는 날 또다시 전쟁을 시작할 것이다.

해당 지주택은 2021년 10월에 조합원 모집을 시작해 2025년 7월 현재 토지사용권원을 58.32% 확보했다. 조합설립인가를 받으려면 토지 15% 소유권, 토지 80% 이상 사용 권원이 필요하다. 과연 몇 %나 토지 소유권을 확보했는지 의구심이 든다.

> "내가 원하지 않는 것을 남에게 하지 말라(己所不欲 勿施於人)."
>
> 『논어(論語), 위령공편(衛靈公篇)』

대부분의 지주택 또는 협동조합 민간임대 아파트는 길거리 플래카드로 광고를 한다. 좋은 것은 굳이 광고하지 않아도 된다.

이 글을 읽는 지주택 관계자가 있다면 논어의 이 구절 "내가 원하지 않는 것을 남에게 권하지 말라"라는 말을 가슴에 새겼으면 한다.

전세 사기, 지주택, 협동조합형 민간임대주택에 대해 자세하게 알아보자.

전세 사기는 '전세 + 사기'이다

'전세(傳貰)'는 임차인(집을 얻으려고 하는 사람)이 '돈[貰]'을 임대인(집을 가진 사람)에게 주고[傳] 일정 기간 동안 거주하는 제도이다. 이때 한번에 목돈을 지불하는데 이것을 보증금이라고 한다. '사기(詐欺)'는 사실을 오인시키는 등의 방법으로 남을 기망(欺罔)해서(속여서) 경제적 이득을 얻거나 다른 사람으로 하여금 얻게 하는 행위이다.

따라서 전세 사기는 일정 기간이 지나도 임대인이 임차인에게 보증금

(전세금)을 돌려주지 않거나 돌려주지 못하는 것을 말한다.

　예방법은

　1. 소유자 신분증(대리인인 경우 위임장 및 인감증명서 확인)

　2. 등기사항전부증명서(압류, 가등기, 가압류, 근저당 확인)

　3. 건축물대장(건축물이 합법적으로 지어졌는지 확인)

　4. 국세 및 지방세 완납증명서(임대인의 세금 체납 여부 확인)

　5. 전세보증보험 가입(전세금 지킬 수 있음)

　6. 전입신고 + 확정일자(대항력 및 채권의 물권화)

위 6가지들은 공인중개사들이 다 확인해 준다. 이것보다 더 중요한 것은 믿을 만한 공인중개사를 만나는 것이다.

지주택은 「주택법」을 따르고
재개발 · 개건축은 「도시 및 주거환경정비법」을 따른다

　적용법이 다르기에 지주택은 재개발 · 재건축보다 리스크가 크다. 재개발 · 재건축은 기존에 집이나 토지 등을 가지고 있는 사람들이 헌 집을 부수고 새집을 짓는 방식이라면 지주택은 무주택자 또는 85㎡ 이하 1주택자들이 해당 사업지에 토지를 확보해 공동주택을 짓는 것이다. 곧 땅이 없는 사람들이 사업비를 각출해 그 돈으로 땅을 사 아파트를 짓는 것이다.

　집이나 땅을 가지고 있었던 사람들이 합심해 새 집을 짓는 재개발 · 재건축도 이해관계가 있어 사업 추진에 난항을 겪는데 땅도 없는 사람들이 돈을 걷어 땅을 산 뒤 아파트를 짓는 것은 예상보다 훨씬 어렵다. 만약 해당 사업지 지주(땅 가진 사람들)가 합심해 땅을 팔지 않으면 이 사업은 무산될 수밖에 없다.

여기저기 붙어 있는 플래카드에 현혹돼 지주택 조합원에 가입하는 순간 빠져나올 수 없는 나락으로 들어가는 것이다.

'원수에게 권하는 지주택'이란 말, 꼭 새겨 두길 바란다.

협동조합형 민간임대주택

협동조합형 민간임대주택은 5인 이상의 발기인(발기인은 협동조합의 설립을 주도하는 사업주체로, 발기인 모집 절차에 대한 별도 규정이 없다)으로 협동조합에서 조합을 설립해 임대사업을 목적으로 아파트를 건설하고, 조합원(건설대지의 80% 이상에 해당하는 토지 권원 확보 후 모집신고 이후 주체)에게는 8~10년 동안 임대로 공급한 뒤 기간이 끝나면 분양권을 주는 방식이다.

협동조합형 민간임대주택 조합 설립 전 발기인 상태에서는 출자금에 대한 반환 및 철회에 대한 법적 보호 장치가 없어 출자금을 돌려받기 어렵다.

아래는 조합원이 아닌 발기인을 모집하는 협동조합형 민간임대주택 광고이다. 계약금 3천만 원을 내고 25평 또는 34평에 10년 거주하다가 분양받을 수 있다고 과장 광고한다. 그러나 속을 들여다보면 토지를 확보하지 않았을 가능성이 매우 높다.

지주택의 경우는 조합설립인가 조건이 주택건설대지의 80% 이상 토지 사용권원 확보하고 주택건설대지의 15% 이상 토지 소유권을 확보해야 한다. 반면 협동조합형 민간임대주택의 경우는 발기인 5인 이상 설립 신고만 하면 된다. 사정이 이렇다 보니 조합원 모집이 어려운 지주택이 협동조합형 민간임대주택으로 사업 방식을 변경해 저렴하게 아파트를 분양받을 수 있다고 유혹한다.

구분	협동조합형 민간임대주택	지역주택조합
관련법	민간임대주택에 관한 특별법 협동조합 기본법	주택법
조합설립조건	발기인 5인 이상 설립 신고	토지 15% 소유권 + 토지 80% 이상 사용 권원
사업승인조건	토지소유권 80%	토지소유권 95%
자격 조건	제한 없음	지역/거주/직장, 무주택 여부 등
부적격자	없음	조합원 자격 상실

결국 지주택이나 협동조합형 민간임대주택은 모두 집 지을 땅을 소유하고 있지 않은 사람들이 모여 땅을 확보해 공동주택을 건설하겠다는 계획이다. 처음부터 리스크를 안고 시작하는 사업이다. 두 가지 모두 주의를 요한다.

6장

공동투자

돌이켜 보면 10년 전인 2015년은 부동산 호황의 열기 속에 모두가 들뜬 시절이었다. 나 역시 지인 셋과 함께 송도의 한 오피스텔 분양권에 투자하게 되었다. 연장자인 지인이 주도적으로 물건을 살피고 결정을 내렸으며, 나는 그저 공동투자자의 한 사람으로서 돈만 맡겼다. 당시에는 서로의 믿음을 자본으로 바꾸는 일이 자연스럽게 여겨졌다.

그러나 결과는 참담했다. 약속했던 수익은커녕, 투자금조차 회수하지 못한 채 그 사업은 실패로 끝나 버렸다. 돈보다 더 무거웠던 것은 허망함이었다. 함께라면 위험도 분산될 것이라 여겼지만, 현실은 오히려 책임이 희미해지는 공동의 함정 속에 있었다. 나는 그제야 깨달았다. '함께 투자한다'는 말이 곧 '함께 책임진다'는 뜻은 아니라는 것을.

그 이후 나는 단 한 번도 공동투자를 시도하지 않았다. 앞으로도 그럴 계획은 없다. 그 실패는 나에게 하나의 각인처럼 남았다. 투자는 단순히 돈을 굴리는 일이 아니라, 책임과 선택의 무게를 감당하는 일이라는 사실을, 그리고 그 무게는 결코 남에게 위탁할 수 없다는 진실을 말이다.

내가 경험한 공동투자 실패의 원인을 세 가지로 정리해 본다.

책임 없는 신뢰에 의존한 것

돌이켜 보면 그때 나는 신뢰를 책임과 동일시했다. 연장자인 지인이 물건을 살피고, 투자 방향을 정하며, 모든 결정을 주도할 때, 나는 그저 그의 판단에 고개를 끄덕일 뿐이었다. 스스로 따져 보고 검증할 수 있는 시간과 기회가 있었음에도, 그 과정을 생략했다. '함께라면 안전하다'는 막연한 믿음이 나를 안도하게 했기 때문이다.

하지만 그 믿음은 허상에 불과했다. 여러 명이 모였으니 위험이 분산될 것이라 생각했지만, 현실은 정반대였다. 위험은 줄지 않았고, 오히려 책임만 희미해졌다. 누구도 최종적인 책임을 지지 않았고, 그 결과 실패의 무게는 고스란히 각자에게 나뉘어 떨어졌다. 나는 그제야 깨달았다. 신뢰는 필요하지만, 그 신뢰를 이유로 스스로의 책임을 내던지는 순간, 투자는 이미 위험한 도박이 된다는 사실을.

투자는 결국 나의 선택과 나의 판단 위에 세워져야 한다. 신뢰는 그 선택을 더 단단하게 하는 힘일 수는 있어도, 결코 책임을 대신해 줄 수는 없다. 나는 그 경험을 통해, 책임 없는 신뢰는 언제든 허망함으로 귀결된다는 냉엄한 진실을 배웠다. 그 실패는 뼈아팠지만, 이후 나의 모든 투자에 있어 가장 중요한 나침반이 되었다.

투자 구조와 리스크 분석 부족

그때 나는 오피스텔 분양권을 손에 쥐는 순간, 그것이 곧 기회의 열쇠가 될 것이라 믿었다. 부동산 호황의 바람은 거칠게 불었고, 사람들은 앞다투어 분양 사무실을 찾았다. 나 또한 그 흐름 속에서 자연스레 걸음을 옮겼다. 주변에서 모두가 한다는 말은 일종의 보증처럼 들렸고, 그 보증은 나의 의심과 질문을 잠재우는 자장가가 되었다.

그러나 나는 정작 본질을 보지 못했다. 오피스텔이라는 상품이 지닌 공실 위험, 임대 수익의 불확실성, 투자금 회수 구조의 허약함을 충분히 따져 보지 않았다. 눈앞의 화려한 전망도, 분양 책자에 적힌 장밋빛 숫자도, 그저 거품일 수 있다는 사실을 간과했다. 리스크 분석은 생략되었고, 대신 군중 심리가 나의 나침반이 되어 버렸다. '남들도 하니까, 나도 해도 된다'는 생각이 내 안의 두려움을 마비시켰다.

결국 결과는 참담했다. 수익은커녕, 투자금조차 회수하지 못했다. 그제야 깨달았다. 투자란 숫자와 계약서 속에 숨어 있는 위험의 그림자를 읽어 내는 일이라는 것을. 남들이 간다고 해서 모두가 길을 찾는 것은 아니며, 군중의 발자취는 때때로 낭떠러지로 향할 수도 있다.

나는 그 실패를 통해 배웠다. 투자에서 가장 먼저 물어야 할 질문은 '얼마를 벌 수 있는가?'가 아니라, '어떻게 잃을 수 있는가?'라는 것이다. 수익의 화려함보다 손실의 가능성을 먼저 계산할 때, 비로소 투자자는 현실을 직시하게 된다. 그때의 나는 그 사실을 몰랐고, 그래서 눈부신 호황 속에서도 그림자를 보지 못했다.

책임과 선택의 주체성 부재

그때의 나는 '공동투자자'라는 이름 아래 숨어 있었다. 자본을 보탰다는 이유만으로 투자에 참여했다고 스스로를 위로했지만, 실상은 달랐다. 나는 판단하지 않았고, 선택하지 않았으며, 그 결과에 책임질 마음조차 준비하지 않았다. 단지 돈만 내고 소극적인 참여자로 머물렀을 뿐이다.

투자가 실패로 끝났을 때, 나는 주도권이 없었다. 주도권이 없으니 대응할 기회조차 없었다. 남이 내린 결정에 따라 움직였으니, 실패의 원인도, 대책의 실마리도 내 손안에 있지 않았다. 마치 배에 승선했지만 노를 쥐지 않은 채, 항해의 방향을 묻지 않고 바람만 믿었던 승객처럼, 나는 이미 나의 운명을 남의 손에 내맡긴 셈이었다.

돌아보면, 가장 큰 잘못은 돈을 잃은 것이 아니라 주체성을 잃은 것이었다. 투자는 자본의 문제가 아니라, 선택과 책임의 문제다. '남이 하니까 나도 한다'는 방식은 결국 나의 부재를 의미한다. 투자라는 이름으로 걸었던 발걸음이 사실은 내 발이 아닌, 남의 발자취를 따라간 것이었음을 그제야 깨달았다.

나는 그 실패로부터 배웠다. 투자는 곧 나의 이야기여야 한다는 것을. 내가 직접 묻고, 내가 직접 선택하며, 내가 직접 책임지는 과정이 없다면, 그 어떤 투자도 온전히 내 것이 아니다. 주체성이 빠진 투자는 애초부터 빈 껍데기에 불과하다. 실패가 가르쳐 준 진실은 분명하다. 돈은 잃을 수 있다. 그러나 선택의 주체성마저 잃는다면, 그것이야말로 가장 뼈아픈 손실이다.

『논어』로 본 공동투자의 의미

― 공동투자, 돈이 아닌 사람의 결합 ―

사람들은 흔히 공동투자를 '자금을 모아 규모를 키우는 방법' 정도로 이해한다. 맞는 말이다. 혼자서는 감당하기 힘든 물건을 여럿이 힘을 합치면 매입할 수 있고, 위험을 나누어 지면 부담도 줄어든다. 하지만 『논어』의 시선으로 보면 공동투자는 단순히 돈의 결합이 아니다. 그것은 곧 사람과 사람의 결합이며, 그 속에서 관계의 지혜와 도덕적 원칙이 시험대에 오른다.

공자는 "세 사람이 함께 길을 가면, 그 가운데 반드시 나의 스승이 있다(三人行 必有我師焉)"고 했다. 공동투자도 마찬가지다. 함께하는 동업자를 경쟁자로만 본다면 갈등으로 끝나겠지만, 서로의 강점에서 배울 수 있다면 시너지가 된다. 자본을 모으는 것보다 더 중요한 것은, 배우려는 겸손의 태도다.

또 공자는 "군자는 화합하되 같아지지 않고, 소인은 같아지려 하면서도 화합하지 못한다(君子和而不同 小人同而不和)"고 했다. 공동투자에서는 의견 차이가 늘 생긴다. 누군가는 시세 차익을, 누군가는 임대수익을 중시할 수 있다. 문제는 다름 자체가 아니다. 다름을 인정하면서도 큰 목표에서 조화를 찾을 줄 아는 것, 그것이 진짜 협력이다. 억지로 똑같아지려 하면, 오히려 갈등이 깊어진다.

무엇보다 공동투자의 가장 큰 위험은 수익 배분이다. 공자는 "이익을 보면 의로움을 먼저 생각하라(見利思義)"고 했다. 눈앞의 이익만 좇으면 신뢰는 무너지고, 신뢰가 깨지면 관계도 투자도 모두 파국으로 끝난다. 장기적으로 성공하는 공동투자는 언제나 원칙과 신뢰를 지켜 낸 투자였다.

오늘날의 공동투자는 단순한 경제 행위가 아니라, 『논어』가 말한 인간관계와 도덕의 시험장이다. 겸손하게 배우고, 다름 속에서 조화를 이루며, 이익보다 신뢰를 앞세울 때 공동투자는 단순한 돈벌이가 아니라 함께 성장하는 도구가 된다. 그리고 그것이야말로, 공동투자가 가진 가장 깊은 의미다.

부동산 중개업소 공동 운영의 교훈

― 열쇠는 하나였지만 마음은 셋이었다 ―

세 명의 공인중개사가 의기투합해 상권 좋은 코너 자리에 사무실을 열었다. 한 사람은 임장과 매물 발굴에 강했고, 한 사람은 계약 실무에 능숙했으며, 나머지 한 사람은 인맥이 넓어 고객 유치에 자신이 있었다.

처음엔 '역할 분담'을 하자고 했지만, 정작 매출이 발생하자 분위기가 달라졌다.

첫 갈등은 광고비와 운영비에서 시작됐다. A는 "광고비는 건당 수익 비율에 맞춰서 부담하자" 했고, B와 C는 "매출이 없어도 월정액으로 나누자"고 주장했다. 이견이 좁혀지지 않은 상태에서, 더 큰 문제가 터졌다. B가 개인적으로 알게 된 매도인과 계약을 진행하면서, 사무실 명의가 아닌 본인 개인 계좌로 중개수수료를 받았다.

B는 "내가 직접 발굴한 매물이라 사무실 매출이 아니다"라고 주장했지만, A와 C는 "같은 간판 아래 운영하는 한 모든 거래는 공동 매출"이라고 맞섰다.

결국 감정의 골이 깊어져, 개업 1년 만에 셋은 각자 사무실을 차리며 갈라섰다.

― 약속의 부재가 부른 실패 ―

그들의 중개업소 공동 운영은 시장의 불운 때문에 무너진 것이 아니었다. 보다 깊은 원인은 그들 자신 안에 있었다. 함께 자본을 모았으면서도, 수익과 비용을 어떻게 나눌 것인가에 대한 합의는 없었다. "알아서 잘하자"는 가벼운 구두 약속만 오갔을 뿐, 서면의 문서에는 아무것도 새겨지지 않았다. 그래서 이익이 생기거나 손실이 발생했을 때, 누구의 몫인지, 누구의 책임인지 경계는 흐려졌다.

또한 그들은 개인 매물 처리 기준을 정하지 않았다. 누군가 개인 인맥을 활용해 거래를 성사시켜도 그것이 공동의 성과인지, 개인의 몫인지 구별할 수 없었다. 불분명한 기준은 곧 갈등을 불러왔고, 그 갈등은 신뢰를 잠식했다.

결정적으로 치명적이었던 것은 신뢰와 투명성의 결여였다. 수익이 발생했을 때, 이를 사적으로 처리하거나 일부만 공개하는 일이 반복되자, 의심은 눈덩이처럼 불어났다. 처음에는 '함께'라는 이름으로 모였으나, 끝내는 '각자'라는 현실 속으로 흩어졌다.

이때 우리가 떠올릴 수 있는 것은 "군자는 믿음을 근본으로 삼는다(君子以信爲本)"는 『논어』의 구절이다. 공자가 말한 '신(信)'은 단순히 거짓을 피하는 차원을 넘어, 약속을 지키고, 관계를 지탱하며, 공동체를 지속시키는 기둥이었다. 신뢰를 소홀히 한 순간, 이미 실패는 예고되고 있었던 것이다.

그러나 실패는 그들에게 또 다른 배움의 문을 열어 주었다. 그들은 깨달았다. 공동 운영에는 반드시 계약서라는 장치가 필요하다는 것을. 구두 약속은 기억 속에서 희미해지지만, 서면 합의는 책임의 무게를 분명히 한다. 수익·비용의 배분, 개인 매물의 처리, 권리와 의무의 경계는 종이에 새겨져야 한다.

또한 갈등이 쌓이기 전에 풀기 위해서는 정기적인 운영 회의가 필수적이라는 것도 배웠다. 사람의 목소리를 자주 확인하지 않는 공동체는 작은 오해가 깊은 균열로 번지기 마련이다.

무엇보다 중요한 것은 신뢰의 유지였다. 단기적인 이익은 금세 사라지지만, 신뢰와 명성은 오래 남는다. 『논어』가 강조하듯, 군자가 신을 근본으로 삼는 이유는 바로 여기에 있었다. 결국 투자는 돈의 문제가 아니라, 사람과 사람 사이의 문제라는 사실을 그는 절실히 깨달았다.

그 실패는 지금도 그의 삶에 오래 남아 속삭인다.

"돈은 다시 모을 수 있지만, 신뢰는 무너진 기둥처럼, 다시 세우려면 더 많은 시간과 노력이 필요하다."

7장

멧돼지와 수퇘지,
그리고 투자자의 언어

'멧돼지'는 '돼지'로 표기하고, '수돼지'는 '돼지'로 표기한다. 한글을 처음 배우는 외국인뿐 아니라 한국어를 모국어로 쓰는 사람에게도 맞춤법은 늘 헷갈린다. '수돼지'로 적는 까닭은 '수'가 'ㅎ 종성 체언'이기 때문이다. 다시 말해 '수'라는 접두어에는 보이지 않는 'ㅎ'이 숨어 있어서, 그 뒤에 오는 소리가 'ㄱ, ㄷ, ㅂ' 계열이면 거센소리인 'ㅋ, ㅌ, ㅍ'으로 변한다. 그래서 '수 + 것'이 '수것'이 아니라 '수컷', '수 + 당나귀'가 '수당나귀'가 아니라 '수탕나귀', '수 + 병아리'가 '수병아리'가 아니라 '수평아리'가 되는 것이다. 이 규칙에 따라 '수 + 돼지'는 '수돼지'가 된다.

반면에 '멧돼지'는 다른 원리다. '멧'은 옛말 '뫼(山)'에서 온 말로, 산에서 사는 돼지를 뜻한다. 여기에는 '사이시옷'이 들어가서 '멧 + 돼지 → 멧돼지'로 굳어진 것이다. 즉, '수돼지'는 음운 규칙 때문에, '멧돼지'는 형태론적 이유 때문에 그렇게 적는 셈이다.

'돼지'와 '돼지'가 어휘적 맥락에 따라 선택적으로 사용되듯, 공자 역시 동일한 주제나 상황에 대해 대화 상대의 성향, 담화 맥락, 그리고 발화 시점에 따라 상이한 어휘와 표현 전략을 구사하였다. 이는 공자가 경직된 교조(敎條)적 전달자가 아니라, 수용자의 인지 수준과 인격적 특성에 부합하도록 발화를 조율한 융통성 있는 교수자(敎授者)였음을 방증한다.

> 자로(子路)가 공자에게 정치에 대해 물었다. 공자께서 말씀하셨다.
> "솔선수범하고 백성을 위해 힘써라(子曰 先之勞之)."
>
> 『논어(論語), 자로편(子路篇)』

이번에는 계강자(季康子) 공자에게 정치에 대해 물었다. "정치는 바르게 하는 것이다. 임금이 바름으로써 통솔한다면 누가 감히 바르게 하지 않겠는가?(孔子對曰 政者正也 子帥以正, 孰敢不正?)"

『논어(論語), 안연편(顔淵篇)』

공자는 두 질문 모두에서 정치의 본질을 말했지만, 제자 자로에게는 실천과 헌신을, 제후 계강자에게는 도덕적 모범을 강조했다.

부동산 투자 역시 이와 같다. 투자자의 수준과 상황에 따라, 그 정의와 접근법은 달라진다. 초보 투자자에게는 발로 뛰는 임장과 꾸준한 실천이 우선이고, 시장에 영향력을 미치는 투자자에게는 시장을 바르게 이끄는 책임과 모범이 요구된다.

자신이 초보 투자자라면 기초 지식 습득 → 시장 분석 → 실전 준비 → 리스크 관리 등 네 단계로 준비해야 한다.

기초지식 습득

낯선 나라에 들어가려면, 그 나라의 언어부터 배워야 한다. 부동산도 마찬가지다. 매매, 전세, 월세, 임대차 계약 구조, 등기사항전부증명서 보는 법, 건축물대장 보는 법 등 부동산 투자에 기초가 되는 용어를 익혀야 한다.

또한 부동산 세금에 대한 이해 역시 필수적이다. 취득 단계에서는 취득세, 보유 단계에서는 재산세와 종합부동산세, 처분 시에는 양도소득세가 부과된다. 부동산 투자 과정은 곧 세금과의 동행이기도 하다. 매입·보유·매도 단계마다 각각의 세금이 발생한다.

투자는 마치 다양한 나무를 고르는 일과 같다. 아파트는 열매가 금방 열리지만 경쟁이 치열하고, 토지는 오랜 시간 뿌리를 내려야 가치가 드러난다. 상가와 지식산업센터는 관리가 중요하고, 리츠는 간접적으로 숲 전체에 투자하는 방식이다. 각각의 장단점을 이해해야 한다.

시장 분석

부동산 투자는 단순히 건물을 사고파는 일이 아니다. 그것은 하나의 지역이 가진 풍경을 읽고, 시간의 흐름 속에서 변화를 예측하는 일이다. 그래서 처음 발걸음을 옮겨야 할 곳은 입지다.

도시의 맥을 짚듯 교통망을 살피고, 역세권과 도로망의 연결성을 따져야 한다. 아이들이 자라는 학군의 질, 하루하루를 편리하게 만드는 생활 편의시설, 그리고 행정기관이 세워 놓은 개발 계획까지 ― 이 모든 요소가 입지의 가치를 만들어 낸다. 좋은 입지는 단순한 주소가 아니라, 삶과 산업이 교차하는 지점이다.

그러나 입지만으로는 그림이 완성되지 않는다. 수급의 균형을 읽어야 한다. 공급 물량이 몰리는 지역은 잠시 화려해 보이지만, 곧 공실과 가격 조정의 파도를 맞는다. 반대로 인구가 꾸준히 유입되고 수요층이 두터운 곳은 시간이 흘러도 가치가 버틴다. 부동산은 '사람이 모이는 곳에 돈이 흐른다'는 원리를 벗어나지 않는다.

가격의 움직임은 또 하나의 언어다. 시장 데이터는 단순한 숫자가 아니라, 사람들의 선택이 쌓여 만든 기록이다. KB부동산 지수나 국토부 실거래가 공개시스템 같은 공신력 있는 자료는 가격의 일시적 흔들림과 장기적 방향을 동시에 보여 준다. 그 속에서 우리는 '지금'이 아닌 '내일'을 본다.

마지막으로, 투자자의 발목을 잡기도, 날개를 달아 주기도 하는 것은 정책 변수다. 규제 지역 지정 여부, 대출 한도의 제한, 청약 조건의 변화는 종종 시장의 판을 바꾼다. 개인의 판단만큼이나 제도의 움직임을 읽는 눈이 필요하다.

결국 부동산 투자는 입지의 현재, 수급의 균형, 가격의 흐름, 정책의 향방 — 이 네 가지 풍경을 함께 읽어 내는 과정이다. 어느 한쪽만 바라보면 전체 그림이 왜곡된다. 초보 투자자에게 가장 중요한 일은, 이 풍경들을 차분히 겹쳐 보며 큰 그림을 그려 내는 것이다.

실전 준비

부동산 투자를 결심하는 순간 가장 먼저 마주해야 할 것은 자금 계획이다. 내가 가진 자기자본이 얼마인지, 금융권에서 빌릴 수 있는 대출 규모는 어느 정도인지, 그리고 그 대출을 감당할 월 상환액은 몇 퍼센트까지가 안전한지. 이 계산을 빼놓은 채 투자를 시작한다면, 모래 위에 성을 쌓는 것과 다르지 않다.

자금의 윤곽이 잡히면, 다음은 투자 목적을 분명히 하는 일이다. '나는 단기간의 시세 차익을 노리는 것인가, 아니면 장기적으로 임대수익을 쌓아 가는 것인가.' 이 질문에 답하지 못한 채 움직이는 투자자는 흔들리는 파도 속 배와 같다. 목적지가 불분명하니, 언제 어디서 좌초할지 알 수 없다. 책상 위의 숫자만으로는 충분치 않다. 현장에 직접 발을 디디는 임장(臨場)이 반드시 필요하다. 광고 속 '조용한 주거지'가 실제로는 고속도로 소음에 잠 못 드는 지역일 수도 있고, '발전 가능성 높은 상권'이 실제로는 빈 점포가 즐비한 침체 구역일 수도 있다. 내 눈과 귀, 걸음으로 확인하지 않은 매물은 언제나 위험하다.

마지막으로 잊지 말아야 할 것은 전문가 네트워크다. 신뢰할 수 있는 공인중개사는 현장 매물의 진짜 표정을 보여 주고, 세무사와 법무사는 계약의 허점을 메워 준다. 금융 담당자는 나의 자금 흐름을 안정적으로 설계해 준다. 혼자 모든 것을 알 수 없기에, 믿을 만한 전문가와 손잡는 일은 곧 안전장치를 마련하는 일이다.

리스크 관리

많은 투자자들이 수익률 계산에는 열심이지만, 정작 위험을 계산하는 일에는 소홀하다. 그러나 부동산 투자의 성패는 예상치 못한 위기를 어떻게 대비하느냐에 달려 있다.

가장 먼저 마주하는 위험은 공실과 가격 하락이다. 화려한 예상 수익률 뒤에는 현실의 공실 기간이 숨어 있다. 따라서 수익성을 계산할 때는 반드시 '예상 월세의 70% 수준'에서 따져야 한다. 그 정도의 보수적 계산으로도 버틸 수 있다면, 진짜 안전한 투자다. 실제로 주변 시세보다 높은 임대료를 기대했다가, 공실 몇 달 만에 현금흐름이 무너지는 사례는 흔하다.

또 다른 위험은 대출 리스크다. 낮은 금리일 때는 이자 부담이 가볍지만, 금리가 조금만 올라가도 상환액은 눈덩이처럼 불어난다. 매달 갚아야 할 돈이 임대수익을 넘어서면, 투자는 곧 짐이 된다. 따라서 금리 인상 시 상환 능력을 미리 점검하고, 대출은 항상 '여유 있는 수준'에서 활용해야 한다.

법적 문제도 간과해서는 안 된다. 계약서의 작은 조항 하나가 큰 손실을 부를 수 있다. 특약에 따라 수리비 부담이 달라지고, 임차인의 권리금 문제가 얽히면 분쟁이 길어질 수 있다. 꼼꼼한 검토와 전문가의 자문은 비용이 아니라 보험이다.

마지막으로, 분산 투자의 지혜가 필요하다. 한 지역, 한 상품에 모든 자금을 몰아넣는 것은 계란을 한 바구니에 담는 것과 같다. 시장은 언제나 예상 밖으로 움직인다. 여러 지역과 여러 유형의 자산에 나누어 투자해야 충격을 흡수할 수 있다.

리스크 관리는 '겁내는 일'이 아니라 '살아남는 기술'이다. 공실, 금리, 법적 분쟁, 시장 변동 — 이 네 가지를 미리 헤아리고 대비하는 투자자만이, 긴 시간 동안 흔들리지 않고 수익을 이어갈 수 있다.

공자는 계강자에게 도덕적인 모범을 강조했다. 부동산 투자에도 영향력 있는 투자자의 책임이 따른다. 시장은 언제나 수많은 투자자들의 선택이 모여 만들어진다. 그러나 그중에는 유독 더 큰 자본과 정보력으로 시장에 뚜렷한 발자취를 남기는 이들이 있다. 그들은 단순한 참여자가 아니라, 시장의 방향을 움직이는 영향력 있는 투자자다. 이들에게 요구되는 것은 단순한 수익 창출이 아니다. 시장 전체를 바르게 이끄는 책임과 모범이다.

예를 들어, 한 지역의 대규모 개발 부지를 매입한 투자자가 있다 하자. 만약 그가 지역 주민의 삶은 외면한 채 단기 시세 차익만 노린다면, 집값 급등과 생활 불안이라는 후폭풍이 뒤따른다. 반대로 그는 주민과 상생하는 개발 계획을 세우고, 장기적 가치 상승을 추구한다면, 그 투자 행위는 개인의 이익을 넘어 지역 사회 전체의 발전을 이끌 수 있다.

실제 사례로, 몇몇 기업형 투자자들은 낙후된 상권에 집중 투자하여 젊은 창업자와 상인들을 불러 모았다. 그 결과 침체된 거리가 활력을 되찾았고, 부동산 가치도 자연스레 상승했다. 이처럼 책임 있는 투자자의 선택은 이익과 공익을 함께 높이는 선순환을 만든다.

그러나 반대로, 영향력이 큰 투자자가 무분별한 투기를 주도하면 시장은 혼란에 빠진다. 단기적인 가격 왜곡은 다른 투자자들을 잘못된 길로 유도하고, 결국 모두가 피해자가 된다. 이는 작은 투자자의 실수보다 훨씬 큰 파장을 남긴다.

시장은 단순히 숫자로 움직이지 않는다. 그것은 사람들의 삶이 엮인 공간이다. 그렇기에 영향력 있는 투자자일수록 더 무거운 책임을 져야 한다. 그들의 한 걸음은 시장의 흐름이 되고, 사회의 풍경이 되기 때문이다.

투자는 개인의 선택이지만, 큰 자본을 가진 이들의 선택은 곧 공동체의 미래로 이어진다. 시장에 영향력을 미치는 투자자는 수익만이 아니라 책임을 함께 짊어져야 하며, 그 모범이 결국 자신에게도 가장 큰 이익으로 돌아오게 되는 것이다.

8장

학이시습지 불역열호
— 은퇴 후 또 다른 시작

나는 3개의 교원 자격증을 가지고 있다. 한문은 대학에서 한문교육을, 국어는 교육대학원에서 국어교육을 전공했고, 진로진학상담은 한국교원대학교에서 부전공 연수로 취득한 것이다. 은퇴를 앞둔 시점에 교원 자격증 3개가 자랑일 리 없지만 적어도 열심히 살았다고 말할 수 있지는 않을까?

공인중개사 자격증은 지난 2021년에 취득했다. 50대 중반에 법을 공부한다는 것이 정말 쉽지 않았다. 특히 숫자에 약했다. 서서히 찾아온 기억력, 계산력, 판단력의 미묘한 변화는 반복만이 살길임을 일깨워 주었다.

한번은 노량진에 있는 박문각 학원에서 모의고사를 본 적이 있었다. 박문각 모의고사는 그 학원을 다니지 않아도 비용만 지불하면 시험을 볼 수 있었다. 참 고마운 학원이다.

1차 등수	이름	평균
1	장병준	86.25
1	김○현	86.25
3	연○원	82.50
3	송○연	82.50

[2021.08.29. 박문각 제6회 전국모의고사 결과]

1차의 경우 오프라인 모의고사 총 2,235명이 응시해 전국 24등을 차지했고 노량진 학원에서는 평균 86.25점으로 공동 1등이었다. 2차는 평균 60점으로 790등이었다. 제6회 모의고사를 8월에 치렀는데 9월에 제7회 모의고사를 보러 갔더니 학원 게시판에 위 표처럼 내 이름이 적혀 있었다.

결국 운 좋게도 평일 하루 5시간 주말 8시간씩 공부하여 1년 만에 동차 합격했다.

구분	과목	점수	평균
1차	부동산학개론	77.5점	75.0점
	민법 및 민사특별법	72.5점	
2차	공인중개사법 및 실무	82.5점	68.3점
	부동산 공법	60.0점	
	부동산 공시에 관한 법령 및 부동산 관련 세법	62.5점	

[2021.10.30. 제32회 공인중개사 시험 결과]

공인중개사는 국가에서 인정하는 전문 자격이다. 한번 자격증을 따면 평생 유효하며, 정년이 없다. 단지 자격을 갖추는 것만으로도 제2의 커리어가 열린다. 내가 가진 삶의 경험과 인간적인 신뢰가 오히려 경쟁력이 되는 일. 젊은 시절 쌓아 온 커뮤니케이션 능력, 책임감, 삶의 지혜가 고스란히 직업의 무기가 된다.

무엇보다도 공인중개사는 은퇴 이후에도 사람들과 꾸준히 연결될 수 있는 일이다. 누군가에게는 첫 보금자리를, 또 누군가에게는 마지막 노후의 집을 찾아 주는 일. 인생의 중요한 결정을 도와 주는 과정 속에서 깊은 보람을 느끼게 된다.

또한, 이 자격증은 단순히 남의 집을 거래하는 데 그치지 않는다. 내 집과 내 자산을 지키는 지식이 된다. 민법과 세법을 공부하면서 계약서 한 장을 이해하는 능력이 생기고, 양도세와 취득세에 대한 감각이 생긴다. 자녀의 집 문제에 현명한 조언자가 되어 줄 수도 있다.

무엇보다 장점은 비교적 적은 자본으로도 창업이 가능하다는 점이다. 소규모 사무실 하나로도 시작할 수 있고, 부동산 플랫폼이나 SNS를 활용하면 홍보도 효율적으로 할 수 있다. 혼자서 시작하더라도 충분히 자립할 수 있는 구조다.

지금까지의 삶이 '직장에 묶인 삶'이었다면, 이제부터의 삶은 '내가 주도하는 삶'이어야 하지 않을까. 그 출발점에 공인중개사라는 자격증이 있다.

공부는 결코 쉽지 않지만, 누구나 도전할 수 있다. 학력이나 나이의 제한이 없고, 꾸준히만 하면 반드시 열리는 문이다. 공인중개사 자격증은 결국 단순한 종이 한 장이 아니라, 나의 미래를 지탱해 줄 열쇠 한 자루이다. 그 열쇠로 문을 열면, 은퇴 이후의 삶은 더 이상 막막하지 않다. 오히려 더 자유롭고, 더 의미 있게 펼쳐질 수 있다.

"공자께서 말씀하시길, 배우고 때때로 익히면 기쁘지 아니한가!(子曰 學而時習之 不亦說乎)"

『논어(論語), 학이편(學而篇)』

나이 듦은 시선의 방향을 바꾸는 것이다. 나 중심에서 타인으로.

나이 듦은 내가 걷는 속도보다 뒤따라오는 사람의 걸음을 걱정하게 되는 것이다.

나이 듦은 거울을 창으로 바꾸는 일이다. 더 이상 나만 들여다보지 않고, 남을 바라보기 시작하는 것이다. 내가 얼마나 잘났느냐가 아니라,

다른 이들과 어떻게 함께 살아갈 수 있는지를 고민하는 것이다.

공인중개사 자격증을 손에 쥐고 처음 강단에 섰을 때, 나는 단지 부동산 지식을 전하는 사람이라고 여겼다. 그러나 시간이 지날수록, 내가 하는 일은 단순한 정보 전달이 아니란 걸 알게 되었다. 나는 교직원들에게 전세 사기의 구조를 설명한다. 보증금 수천만 원 때로는 수억 원을 순식간에 날려 버린 이들의 이야기를 들려주고, '그때 알았더라면'이라는 한숨을 '지금 알아서 다행입니다'라는 안도감으로 바꿔 준다. 강의 중 몇몇은 고개를 끄덕이고, 몇몇은 눈을 지그시 감는다.

나는 그 순간을 안다. 이해가 아니라 공감이 피어나는 자리, 지식이 아니라 신뢰가 뿌리내리는 순간이다. 졸업을 앞둔 고등학생들 앞에서는 말투가 달라진다. 아직 신용카드 한 장 없는 이들에게 부동산 지식을 설명하는 건 쉬운 일이 아니다. 하지만 그들의 눈빛은 생각보다 진지하다.

"선생님, 전세 말고 월세로 바로 들어가도 되나요?"

이 질문은 단순한 금융 궁금증이 아니다. 그건 '나는 어디서부터 어른이 될 수 있나요?'라는 질문이다. 나는 그 물음에 정답 대신 방향을 알려 준다.

길 위에서 마주할 세상은 불친절하고, 때론 복잡할 것이다. 하지만 우리 아이들에게는 정보를 읽을 눈과 계약서의 줄 사이를 해독할 힘이 있다고. 내가 해 주는 이야기는 그래서, 단순한 부동산 강의가 아니라 '살아가는 법'에 대한 작은 예습이다.

집은 단순한 구조물이 아니다. 집은 '나'를 쉬게 하고, '우리를' 지켜 주는 가장 물리적인 품이다. 나는 그 집이 사기의 시작이 아닌, 희망의 출발점이 되도록 돕는 사람이다. 공인중개사 자격증 하나로 시작했지만,

지금은 누군가의 인생을 바꾸는 길잡이가 되고 싶다.

나는 지금 '자리'를 묻는다. 당신이 어디에 살고 싶은지, 무엇을 지키고 싶은지를 묻는다. 나는 집을 묻는 사람이다. 그리고 삶을 잇는 사람이다.

한국어교원 자격증은 지난 2017년에 취득했다. 국어 교사가 내국인을 대상으로 한다면, 국어를 모어(母語)로 사용하지 않는 외국인, 재외동포를 대상으로 한국어를 가르치는 사람을 한국어교원이라고 한다.

나는 한국어교원 3급 자격증을 가지고 있다. 120시간 양성과정 이수 후 필기시험과 면접 시험을 치러 합격했다. 실제 3급 시험은 합격률이 36% 정도여서 많은 사람들은 학위과정 이수만 하면 되는 2급 자격증을 취득한다.

3급 면접 시험에서 있었던 일이다. 아마 서울 용산공고에서 시험을 치렀던 기억이 난다. 면접관 한 명이 "이 문장에는 두 군데 문법적인 오류가 있으니 말씀해 보세요"라고 문장을 말했다. 종이에 적혀 있어 눈으로 볼 수 있는 것이 아니라 귀로 듣고 문장을 기억해 말하는 것이었다. 결국 "한 가지 오류는 찾아냈는데 나머지는 모르겠다"라고 말했다. 국어 교사로서 자괴감이 드는 순간이었다.

나는 몽골 투브아이막 존모드란 곳에서 3개월 동안 생활했다. 교육부에서 주관하는 다문화가정대상국가와의 교육 교류 사업으로 파견을 다녀온 곳이다. 그곳에서 나는 한국어와 한국문화를 몽골 아이들에게 가르쳤다. 몽골은 유치원부터 고등학교가 한곳에 있는 시스템이었다. 지금도 몽골은 한국어를 배우려는 사람이 넘쳐 나지만 그 당시는 열풍이 불었다.

아침부터 저녁까지 학교에서는 물론 교육청에서 때로는 카페에서 원하는 사람들이 있으면 한국어를 가르쳤다. 내간 파견된 곳이 투브 아이막 4번학교였는데 지금도 그 선생님들 몇몇과는 연락하며 지내고 있다.

은퇴 뒤에 나는 몽골에서 한국어를 가르치는 봉사활동을 할 것이다.

> "뜻을 도에 두고, 덕을 의지하며, 인을 좇고, 예를 즐긴다(志於道 據
> 於德 依於仁 遊於藝)."
>
> 『논어(論語), 헌문편(憲問篇)』

"인(仁)을 좇고, 예(藝)를 즐긴다"는 공자의 말씀처럼, 은퇴 후 내가 가진 언어를 나누는 것은 가장 인간다운 봉사이자 도를 따르는 삶이다.

에필로그

이 책을 마무리하며, 다시 한번 '도시'라는 단어의 의미를 되새겨 본다. 도시는 단순히 건물과 도로로 이루어진 공간이 아니다. 그곳에는 수많은 사람의 삶이 흐르고, 꿈과 좌절, 기대와 기억이 켜켜이 쌓여 있다.

결국 도시의 가치는 사람의 이야기로 완성된다. 나는 이 책을 쓰며 인천의 여러 얼굴을 만났다. 송도의 바다 위로 지는 노을, 청라의 커널워크를 따라 반짝이던 불빛, 그리고 주안과 부평, 미추홀의 오래된 골목들 속에 담긴 생활의 온기.

모두가 다른 시대와 속도로 움직이지만, 그 안에는 한 가지 공통점이 있었다. 바로, 사람이 중심에 있다는 사실이다.

부동산을 공부하며 나는 깨달았다. 집은 단순한 자산이 아니라 삶의 형식이며, 투자는 단순한 이익 추구가 아니라 방향의 선택이라는 것을. 그래서 집을 고른다는 것은 결국 자신의 인생 방식을 고르는 일이다.

누군가에게는 교통이 중요하고, 누군가에게는 학교나 병원, 또 누군가에게는 조용한 산책로가 중요하다. 이처럼 사람마다 삶의 우선순위가 다르듯, 도시의 가치는 언제나 인간의 기준에 따라 새롭게 쓰인다.

이 책의 목적은 '어디가 오를 것인가'를 예측하는 것이 아니다. 대신 '어디에 머물며 살아갈 것인가'라는 질문에 함께 답을 찾아가는 것이다. 나는 그 답을 인천이라는 도시 속에서 발견했다.

인천은 더 이상 변방이 아니다. 서울과 세계를 잇는 도시, 산업과 문화, 교육과 금융이 함께 자라는 도시, 그리고 여전히 가능성을 품은 도시다. 이제 인천은 '수도권의 끝'이 아니라, 대한민국의 새로운 시작점으로 서 있다.

이 책이 독자에게 단순한 정보집이 아니라, 도시를 바라보는 눈을 넓혀 주는 지도의 역할을 하길 바란다. 숫자와 데이터 너머에서 사람의 삶을 읽고, 거래와 시세 너머에서 도시의 미래를 상상할 수 있기를 바란다.

인천의 내일을 결정짓는 것은 행정계획이나 개발호재가 아니다. 그곳을 선택하고, 살아가며, 사랑하는 사람들의 마음이다. 그 마음이 쌓여 도시를 만들고, 그 도시는 다시 우리의 삶을 빚어낸다.

이 책을 덮는 지금, 나는 다시 현장을 걷는다. 오늘의 변화가 내일의 기회가 되고, 한 사람의 선택이 한 도시의 미래를 바꾸는 순간을 믿으며.

이제는 인천이다.

도시의 변화를 가장 먼저 느끼고, 사람의 삶을 가장 가까이에서 기록하는 곳.

그곳이 바로 인천이다. '도시를 읽는다는 것은 결국 사람을 이해하는 일이다.'

그리고 그 이해 속에서 우리는 더 나은 내일의 집을 짓는다.

인천 아파트
콕 찍어 드립니다

ⓒ 장병준(스티그), 2026

초판 1쇄 발행 2026년 2월 2일

지은이   장병준(스티그)
펴낸이   이기봉
편집   좋은땅 편집팀
펴낸곳   도서출판 좋은땅
주소   서울특별시 마포구 양화로12길 26 지월드빌딩 (서교동 395-7)
전화   02)374-8616~7
팩스   02)374-8614
이메일   gworldbook@naver.com
홈페이지 www.g-world.co.kr

ISBN   979-11-388-5361-3 (03320)